★★★★★★★★★★★★

私の中のアメリカ

@us/nippon.com

☆☆☆☆☆☆☆☆☆☆☆☆

青木怜子

論創社

カナダ
五大湖
太平洋
大西洋
メキシコ
メキシコ湾
ワシントン州
シアトル
スポケーン
ポートランド
オレゴン州
モンタナ州
ヘレナ
ビュート
アイダホ州
ノースダコタ州
ミネソタ州
サウスダコタ州
ウイスコンシン州
ミシガン湖
イエローストーン国立公園
ワイオミング州
山岳地帯
シャイアン
ロッキー山脈
シェラネヴァダ山脈
サンフランシスコ
ネヴァダ州
ワサッチ山脈
グレート・ソート・レーク
ソート・レーク・シティ
ユタ州
デンヴァー
コロラド州
コロラドスプリングス
ネブラスカ州
オマハ
リンカン
ミズーリ川
アイオワ州
デモイン
ミシシッピー川
イリノイ州
シカゴ
スプリングフィールド
インディアナ州
インディアナポリス
オハイオ州
クリーヴランド
デトロイト
ニューヨーク州
ニューヨーク
ペンシルヴァニア州
ピッツバーグ
フィラデルフィア
メリーランド州
デラウェア州
首都ワシントン
ニュージャージー州
コネティカット州
ロードアイランド州
マサチューセッツ州
ボストン
ヴァーモント州
ニューハンプシャー州
メイン州
ラスヴェガス
カリフォルニア州
ロスアンジェルス
コロラド川
グランドキャニオン国立公園
カンザス州
カンザスシティー
ジェファソンシティー
ミズリー州
セントルイス
ウエストヴァージニア州
オハイオ川
ヴァージニア州
リッチモンド
ケンタッキー州
アパラチア山脈
ノースカロライナ州
サウスカロライナ州
テネシー州
アリゾナ州
フィニックス
ニューメキシコ州
エルパソ
オクラホマ州
レッド・リヴァー
アーカンソー州
ミシシッピー州
アラバマ州
ジョージア州
アトランタ
テキサス州
ヒューストン
リオ・グランデ川
ルイジアナ州
ニューオーリンズ
フロリダ州
マイアミ

はじめに

アメリカの著名な南北戦争史家、エイヴリー・クレイヴン（Avery Craven）氏から面白い話を聞いた。たまたま講演のため来日中で、東京都内を移動する彼を送迎していた時のことであった。他人から聞いた話だが、と断って、「人は三日の旅に出れば、初めての町について本が書ける。もし三週間の旅に出れば、雑誌に載せるだけの記事が書ける。だが、三年も過ごした街では、何一つ書き残すことができない」と言って彼は静かに笑った。暗にそれは、彼自身が駆け足で日本を回った旅のことを言い、日本の印象は、短いながら尽きぬ想いに駆られたことを語りたかったのであろう。帽子を飛ばして走る旅人の姿を軽妙にスケッチし、サイン代わりに私に渡して彼は言った。「自分の好きな画家に、アメリカについて最も雄弁に語る人がいる。いつか彼の画集を、あなたに贈ろう」。帰国後しばらくすると、彼から約束通り本が届き、開けば、ページを埋め尽くした絵は、アンドリュー・ワイエス（Andrew Wyeth）の作品であった。そこに描かれた風景、家々、そして人々の表情からは、懐かしい匂いが何処となく漂う農村と思しき大地の風情が窺われた。その絵の一枚一枚がアメリカの全部を語るわけではなかった。それでもそこにアメリカの匂いを嗅いだのは、あるいは私が、単にエイヴリー・クレイヴンの暗示に引っ掛かっただけのことなのだろうか。

人は異国について語る時、いろいろな媒体を通じて、それを説明しようとする。その媒体は、ある時は絵画であり、音楽であり、小説であり、詩であり、無論如実に描写できる写真であったりする。原風景をどう伝えるか、そこに息づく息吹をどう表わすか、その表現を何らかの媒体を介してするとすれば、私にとって直接の媒体となるものは文章だが、さらにそれを支える媒体として二つのものがある。一つはそこに沁みついて離れない歴史の脈略であり、今一つは、自分が実際に触れて体験したその土地の触感かもしれない。

アメリカのように広い大地と、しかもその大地がもつ地域によって異なる多様性、さらにはそこに惹きつけられて集まった人々の様々な文化的背景や生活様式、あるいは人種、言語などが生みだす多様性、絶えざる動きと変化、そしてそこから生まれるアメリカの柔軟性と可変性——これらを併せ持つ国について、まとめて全てを描くのは決して容易なことではない。しかも、あたかも日本を襲った3・11の東日本大震災が、日本人のものの見方を転換させたように、アメリカでもまた、9・11のテロが、その少し前にはベトナム戦争の経緯と結末が、人々のものの見方、生活に対する価値観やライフスタイルを転換させるところがあった。ある意味では、ベトナム戦争、あるいは9・11の前後では、まるで異なる世界があるかのような違ったアメリカがそれぞれ描かれるかもしれない。だが、それは逆に言えば、アメリカという国は、何処から画いても、また何を書いても、これがアメリカなのだと伝えるものをもっている。

実際私は、アメリカを断面図としてみれば、それぞれ無数の地域を見て回る機会を過去に何度か得た。その中には、エイヴリー・クレイヴンの言うように、たった一日、あるいは一泊や二泊だけで、素通りしてみた町も沢山あったが、それでも、それぞれに強烈な印象を抱いた記憶が様々にあった。

たとえば、南部テネシー州のメンフィスから作家ウィリアム・フォークナーの住いがあるミシシッピ州へと抜ける途次、随所に、南部の象徴である綿花が、白いむく毛を風にはためかせて収穫を待つ農園が広がっている。摘み取られた綿花は、メンフィスの旧市街コットン・ストリートなどで精製され、出荷される。かつての街の賑わいは、今では想像する以外に感じ取られることもないが、一度この町を見た人の目には、留まって離れることのない町の風情が残されよう。一方、対照的に、ゆったりと大地に建つ文豪フォークナーの白い館は、南部農園の過酷な労働と流された汗を微塵も感じさせることなく、豊かな南部の落ち着きを漂わせる。

大河ミシシッピ川が滔々と流れるミズーリ州では、川を前にして立つ友人の家に長逗留したことがあった。おかげで、日長一日、川の流れと、そこを走る荷台のような筏バージを眺めて過ごしたことがあった。その川の先に掛るブリッジをゆっくり通る貨車が、数えてみれば一〇八台牽引されていることも確認した。さらに、別の日、そのミシシッピ川に沿ってのドライブで北上すると、ミシシッピが別の大河ミズーリと合流するコンカレントがあり、滔々たる水量と、巨大な渦が繰り返し繰り返して躍動するその雄姿に言葉をのんだ。轟々たる水の力に圧倒されつつ州境を越えれば、イリノイ州のラサール郡の町、オタワにと出る。かつて、南北戦争を前に、リンカーンとスティーフン・ダグラスが上院の椅子を巡って激しいディベートを戦わせた史跡、ワシントン・パーク・スクウェアがそこにあった。

しかし、今回、私は、これら強烈な印象を持つ地域の幾つかをあえて捨て置き、自分が最も長く滞在し、最も考えるところの多かったワシントンDCを中心に、その体験からアメリカを見ることにした。それは自分が幼少期を過ごしたことがあるカリフォルニア州ロスアンジェルスと、いかにかけ離れた風情の町であったか、その第一印象から始まる大陸東西間の違いを抽出してみたいと思ったからである。したがって、本著は、地域的な格差を強調しながら、まことにアンバランスに地域が拾われ、上で述べた南部のことにも特別に焦点を当てることはしなかった。南部と同様、印象深くかつ歴史的背景の濃い東北部ニューイングランドのことも描かなかった。ヴァーモント、コネティカット、マサチューセッツが主役となる舞台を用意せずして、どうして東西の違いが描けるのかと、自問もした。

さらに、西部のことを細部にわたり描写しながら、シエラネヴァダ山脈の山麓に位置するネヴァダ州のことも取り上げなかった。ラスヴェガスと同じくカジノで栄えたレノの町も、鉱脈の発掘ブームに沸いたコム・ストック、あるいはブームの去った後でゴーストタウン化するヴァージニア・シティも登場することはなかった。この沢山の欠落部分とバランスを欠いた地域選考の在りようを承知の上で、『私の中のアメリカ @us/nippon.com』が送り出される。

アメリカ全土を網羅する研究書やガイダンス的な知の宝庫となる作品はすでにいくつかある。また、バランスのとれた全米旅行記も出版されている。一方、社会の暗黒面と輝ける部分を両サイドから描き出すアメリカ記もあるであろう。だが私は、自分で確認したアメリカを、自分が訪れたその時期を縦軸としながら、あえてアンバランスな組み立てようで取り上げた。不貞腐れて言うわけではないが、所詮、アメリカはどんなに網羅しても、どんなに省略化しても、依然分からぬことだらけで終わるような気もする。アメリカとはどのような国か、アメリカ人とは何か、その問いは植民開拓が始まったその時から、付いて回る問いかけであったからである。一七世紀に開拓の状況を克明に描写し、本国に報告したサン・ジョン・ド・クレヴクールの「アメリカの一農夫からの手紙―アメリカ人とは何か」から始まり、二〇世紀の作家、ジョン・スタインベックの『アメリカとアメリカ人』に至るまで、脈々と続く問いかけであった。

多様な人種が混合して作り出すアメリカ文化、絶えず流動的に動くアメリカの生活観、先進的で保守的というアンビヴァレンスの国アメリカ。当然にしてアメリカを描けば、千差万別な世界が描かれることもあるであろう。だが、例え一部であれ、片々であれ、描かれたアメリカを支える歴史的な流れとそこに住む人々の息遣いを伝えることがなければ、アメリカは描けない。少なくともその思いが、拙著を纏める後押しとなった。

（二〇一一年九月一日記）

Sincerely

Avery Crown

Japan 1967.

私の中のアメリカ @us/nippon.com　目次

私の中のアメリカ @us/nippon.com

1　開かれた小窓から世界を覗いて——アメリカと私

私が大学の門をくぐったのは一九五三年、終戦から八年が経ち、その二年前に勃発した朝鮮動乱の戦時景気で、日本経済の復興がやっと本格化してきた頃であった。さすがに終戦直後の混乱も収まり、浮浪児が街中で群がっては食べ物を求めるような心痛む情景を目にすることはなくなった。それでも街角や駅の構内には、松葉杖を脇に置き、不自由な肢体を庇うようにしながら、アコーディオンを弾く白衣の傷病兵の姿があった。

私の住む湘南地方でも、また東京でもそうであったが、戦火を免れたところであれば、まだ家々が竹垣に囲まれたり、あるいは門の脇に防火用水の桶を備えたりした人家も多く見られ、その先にある商店街でも、住宅と店舗を兼ねた個人経営の店が圧倒的に多い時代であった。それは、渋谷区宮代（現在の広尾）にある大学周辺についても例外ではなかった。

小高い丘の上にある大学は、すぐ近くまで戦火が及んだものの、かつてはその一帯が佐倉藩堀田家の下屋敷跡であったこともあり、なだらかな表門の付近に、静かな住宅地の佇まいがあった。だが、その高台から逆方向へと急斜面を下って大学の裏門を出ると、そこから商店街へと通じる沿道には由緒ある寺々が並び、ちょっとした門前町の風情も漂っていた。五の字の付く日には市が立って露店が出揃い、いつもは静かな町並みが近所の子供や冷やかしの大人たちで賑わった。

この商店街で日ごろ目にするものはといえば、およそ地味な店が小さな暖簾を掲げ、食べもの屋は、蕎麦屋にすし屋、牛乳屋、パン屋、和菓子を並べた甘いもの屋、そして居酒屋、さらに小道に入れば、「都内迅速配達、ただし伊豆七島を除く」と張り紙のある小さな鰻屋が一軒あった。道具屋や文房具店もあったが、若い学生向きというよりも、ごく日常の生活の匂いがその街にはあった。

この商店街の一本道を抜けると、広めの道路が横切り、品川から信濃町を経て、四谷三丁目に通じる路面電車が走っていた。その路面電車のレールの上を跨ぐようにして、遠くは等々力から来るバスが、東京駅の丸の内口に向けて大きくカーブを切りながら通っていた。近所には有栖川公園や愛育病院があり、バスはそこを通れば、麻布十番の端をかすめて赤羽根橋にと抜けていく。一方、南西の逆方向には、もともと恵比寿や天現寺といった、それなりに交通の要所もあったのだが、味気のない町には、恵比寿ビールのいかにも工場らしい工場が建っていて、その古めかしい建物の上には、空に向けて煙突が突き上がるかのように聳えているのが目に入った。その煙突は、実際には四本あるのに、角度によっては三本しか見えない、通称「お化け煙突」と言われていた。戦後復興が進むなか、まだ、長閑で穏やかであった広尾の町並みが、やがて来る近代化の波を押しとどめているかのような時代であった。

この変わらぬ街の風情が留まる一方で、戦後社会は、すでにこの八年、目まぐるしく私たちの生活スタイルや嗜好を変え、心のどこかで終戦によって覆された国家に対する価値観を模索しながら、実際には戸惑う暇《いとま》もなく、日本社会全体が、大きな変化の渦の中にすっぽりと呑みこまれていった。終戦とともに、日本は連合国の統治下に入ったが、連合国とはいってもアメリカが統治の支配権を握ったため、日本人が町中で、あるいは日々の新聞や映画ニュースなどを通じて目にし、実際に触れた連合国の人々の多くは、実はアメリカ人であった。したがって、日本の戦後社会に変化を齎した原動力は、日本の旧体制を変革させようとしたＧＨＱの占領政策はもとより、戦後進駐軍として日本に来たアメリカ軍人やその家族が、目の当たりに見せた彼らの生活ぶりや生活スタイルでもあった。さらに、彼らの駐留とともに、怒濤のように日本に流入したアメリカ文化を、日本人が、あるいは日本社会が積極的に、しかも好んで受け入れていったところにも変化の原動力があったのかもしれない。

　ラジオから流れて来るアメリカ音楽の軽妙なリズムや甘いメロディ、スクリーンに映し出されるロマンティックなハリウッド映画、翻訳されたブロンディー漫画に描かれていたようなホームドラマのユーモアと洒脱さ、それらは戦争によって閉ざされていた日本社会に、爽快な明るさと開放感を齎し、この世の中にはこんな世界もあったのかと、ささやかな驚きとともに、多くの日本人の心を魅了した。それは、今まで鬼畜米英と罵り、恨み、蔑んで来た敵国アメリカのイメージを、まさに裏返しにしての別面であったにもかかわらず、日本人にとりアメリカは、もしかしたら、閉ざされていたからこそ覗いてみたくなる社会であったのかもしれない。そのような受け止め方は、何も「分別ある」大人に限ったことではなく、戦争を体験した子供たちにとってもまた、同じことであった。

振り返れば、私は初等・中等・高等科と計十二年間の多感な少女期を神奈川県にあるフランス系ミッション・スクールで過ごした。満七歳から十八歳までという人生の何分の一と数えられるほどの長期間を、この学校に在籍したが、そこでの教育は、大学時代のそれと同様、「私」という「個」を形成する貴重な基盤となったことは疑いもない。その十二年間の教育は、代えがたい宝であり、なかでも、友人に恵まれ、崇拝する師に巡り合えたことは、貴重な縁《えにし》に他ならない。だが、長い在学期間を振り返るとき、少なくとも初等科在学中の学校体験は、私にとっては、かならずしも波風一つ立たない生活環境とは言いがたかった。それは、その時期がちょうど第二次世界大戦の開戦から終戦までの時期とほとんど重なり、しかも私にとっては、アメリカ帰りという入学前の経験が当時の一般児童とはかけ離れたものであったからかもしれない。

昭和十四年（一九三九年）夏、すなわちヨーロッパで第二次世界大戦の危機が迫っていた頃、父一人を赴任地に残して私たち母子は帰国し、一足先に帰国していた兄とともに、母方にゆかりある湘南に住むことになった。神田生まれで上野育ちの母は、府立第一高女の出身で、およそ私立校には馴染みもなかった。それでも、あえてこのミッション・スクールを私のために選んだのは、一つには、私が余り丈夫ではなかったからだが、校風や教育方針についても、十分に見聞した上での母の選択であった。

アメリカ帰りといっても、私のアメリカ生活は、およそ幼児期体験であり、一九三六年、誕生を過ぎたばかりの頃に父の赴任に伴って渡米し、三年ほどロスアンジェルスに留まっただけのことであった。それでも、往きに交付された旅券写真では、母に抱かれて写っていた私が、帰国時には満五歳を過ぎ、やがて学校に入るまでの年齢に至っている。

アメリカにいた頃、私には、学校に通っていた兄を見てか、強い幼稚園願望に駆られていた。だが、年齢が小さすぎるからと、入園は断られてしまった。かねてより、憧れのアルミ製で綺麗な色刷りのあるランチボックスを持って通園したかった願望はあえなく潰え、私は大いに不満であった。だが、帰国すればするで、入学を前にした中途半端な時期であったため、結局、何処に行っても私の幼稚園願望は、無残に打ち砕かれてしまった。

それでも四月の入学式が近づくと、私は新しい体験をすることで幼稚園願望などさっさと消え、当日は、真新しいランドセルを背にいそいそと校門をくぐった。クラスは一クラスしかなく、三十名ほどの少人数編成で、その半分は幼稚園から上がってきた人たちが占めていた。新しい環境と、見知らぬ人たちの間で、私は必要以上に戸惑いを感じていた。異国の地にいたこともあり、幼稚園に行かなかったこともあって、周辺に同じ年頃の友達がいなかった私は、同い年の友達と接する術を知らなかった。

思えば私は、八つ違いの兄を含めていわば大人の中で育った子どもであり、妙にオシャマでありながら、同輩の友人にどう接してよいかわからず、なかなか学校に馴染めなかった。そのくせ、持ち前の気遣いから、やけに社交をしようとする気質に長け、気疲れを起こしては物陰で泣いたり、急に頭痛を覚えたりしては、よく休養室に連れていかれた。微熱があって、頭痛の抜けない私に、休養室の係りの先生は、もうお家に帰ってお休みなさい、と私を帰すのが常だった。

家の最寄り駅で私を出迎えてくれた母を見ると、いつのまにか私の頭痛はケロリと消え、何のことはない、折角母が作ってくれたお弁当を我が家で開き、母の心配をよそに、もうそれは、ちゃっかりとしたものであった。軽い登校拒否症のようなものかもしれないが、それでも次第に友達にも恵まれ、少しずつ学校にも馴染んでいった。その一方で、扁桃腺やアデノイドを腫らし、学校を休むことも少なくなかった。一年生の三学期は、結局長期欠席となり、私の居場所は、学校よりも我が家での方がずっと長い時間となった。

病弱の私に教育機関としての学校は寛大であったが、私個人に対する担任の先生の目は決して寛大ではなかった。一つには私が変にオシャマで、その上、母にいわせれば、「オチャッピー」であったことが、もしかすると先生の気にいらなかったのかもしれない。出入りの植木屋がよく、この家には奥さんが二人いる、と言っていたように、私の言動は上辺だけは早熟で、言葉使いも大人言葉で丁寧だが、人の機嫌を取ろうとしてか、お喋りで落ちつかない子どもでもあった。それは、授業中にお喋りをするとか、のべつ幕なしに喋るタイプのお喋りではなかった。むしろ他人といて沈黙しているのが気まずい思いがし、ついつい話かけずにはいられなかった。

その上、授業中、座っている態度が悪いと、入学早々、よく母が呼び出しを受けては注意された。立っていても、頭がぐらついていて落ち着きがない、座れば両手を後ろから回して頭を抱え込むといった姿勢で、お宅のお嬢様は甚だ行儀が悪いと、叱られた。とかくアメリカ帰りのお嬢様はね、と付け加えられるのも常であった。

注意を受けて帰ってきた母は、「この畳の縁に沿って、真っ直ぐ前に歩いてご覧。キョロキョロしないで、頭は真っ直ぐに」と言い、時には、軽い冊子やお盆を頭に載せて、特訓した。一方、頭の後ろに両手を組むことについては、それが父親の癖で、真似ているだけでから注意します、と先生に言い、「貴方が悪いわけでなくても、お行儀よくはみえないからね」と注意しただけだった。だが、お喋りについては、母の好みともそぐわなかったとみえ、「余りべらべらと余計なことはお喋りしないの。お利巧にみえないからね」と言い、何かもの言う前には、「必ず一回唾を呑むように、ちょっと考えてから言いなさい」と言った。

このお行儀への注意があってしばらくしてから、私にとってちょっとした事件があった。それはたまたま母が外出しなければならない急用ができ、私の帰宅時に家を空けることを案じた母が、知り合いの家で午後だけ預かって貰うという話になり、それに端を発した事件であった。小田急江ノ島線の終点となる片瀬江ノ島駅が学校の最寄り駅で、そこから乗って次の鵠沼海岸が私の家に近い駅であった。だが、その日、預かって貰うことになっていた知り合いの家は、家の駅からさらに二駅先の藤沢まで行き、しかもそこから路線の機軸が変わるため、乗り継いで新宿方面に向かう一つ目の駅、藤沢本町にあった。複雑な行き方に不安を持った母に、先方の家では、顔なじみの手伝いの者を片瀬江ノ島駅まで迎えに寄こしてくれることになった。その家は、私どもがアメリカから帰国して早々、家の準備ができるまで一時、仮住まいをさせて頂いた家で、私にとっては場所も、人も十分に馴染みのある家だった。その人が来るまで、ちゃんと待っているのですよ、と言い含められ、私は何の不安もなく、言われた通り迎えを待った。

だが不運にしてその日、些細な行き違いがあって、手伝いの人は、子供にとっては長すぎるほどの小一時間も遅れて迎えに来た。出掛けに手間取った上、上手く乗り換えの連絡がつく電車が来ずに、ひたすら時間が過ぎてしまったからだった。同級生の友達が皆、発車する電車に乗ってそれぞれ家に帰ったのに、私だけが電車にも乗らず、駅で待っていた。改札口に立つ駅員のお兄さんも、どうしたの、と聞いてくれたが、お迎えを待っているの、という私に、時折声をかけてくれたりしただけで、私は、ひたすら駅で時を過ごした。やっと現れた迎えの人は、いまや泣きじゃくらんばかりになっていた私に、遅れたことの詫びを散々に言い、無事私を連れて行ってくれた。

ところがその日、駅で長時間待っていた私を不審な目で見ていた上級生が二、三人いたのに私は気づかなかった。理由が分からなければ当然のことではあろうが、その上級生たちは翌日、家に帰らずにいつまでも駅で駅員と遊んでいた不埒な子がいたと学校に報告した。その報告がたちまちにして、母への呼び出しとなった。担任の先生から事の次第を聞いたのち、母は言った。「私はむしろ、言いつけ通り、ずっと約束を守って待っていた子どもを褒めてやりましたが」。むろん、母の理屈は母の理屈であって、学校にとっては、この子にしてこの母親と、あるいはなおのこと、面白くない親子の存在であったかもしれない。しかし、少なくとも、私が無為に駅でぶらぶら遊んでいたのではないことだけは証明され、私としては子の名誉を守ってくれた気概を母に感じ、なんとなくいつまでも嬉しかった。

先生の目から見て、私がとかく他の生徒から突出していて気にいらない存在であったのは、一つには、やはり私がアメリカ帰りという「規格外」の子どもであったことだった。それは時代の成り行きと言うしかないことだが、私が一年に入学した年の十二月、日本は真珠湾攻撃を契機に第二次世界大戦に突入した。すでに戦局が展開する前から、日本の挙国一致体制の維持や、国民が一丸となっての国家奉仕の思想は強化され、私たちはその年、尋常小学校一年生ではなく、全国初の国民学校一年生として小学校に迎えられた。

教科書も、私たちの時代からは「サイタ、サイタ、サクラガ　サイタ」ではなく、「アカイ、アカイ、アサヒガ　アカイ」に変わっていた。四月初めの入学時に児童の目に写る桜は、関東一円では「咲いた、咲いた、桜が咲いた」でも、北国では「咲かない、咲かない、桜が咲かない」、さらに温暖なところでは、「散った、散った、桜が散った」となってしまうからだと聞いたことがある。その点、たしかに「朝日」は、全国津々浦々どこでも赤く、地域差がない。何となく、国家統一が思想的に進む中で、いかにも穿った理屈にも思えるのであった。

一方、通信簿も、私たちの学年からは、「甲、乙、丙」ではなく、「優、良、可」となった。兵役の入隊検査では、健康上の基準として甲種合格、あるいは乙種などという選別の方法があったのに、教育現場での甲、乙、丙は何らかの理由で不都合だったのであろうか。いずれにせよ、私たち、国民学校一年生は、愛国少国民の象徴として新たな一歩を踏み出したのであった。このような時代に、外国から、ましてや敵国アメリカから帰ったばかりの児童は、所詮、負のレッテルを貼られるに十分な存在であったのかもしれない。

そういえば、開戦時の我が家は、父が単身で海外勤務にあり、いわゆる戦時下での母子家庭であった。その我が家に、ある日、突然所轄の交番から巡査が来て、お宅には短波放送の聞けるラジオがおありですね、と尋ね、しばらくお借りします、と言ってラジオを持ち去った。数日して再び巡査が来て、何事もないとは思いますが、短波放送は聞かないようにと、ダイアルが封印されたラジオを持って返しにきた。

スパイの容疑とまではいかないが、誰しもが何かに怯えていた。戦時中、敵地の外国にいる一家の父親と留守宅の短波放送——と、繋がりをつけるには奇抜な発想だが、機密の情報が漏れるかもしれない危機に、些細なことにまで国家は神経質になっていた。私たちの学校もまた、外国系のミッション・スクールという宿命もあってか、よりいっそう、国への愛国心を示そうとしていたのかもしれない。毎月八日には、生徒たちは、お弁当として、ご飯の上にたった一個の梅干を載せた「日の丸弁当」を持ち、また開戦日である十二月八日になると、その午前中は近くの諏訪神社に詣でて境内の清掃を行なった。

それでも皆、ひたすら日本が戦争に勝つようにと祈り、登下校する私たちが敵機からの爆撃を受けないようにと安全を守ることが必定の問題であった。入学時には制服で、真っ白な百合の紋章が襟と胸当てに刺繍された紺色のセーラー服と細かい襞つきのスカートであったのが、いつしかスカートはモンペズボンにと変わり、子どもたちは、頭には防空頭巾、片方の肩には水筒、反対の肩には煎り米と煎り豆の入ったズックかばんを襷がけにして、空襲警報のサイレンを合図に一斉に帰宅避難した。帰宅途次、時には頭上を掠める敵機から身を屈めて地上掃射を避け、出来るだけ低地に身を伏せたが、翌日になりその近くに不発弾が発見されたこともあった。爆音が消えれば互いに無事を喜び、皆で「鬼畜米英」と敵国を呪った。否応なしの連帯感が、友情を強めこそすれ、誰一人、互いに反目することもなかった。

私は、担任の先生の弟が江田島の海軍兵学校に在籍すると聞き、江田島の写真が載っているグラビアを見つけると、切り抜いて先生に贈った。相変わらず、人の機嫌を取る迎合的な子どもであったが、アメリカ帰りであっても、気持ちは皆と同じであることを伝えたかった。同時に、教師から自分が嫌われていることを敏感に感じ取っていた子どもにとり、自分への風当たりの強さを少しでも和らげようと懸命であった。

かくしてなおのこと、担任からの覚えがめでたいはずはなかったが、幸いなことに友人には恵まれ、アメリカ帰りであることへの特別な偏見や、いじめに合うこともなかった。学校に通い始めたばかりの頃は、まだ日本にはなかったようなアメリカ製のおもちゃや飯事《ままごと》道具に惹かれ、珍しがって友達が家に遊びにきた。小さな冷蔵庫やミニチュアのキッチン、あるいはミルクを飲ませ、お風呂にいれて赤ちゃんごっこができるゴム人形、そうかと思えば、手を引いて一緒に歩けるような等身大のフランス人形と、さらにその人形をすっぽり乗せられるような大き目の乳母車など、アメリカ帰りの子どもならではの玩具があったからだった。

だが、やがて私たちは石蹴りや花いちもんめや陣取り合戦などもっと外で遊ぶ遊戯やゲームに夢中になり、たとえ飯事をしても、松ノ木の上で格好のいい枝ぶりをみつけては、冒険ダン吉まがいの木上生活を楽しんだ。私たちの遊びには、もはやアメリカ製のキッチンセットはとんと不似合いとなり、むしろ庭で摘んだグミの実やスイカズラなどの花々を、不要になった本もののお皿に盛ってはお客様ごっこをしたりした。一方、学年が上になるにしたがって戦局も悪化し、集団疎開などによる外からの学童が転入してきたかと思えばいつの間にか転出し、級友の輪も、広がっては解体した。

だが、たとえどんなに親しい友人ができても、戦争が終わるまで、決して打ち明けることのない秘め事が私にはあった。それは、父や母にアメリカ人の友人があるということだった。そのことを、誰に対してであれ、おくびにも漏らすことはなかった。開戦直後、「戦争になったら、Willysオバチャマは死んじゃうの？」と母に尋ねて泣いたことがあった。「アメリカ人は、負けても日本人のように自決はしないから大丈夫」と言われ、何だかよくは分からなかったが、それなりに納得し、安心した。いつかはアメリカにいる知人にも再会できると思う一方で、鬼畜米英のイメージが重複し、アメリカ帰りの子どもは、小さな矛盾を抱えたままであった。

一貫教育校のおかげと少人数のクラスのため、子どもたちは、大人しい子も、騒々しい子も、最初の自分のイメージを突然変換させるのは照れくさく、また周りもなかなかそれを受け入れてはくれなかった。私も少しは落ち着き、余りお喋りではなくなったが、依然として人の目が気になる八方美人は納まらなかった。八方美人というよりも、至極デリケートで傷つきやすかった自分が、人もまた同じ思いではないかと余計な気遣いをしたのだった。反面、健康の方は、二年生の時にアデノイドと扁桃腺を切り、三年生には脱腸の手術を受けて、見違えるほど元気になった。それは私にとり、一つの大きな飛躍であったが、その一方で、私たちのクラス担任は、一年生から三年生まで持ち上がりで変わらなかった。

やっと四年生になり、定員数の増加のためにクラスが二つとなり、さすがに担任も代わった。だが、なぜか担任から覚えめでたくない印象は、新しい担任にも継承され、おかげで、私は依然、担任からは愛されない子どもであった。しかし、戦時中の教員不足は、ついに私たち初等科の現場でも起こり、いわゆる代用教員と呼ばれる新しい先生方が赴任した。それは、五年生になってからのことであったが、姉のような雰囲気を持つ初々しい代用教員の先生方が、偉ぶらずに熱心に教え、優しく接してくださる姿には、子ども心にも嬉しさと憧れをおぼえたものであった。公平に、分け隔てなく接する優しい先生をみて、私もやっと担任から受け入れられたという実感が湧き、その頃から知らず知らずのうち、勉強にも励むようになった。

だが、戦局はますます悪化し、学校での勉強もしばしば警戒警報や空襲警報で中断された。学校の環境も変わり、陸軍の軍隊が校内に持ち込んだ膨大な数量の缶詰の木箱が、講堂兼雨天体操場の床に何段にもうず高く積み上げられ、やがて室内を埋め尽くすほどになった。私たちは、始業式や終業式などの儀式があると、その箱の上に登って整列し、自宅から持参した座布団を敷いてその上に座った。一方、防火のための砂が必要とされ、全校生徒たちはバケツを持って長い行列を作り、近くの海岸から校舎まで浜辺の砂をリレーで運んだ。だが、別棟の校舎にある女学校の上級生たちは、学徒動員で近くの工場に出向き、校内にその姿を見かけることは少なくなった。やがて関東地方でも、東京空襲、川崎・横浜空襲、平塚空襲と私たちの近隣をなぞるかのように戦火が広がり、真っ赤に燃える空を間近にみるようになった。そして、初等科五年生の夏、私たちは終戦を迎えた。

夏休みで家にいた私は、昨日まで頻繁に鳴り響いていた警戒警報や空襲警報のサイレンがぴたりと止み、心身に恐怖を植えつけていた飛行機の爆音も一斉に止むと、却って何の音もしない静寂が、ひどく耳に堪《こた》えて痛いほどであった。終戦になって間もなく九月に入る頃、近くの海岸沖に横須賀港に向かうアメリカ海軍の艦隊が真っ黒な船体を海岸線を埋め尽くすように縦列させ、子ども心にも威圧感と不気味な思いに晒された。海岸に近づくと怖い目に合うと言われ、大人のあとについていくときだけ、こわごわと沖の黒船を眺めていた。夜になると、夢にまで魘《うな》され、学校の二階に通ずる階段をアメリカ兵が上がってきたとの通報で、夢だというのに膝がガクガク、ヘナヘナして走ることもできず、一人、這いずって逃げ回る夢を見た。絶対に正夢だと信じた私は、本当に逃げられなかったらどうしようと、リアルに痛む膝を抱え、昼間でも魘《うな》されていた。

夏休みが空け、学校に行く日がくると、まず何を着て行ったらよいかと戸惑った。結局、なじみのモンペ姿で登校すると、クラスの友人の多くも制服の上着にモンペズボンで現れ、ほっとした。教室では新しい世界秩序が構築されつつある現状を「いわく言い難し」とでもいった口調で教えられ、具体的には、数日後、墨と筆をもって学校に来るようにと伝えられた。

そしてその日、持っていった墨と筆を使って、私たちは教科書の文字を、そして文章を、指示されたとおりに片端から塗り潰していった。五年生になってからの私たちは、歴史の教科に初めて触れたばかりであったが、夏休みに入る前に、休み明けには、第三章「神風」から学習しますと言われて、休み前の授業は終わった。「神風」に出てくる蒙古襲来の歴史は子どもにとってもドラマティックでわくわくするようなストーリーであったが、せっかく予習していった章は、結局全文が墨で塗りつぶされることになった。だが、不思議なことに、いくら黒々と塗りつぶしても、「三、神風」という題目だけは目にこびりついていて離れず、たとえ時が経とうとも、見開きの本の右方、三分の二あたりのところに、確かにあったはずの表題の文字が今でも読み取られてしまうのだった。

学校では、ほかのことでも、あっという間にさまざまな変化が起こっていった。私たちの学校は、ミッション・スクールではあったが、かつての日露戦争の英雄、乃木稀典が学習院の院長時代、夏期合宿のため生徒たちを片瀬海岸に連れてきたという謂れがあり、そのことにあやかって、終戦まではその名も乃木高等女学校と呼ばれていた。そして私たちはその付属初等科に属していた。校門の入り口から入ると右側に、乃木稀典の椅子に座す銅像もあって、毎朝、私たちは彼に一礼をし、校内に入っていった。片瀬の町には、これとは別に、彼を称えて建てた青銅像が浜辺にあったが、戦後の軍国主義払拭のシンボルとも相まって、いつの間にか取り除かれてしまった。それを機に、われわれの校門脇の乃木像も撤去されることになった。もっとも、戦後になると、校名も改められて乃木の名前が消え、乃木像の立つ謂れもなくなっていた。

そういえば、各教室の正面中央上部にあった神棚もはずされ、代わりにエル・グレコが画いたようなキリストや聖母マリアの聖画が架けられるようになった。ところがある日、神棚のあった付近の天井に黒い手形があるのを誰とはなく発見し、皆、騒然となった。しばらくはミステリーじみた話や死者の霊が現れたのではないかといったスリラーまがいの想像も走った。しかし、何日かして、それは神棚を外した際に、職人が汚れた手を天井の壁に突いて体を支え、その時に残ったものだということが分かった。

変化はむろん授業にも及び、終戦直後の五年生半ばから、英語が教科に加わった。教壇に立ったのは、私たちの想像を覆すかのような袴姿の純日本人の教師で、おそろしく発音が綺麗であった上、抜けるように白い肌の面持ちのせいか、どことなく憂愁が漂っていた。その彼女が静かに、滲み入るような声で、だがブリティッシュ・アクセントも鮮やかに英語のセンテンスを読み上げると、教室内には静まりかえったような空気が流れていった。

「しばらくはアルファベットの文字ではなく、発音記号で英語を覚えましょう」と言われ、発音に重きを置く活き活きした英語を教えるのが先生の教育方針でもあった。教科書に頼らない口移しの授業は今までにない新鮮な気分を教室に持ち込み、私たちは時折英語の歌を習ったりしながら、懸命に発音を覚えたものだった。思えば最初に習った歌が“America is beautiful”という歌で、鬼畜米英の反対側にこんな綺麗なメロディーがあったのかと、妙な感動を覚えた。と同時に、日本の社会や思想における変わり身の早さに、幼い身でも、どこかでたじろぐような思いもあった。

英語の教科導入は、私の学校生活にあって一つの転期であったことは間違いない。人から見れば、アメリカ帰りの私は、たしかに英語に接してきた経験があり、他の人たちとは違って見えたかもしれない。だが、実際には前にも触れたように、アメリカでは友達を持ったこともない私には、アメリカに住んでいた頃の言語は日本語以外の何ものでもなく、英語は他の人たちと等しくゼロからの出発であった。

懸命に先生の発音を真似ては、家に帰ってからも言葉に出して英語を覚えようとした。座るたびに、“I sit down”と自分の行動を口にし、戸を開けるときには、“I open the door”と言ったりもした。あるいは自分が意識はしていなくとも、耳が聞き馴染んだ言葉に敏感に反応していたことはあったのかも知れない。だが、私の英語への強い好奇心は、むしろ自分が子ども時代に見知っていた国に、今再び舞い戻ったかのような懐かしさによって、高揚されたのではないかと思う。アメリカのことなら私に、といった勝手な自負心が走っていたのかもしれない。
友達も何となく、かつてのアメリカ帰りの私と英語の教科を結び付けていたところがあった。鬼畜米英を叫んでいた友人たちからも、「ねえ、今度アメリカのこと、教えてね」と、言われたときには、自分の耳を疑った。だが、「鬼畜米英」は、少し前までは、他ならぬ自分自身の叫びでもあった。

身変わりの速さは終戦後の日本人の一大特性ではあったが、長いこと担任教師から、何でも悪いことはアメリカから持ち帰ったせいだと言われ続けてきた私にとり、アメリカ賛美は晴天の霹靂と言う感じがした。だが、自分が意図していなかったにもかかわらず、英語という新しいツールが私に備わったことは、少なくとも一つだけは、自信がもてるものが私にもあるのだという、一種の自分見直しが芽生えていった。

英語といえば、当時の一般家庭では至極まれであったが、我が家では戦時中でも両親のことをパパ、ママと呼び、お父様、お母様と呼ぶことはなかった。もっとも当時の礼儀作法からすると、お父様であれパパであれ、それは内々の表現であって、人前では一様に「父」「母」と言うのが当たり前であったから、ごく親しい友達しか私がパパ、ママ、と呼んでいるのは知らないはずだった。だが、いつの間にか、母が学校に現れると、友達は、あなたのママ、いらしていてよ、と教えてくれ、友達の間では一般的に私の母が「ママ」であり、「ママ」はほかの母親と違って、着物ではなくスーツで学校に現れたのだった。戦後になると、「ママ」と呼ぶ家庭は他の友達のなかにも少しはあることが判ったし、洋服で学校に見える母親は外《ほか》にもあった。だが妙に母のスーツ姿は級友に覚えられ、母はいつしか「お洋服のママ」となった。

そんなある日、「お洋服のママ」が教員室に初等科の校長を訪ねてきた。近所に引っ越してこられた方が、望んでこの学校に娘を編入させたいと言い、母は頼まれて校長に会うことになった。母が来るのはわかっていたが、休み時間に「ママがいらしたことよ」と友達から教えられると、私は一刻も早く校長にそのことを告げたいと、急ぎ、教員室のドアをノックした。ドアを開けた校長は、「今のノックは貴方?」と訊き、「そんな乱暴なノックの仕方はないでしょう」と厳しくたしなめた。校長は、自分の指先を丸くまとめ、その指先でドアを軽く二度叩き、手本を示した。すでに母も教員室の手前まで来ていたので、私は気が気ではなかった。だが、校長はそしらぬ顔で、「教員室の中で、私がドアをノックするのを聴いていてご覧なさい」と命じた。ドギマギしながら教員室の中に入った私に、外からのドアのノックは騒々しくもなく、優雅に、しかも不思議なほど心地よく響いた。教員室から出てきた私に、わかったかと尋ねた校長は、「それでご用は?」と聞き、初めて母の方に向かって挨拶した。思えばドアの外に立つ校長に母の姿が見えない筈はなかった。だが、その姿勢に最も感動したのはほかならぬ母であった。「教育とはこういうものなのね」とひたすら感心し、ありがたいことね、と言った。

終戦の小学校五年から六年にかけての時期は、余りにもめまぐるしく事が転じたので、何がどう始まり、どこでどう終わったのか、はっきりと見当がつかないことも少なくない。たとえば終戦後の経済的混乱期は、我が家にとってもかなりの困窮の時期であったのに、周辺社会では、限りなく物がなかった時代から、いつのまにか闇市に始まり、あるところにはあるのだといった豊かさが、少しずつ見えるようになってきた。それはまだ朝鮮戦争の戦時景気などが訪れる前のことであって、物事の切れ目も見えなかった時代に、気づいてみれば大きな変化が押し寄せていたのだと、あとから知る時代であった。

戦争が終わった時、母は、「これからが本当に大変なのよ。今までは皆が不自由していたけれど、これからは持てる人と、持てない人の差がはっきり出てくるからね」と言った。たまたま、戦争半ばで病の床に就いた父は休職中であったし、きっと家計も逼迫していたに違いなかった。父は私たちをアメリカから帰国させたあと一人赴任地に残り、さらにそこから南アのケープタウンに横滑りした。職務上、身柄は丁重に扱われたものの、敵国人として軟禁状態にあった上、さらにケープタウンからの帰国早々、今度は反日感情の強い上海へと赴任し、病に倒れ帰国した。一時は絶対安静、栄養だけは十分に補給するようにと言われ、父の闘病生活がいっそう、我が家の困窮に拍車をかけたに違いなかった。

やむを得ず栄養の補給源にと、ミルク欲しさに我が家では山羊を飼ったこともあった。さらに、象牙の一刀彫で、牙の上に大小の象が勢揃いした装飾品が、ある日我が家から消え、用足しで東京から戻ってきた母の手中に、百円札を束にしての一万円と化して帰ってきた。そういえば、我が家にあったアメリカ製の白い冷蔵庫も、ご近所の方の希望で手放した。当時の日本にはない代物で、今の冷凍冷蔵庫とはいかないものの、電機で製氷ができるという大型の冷蔵庫であった。

実家が東京にあった母は、焼け野原の東京に出向くこともあったが、私を連れて出かけたのは、終戦後何ヶ月も経ってからのことであった。途中、「びっくりしちゃダメよ、東京もすっかり焼けて変わってしまったからね」と母は私に予備知識を導入した。余り多くの場所を歩いたわけではなく、一路日比谷の日銀にいったあと、昼食をとるため、向かいの日比谷公園に行き、持参のおにぎりを開いた。

だが、開くや否や私たちは異常な雰囲気に包まれた。見れば数人の浮浪児たちがじっと私たちのおにぎりを見やっている。遠巻きの輪はじりじりと私たちに迫り、段々囲まれていった。「さ、立って」と母は私を急かし、二人で逃げるようにそこを立ち去り、結局はまた日銀に戻って、建物内の一隅で私たちは食事を取った。だが、母はいつまでも、子どもたちを見放し、逃げ去ったことが恥ずかしいと、こぼしていた。私にとっても、ほとんど同年輩の子どもたちが痩せてボロを纏いつつ、鋭い目で私たちのおにぎりを仰視していた目つきが忘れられなかった。考えてみれば、我が家の困窮ぶりなど及びもつかない世界があることを知ったのかもしれない。

その頃、我が家の近所には、当時としては珍しい洋館建ての家が二、三軒もあったが、駐留将校の住まいとしてアメリカ軍がそれらを接収し、藤沢のFのあとに数字番号をつけては、日本人オフリミットの臨時「居留地」を作っていた。そこでは日本人のメイドやコックが雇われ、時折、その家に残飯が出たからといっては、近隣の住民に放出した。

目まぐるしく変わる世の動きとともに、私たちはやがて初等科を終え、中等科にと進んだ。かつての国民学校一年生だった私たちの世代は、今度は戦後の教育制度の導入とともに、新制中学の第一期生となった。一貫教育校とはいえ、中等科の校舎は別の棟にあり、中等科に進学してからの私たちは、クラス編成はもとより、何から何まで新しいこと尽くめの環境の中で、新たな一歩を踏み出していた。それは、初等科時代とは大きく一線を布く世界であった。

中等科になって、外から編入した級友もでき、授業のほとんども担任ではなく、専門教科の先生方により進められることで授業内容も多彩となり、いろいろな人や物事に触れられたことが、今までにない体験を私たちに与えるようになった。私の環境もまた当然に変化していった。英語だけではなく、他の教科にも関心を深めるようになった私は、やっと勉強に身を入れるようになったし、その一方で昼休みや放課後には積極的に友人たちとドッジボールやテニスをして遊び、不器用ながら球を追って走ることで子どもらしいエネルギーを発散させた。

少しずつ、ものが豊かになり始めた頃、駐留軍やその家族に転勤の時期が訪れたのか、近くの鎌倉あたりでは、時折、「進駐軍」の放出物資として不要となった洋服や洋品雑貨、家具などが売り出されるようになった。今ならばさしあたり、グラージセールの感覚ではあろうが、まだ、日本では余り古着買いには馴染みが薄い頃であった。戦時中には食料欲しさに、人々は皆遠くの農家に衣服を持って、物々交換の買出しに出かけた。が、今は逆に、アメリカ人の古着を買いに人々は走っていた。駐留軍接収家屋で出た残飯には見向きもしなかった母も、ある日、珍しく友人に誘われて、その放出物資を見に出かけて行った。

夕方になり、鎌倉から戻った母は、「貴方にどう?」と一枚のコートを広げて見せた。白に近い、薄いアイボリー色の柔らかなウール生地で、薄茶色の矢羽模様が一面に織り込まれたかのように見える地紋があった。背中のウエスト辺に縫い付けられた同色のベルトは前結びで、その結んだベルトの下辺りには、斜めに走る金色のチャックが左右のポケットを開閉し、チャックの先端には小さな金色のボールがついていた。軽く、暖かく、なんとも洒落ていて、私はひと目ですっかり気に入ってしまった。ところが、こともあろうに、それからしばらくして、学校からの通達があり、そろそろ物も出回ってきたこと故、オーバーは学校の生徒らしく、できるだけ目立たない色、つまり紺か黒を着用するようにと言って来たのだった。

すでに制服の方は終戦後しばらくして復活し、私ども初等科の卒業写真には全員が制服姿で写っている。紺か、黒のオーバー着用は、それから三年くらい経ってからのことで、学校としては、かなりの猶予をもっての決断であったにちがいない。それでも、まだ当分はこれで結構と、私がアイボリーのオーバーで通すことに、母はもとより私にも異論はなかった。だが、しばらくして、ついに母は久々のお呼び出しを学校から受けたのであった。

中高に入ってからは、校長以下、教師陣がすっかり変わり、一貫校とはいえ、生徒からみての教員室の雰囲気も大分変わっていた。それに、何よりも時代が時代ということで、戦中の堅苦しい、緊張感漂う空気は、もはやここにはなかった。私たちが中高で新しく接した海老原いつみ校長は、薄い銀鼠のめがねをかけたほっそりとした修道女で、澄んだ声が響く雰囲気は、理知的で物静かではあったが、堅物で冷たい印象が否めないという評判でもあった。だが、お呼び出しを受けて応接室に招じ入れられた母を、校長はにこやかな笑みを浮かべ迎えた。

やがて用件が私のオーバーにあることを知らされ、ご事情もおありでしょうが、お嬢様のオーバーは少々目立って学校にはそぐわないので、そろそろ紺か黒のオーバーを買って差し上げてくださいませんか、と校長は率直に告げた。理路整然と説明する校長に、母は、今すぐ明日にでも、という余裕はありませんが、近いうちに必ず、と答えたその時だった。選りによって、アメリカ時代に着ていた黒いオーバーを纏ってきた母に、「奥様！　そのコート、お嬢様に差し上げられたら」と、妙案とばかりに校長が尋ねたのだった。母は、いささか詰まりながらも、「で、私は何を着ますの？」と問い返した。母によれば、校長は破顔一笑、「それは、そうでございますねえ」と言い、笑いが止らなかったという。かくして、少々の間、依然として私はアイボリーのコートを着て学校に通い、そしてその冬は過ぎていった。

高校に進むころ、私はクラスの友達とともにコーラスや百人一首にも懲り、さらには「進駐軍放送」を聴いては、毎週ヒットパレーに登場するポピュラーソングを夢中で書き取り、ジャズやアメリカの流行歌を口ずさんだ。Buttons and Bows. If, Too Young, Tennessee Waltz. … ヒットパレードのいいところは、チャート上位にランクされれば、次週も同じ唄が流れ、前回聞き取れなかったものが補充出来ることであった。まだ、テープレコーダーなどは及びもつかない時代であった。

一方、休みの日には、近くの映画館に行っては洋画を観、プロ野球や、六大学野球を専ら「ラジオ観戦」で楽しんだ。こうして私の趣味は広がったものの、何故かあれほど好きだった英語の勉強には次第に興味を失い、大学への進学を前に、一番不安な学科は英語となった。希望校への進学は、この英語との関わりもあって、一抹の不安を抱きながら進路決定が迫っていた。

オーバーの一件以来、忌憚なく意を通じ合えるようになった母に、校長は、私の進学先について、校長自身の出身校の方が、専門分野も多岐にわたり、私には向いているのではないかと、親身になって薦めてくれたことさえあった。英語の点数が他の教科に比べ低くなっていった私の行く末をあるいは案じていたのかもしれない。それでも私には、英語に固執した思いが強く、結局、小学校時代に初めて接した英語教師の母校を進学先と決め、校長の勧めもよそに、私はその大学に進むことになった。

高校を巣立ってからも、私が時折母校を訪ねて校長に会うと、いつも母の様子を尋ね、そして私の選んだ大学は私にとり満足のいく場所であったかとも、尋ねてくれた。新しい大学での環境は今までとどう違うかと尋ねられ、私は馬鹿正直に、人間らしさに触れています、と答えた。「人間らしさねえ」と校長は笑い、私を見やった。

やがて、その大学をも卒業し、そこで教鞭をとるようになってからのある日、私はかつての校長の姿を大学構内の廊下で見つけ、懐かしくも仰天した。それは、大学の卒業式の日で、校長は、自分の修道会の若い修道女が、晴れて卒業するということから、職責の長として同行してきていたのであった。

廊下で私をみつけた校長は、あの校長には似つかわしくないと思えたほど明るく、いささか高く弾んだ声で、「まあ、レイコちゃん、しばらくね」と、声をかけた。次いで、校長は「ママ、お元気?」と尋ねた。周辺には、私のクラスの学生もいたのに、校長の前での私は、母が呼び出しを受けていた頃の一生徒に過ぎなかった。澄んで明るい声が弾むなか、私はなんと答えたか覚えてもいない。だが、大事な人に巡り合えた思いがひしひしと込み上げ、温かな風が胸中を走った。率直で、機微に富む心のしなやかさ、それでいて凛然として信念を貫いた校長が、あの日ばかりは声を弾ませていたことが、私には忘れがたいドラマとなった。

やがて定職として教職についていた私は、アメリカ史を専門に研究する道を選び、他の研究者たちとともにアメリカ通史を翻訳する機会を得たことがあった。それは、世界各国の高校で使われていた教科書を集めた翻訳ものシリーズで、Ａ３版ものの大きな本であったが、アメリカについては、二巻にわたり納められていて、五人もの研究者が翻訳者として名を連ねていた。たまたま高校生向けということもあって、出版早々、近況報告も兼ねて、私は母校の図書館にそれを寄贈するため、久々に母校を訪ねた。

その頃、いくつかの職務・赴任地を経て、再び湘南に戻っていた海老原校長は、昔とほとんど変わるところのない容姿と雰囲気を漂わせ、こぼれるような笑みを湛えて、私を出迎えた。開口一番、母のことを尋ねた校長からは、相変わらず涼やかで澄んだ声が聞かれたが、明らかに義歯と思しき響きがあって、さすがに年の重みを感じさせた。

かつての恩師に、やっと出版されたばかりの本を手渡した私は、半ば気恥ずかしくもあり、半ば興奮気味に胸の高ぶりを覚えていた。しかし校長はいかにも大切そうに、そっと差し出した両の腕《かいな》に抱くようにして本を持ち、その表紙にある文字を指でゆっくりとなぞった。何度も、何度もなぞりながら、小さな声で、しかし、しっかりと、「アオキ、レイコ」と訳者の名を読み上げた。私一人の作品ではないのに、校長は私の名のところにだけしか目がいかないかのように、私の名を口に刻んだ。まるで、母がわが子の手になる作品をいとおしむかのように、いつまでも本を抱えていた校長の温かさが私を包みこむようであった。やがて澄んで見通すような眼《まなこ》を凛然と私に向けながらも、にっこりと笑みを湛えて、「おめでとう」と言った。

その日、校長は新しく出来たばかりの校舎を見たいかと尋ね、建物の中を案内した。大分弱られているのではないかと気遣われる気配をどことなく窺わせたが、校長は校舎の隅々にまで足を運び、丁寧に要所、要所を説明した。高台となっている校舎の敷地からは、はるか眼下に江ノ島に続く海岸線が見渡され、その浜近くにあった古い校舎での思い出が髣髴と目に浮かんだ。そして母が幾度も私のために呼び出しを受けた旧校舎の面影も、今は流れる雲が糸引くように走り過ぎていった。もしかして、戦時中の学校にとり、正しいと思ったことには自説を曲げなかった母もまた、アメリカ帰りと映っていたのであろうか。

思えば私にとってのアメリカは、戦時期とも重なった時代には、少なからず負の資産であった。もし、私がアメリカ帰りでなかったならば、あるいは、その時期が戦時期でなったならば、私がおかれた学校での状況は変わっていたであろうか。一方、戦後の中高時代は、「敵国アメリカ」からの呪縛も解け、語学のことも含めてアメリカは、ある意味ではプラスの要因となっていたかもしれない。だが、私は、マイナスであれ、プラスであれ、当時はアメリカのことを何一つ理解していたわけではなかった。むしろ、かつて幼児期を過ごした処への郷愁に似た想いだけでアメリカとの繋がりを意識していたのではないかと思う。

振り返れば、戦時中であっても、日本だけではなく世界をみなければ何も見えない、と折に触れ、子どもたちに説いたのは両親であった。そしてそのためにも、外国語の習得は必要だと彼らは言った。日本だけではなく、世界を観る。それは見たものにしか実感できないことかもしれないが、幼児期を外国で過ごしただけの私には到底見えるものではなかった。世界を観る。それは郷愁だけではなく、一つの意識として世界を観ることなのだと、それを気付かせてくれたのは、あるいは大学に入ってからのことであったかもしれない。

宮代の丘の上に建つ大学には、校舎に併設された学寮もあり、関西方面や遠方からの学生を中心に寮生活をする者も多かったが、私のように湘南方面から東海道線を使って通学していた者は、片道一時間半から二時間近くをかけて通学する。東海道線は品川で下車し、そこから当時の都電七番で広尾まで来ると、先程の路面電車やバスが交錯するところとなる。今までは、家から電車に乗れば一駅、歩いても、あるいは自転車でも往き来できるところに学校があったが、新大学生にとって、長距離を列車で通う、それだけでも、冒険への一歩であった。

大学生とはなったが、私たち学生には制服としてのスーツ着用が常時義務づけられていた。それは、いわゆるカーキー色、よくいって鶯色の地味なスーツだが、きちっとしたテーラー仕立てで、なかなかにスタイリッシュなものであった。それもそのはず、もとはといえば、米軍の女性将校の軍服を譲り受けたものであり、かなり上質なサージの生地でできていて、そのせいか、年間を通じて着ても卒業までの四年間は優に長持ちする制服であった。だが、その色とスタイルのおかげで、通学電車に乗ると、時折、自衛隊関係の方ですか、と聞かれたりもした。

大学はミッション・スクールで、もともと教育機関としては、日本国内での女子教育に携わってきた古い基盤を持っていた。戦後、女子専門学校が初めて四年制の新制大学に再編成された一九四八年、他の数校の専門学校とともに新制女子大学として発足する。以来、初代の学長は、ほぼ二十年にわたり、アメリカ人の修道女エリザベス・ブリットが務めてきた。戦前から同系列の語学校（専攻科）で教鞭をとってきたマザーは大の日本贔屓で、戦時中、拘留を経てアメリカに帰郷をやむなくされたが、アメリカに帰っても、話が日本のことに及ぶと、決まって目に溢れるばかりの涙を浮かべていたと、同胞の修道女が回想する。一九四六年、日米の交流が復興するやいち早く、日本に戻り、新制大学の設置に心骨を注いできた人だった。

大学では当時学生数が少なかったこともあって、入学後間もなくして、新入生全員が一人ずつ学長室に呼ばれ、学長との面談が行われた。学長がアメリカ人であったこともあって、面談はすべて英語で進められ、同席していた学長秘書から多少の助太刀は得られたが、原則として、学長との一対一の対話が求められていた。質問は簡単で、大概は一問一答の形式で済まされることが多かった。

私が席に着くなり、学長は尋ねた。夢を見るとき、あなたは英語で見るのか、それとも日本語で見るのかと。思わず笑みをこぼしたくなるほど、簡単な質問でほっとした。だが、それは、考えてみたこともない新鮮な質問であった。とっさに私は、小学生の頃にみた夢の一シーンを思い出した。たまたま目の前の花がなんとも美しく、思わず覚えたての英語で、"It's pretty"と口走った記憶であった。私は、迷うことなく学長の質問に対し、英語で夢をみることもあります、と答えた。

嘘ではなかった。だが、どれぐらいの割合で、と聞かれると、半々ぐらいでしょうか、とハッタリもいいところの回答をした。咄嗟の質問に、上がっていたのか、それとも良い印象を与えたいと見栄を張ったのか、それとも単に英語で言葉が詰まったのか、自分でもよく分からなかった。どう考えてもおよそ記憶にある限り、それまで英語で夢をみたと意識したのは、あの時一回限りのことではなかったか。

だが学長は、そう半々ね、と笑みを浮かべて頷き、「それでは考えるときはどちらで？」と質問した。今度は正直に答えるしかなく、ほとんどは日本語で、と答えた。短いやり取りで、ただそれだけのことであった。だが、それ以後、私は果たして今どちらの言葉でものを考えているのか、また、それぞれ別の言語で考えることによって、どんな違いがあるのだろうかと自問し続けるようになった。

結論からいえば、ものごとを考えるのに、日本語であろうと英語であろうと、思考内容や結論が変わるものではないと、今でも思っている。だが、日本語でものを考えるのと、英語で考えるのとでは、もしかして思考過程の上で何らかの違いがあるのではないかと、いつの頃からか思うようになった。

大学のシステムにより、一年生では基礎科目や教養科目を履修し、多少大学での学習に慣れた頃、つまり二年生に進学する期を前にして、専攻の分野を決めることが求められていた。高校時代に、英語の成績を低下させたこともあったのに、興味ある二つの学科として、史学専攻か英文専攻か、そのいずれかへの決断を迫る岐路に立たされると、私は悩んだ挙句、結局は好きな英語を基盤とする英文への専攻を決めた。英語を学べば、あなたの道が広がる、と後押ししたのは母であった。

当時、大学には英語を母国語として活動する教師が多く、語学の授業だけではなく、専門課程の授業さえもが英語で行われていた。辞書を引き引き、必死で講義を聞き取ろうとした努力は、今思っても、涙ぐましい。緊張すればするほど、疲労のあまりに睡魔に襲われていく自分を奮い立たせる策もなかった。だが不思議なことに、若い時に懸命に辞書を引き引き覚えた単語は、普段使わずとも、必要な時にふっと湧き出るように蘇って来ることがある。おそらくは、大学時代に辞書を引いて覚えた単語は、使わない引き出しのどこかで、じっと出番を待っているのであろう。

専門課程に入ってからの二年生、とりわけ英文の学生は、「エッセイ」とか「コンポジション」といった授業で、徹底的にものを書く上での論理と論法を教わり、その手法を仕込まれたものだった。まず序論、本論、結論といったいわゆる起承転結をもって論文が成ること、またエッセイにしても論文にしても一つの作品は多数の文節あるいは段落からなり、その一つ一つの文節には最低二つ以上の文がなければ文節とはならない——つまり一文だけであれば、それは単なる一つの文であって文節としての形態をなしていないこと、一つ一つの文節には、その文節が発するメッセージがあり、そのメッセージを伝える中核的な文章、すなわちトピック・センテンスがなければならないこと、一つの段落が終わって次の文節に移るのには必ず直前に先行する文節から次の文節へと誘導される必然性、つまり文節と文節には必ずつながりがなければならないこと、さらに文節はそれぞれ独立したものでありながら、すべての文節が全文を通じバランスをもった構成となっていること、これらがあって、初めてよい文章がかけるのだといった訓練を繰り返し、繰り返し受けたものだった。しかも文節は、起承転結の原理から言えば、序論、本論、結論それぞれの割合を、例えば、序論部分が一、本論部分が三、結論部分が一となるような構成をとれば最もバランスが取れるものになるという一つの目安も教わった。

この手法はもちろん英語に限らず、何語であっても論文を書く上では基本的なルールだと考えればごく当たり前の話なのだが、よく考えると日本では、専攻ゼミで論文を書くとき以外、このような論理の組み立て方を日本語として授業で教えることはめったになかった。だが、この訓練の中に、実は欧米人の話し方や思考の論理がごっそりと詰まっている気がしてならない。たとえば日本語では、文頭に「しかし」とか、「それにもかかわらず」、「一方では」、「そして」といった、文と文をつなぐべき接頭語をおきさえすれば、何となく前の文章から続くような錯覚を持ち、ずるずると文章を綴っているうち、これまた何となく文が進んでしまう。

だが文章は、内容によってつながっていなければ、実際には論理の展開が成り立たず、単に接頭語に頼っての文章は、かえって無意味で混乱を招くことさえある。順々に理屈を追って展開される文章なればこそ、書くにしても話すにしても、筋道の通った説得力をもち、読み手や聞き手を納得させることができるのである。そもそも、文章一つ書くにしても、英語では、主語と述語、主体と属体、自動詞に他動詞、直接目的語と間接目的語といった一定の決まりを叩き込むことから一つの理屈が展開される。とかく主語を省略し、「てにをは」が曖昧であっても何となく話の通じる日本語とは、筋道の厳しさが違うのかもしれない。

そういえば、大学に入ったばかりの頃、授業や試験でさかんに英作文を書かされた。比較的抽象的な題目が多く、「友情」だの「幸福」だのといったテーマでものを書く時に、私は冒頭の一節は何となく格好をつけて書き出すのに、そのあとがいつも続かなかった。要するに竜頭蛇尾で中身が伴わないからだった。限られた時間はどんどん経過し、結局尻切れトンボに終わりそうで、いつも不本意であった。しばらくして、ふと何かの折、友人が、試験で作文が出たらまず出題された題目の定義を書き、あとはその内容について書いていくとスムースに書けるといったのを聞き、はたと思い当たるところがあった。つまり、定義に曳かれてあとはその具体例を書く。格好をつけるより、まず理屈を立てる。美しい文を練り上げるより、内容を展開させる。有能な学生ならこの程度の要領よさは誰にでもあったであろうに、私はずいぶん遠回りをしてきたものである。所詮、要領よく人にものを伝えるには、どういう手立てで話を構成し、展開させていったらよいのか、その手法は、先の英作文の手法の中にあるように思った。英語でものを考えるか、日本語でものを考えるか、その違いは、この思考の組み立ての論理にあるのではないかとも思うようになった。

ありがたいことに、大学では、英語を母国語とする教師が大勢いたおかげで、授業以外の場でも折に触れ、英語を使わなければならない必然性が私に英語を覚える機会を与えてくれた。ある日のこと、電話を掛ける急用が生じ、大学の玄関ホールの脇にある受付から、公衆電話を使う必要が起こった。今のように携帯電話の時代ではなかったし、テレフォンカードすら流通してはいない頃だった。受付の脇にはいわゆるピンク電話といわれていたピンク色の電話が置かれ、それはよくある緑色の公衆電話とは違い、家庭用一般の電話機にコイン挿入のための置き台が設置されているものであった。つまり、コードこそあれ、その台ごと移動可能なものだった。

その日、受付には、イギリス人の小柄なマザーがお留守番役でレセプショニストとして座っていた。私は、日本語感覚からすれば「この電話をちょっとお借りしたいのですが」というつもりで、

“May I borrow this telephone?” と訊いた。マザーはゆっくりと、分かりやすい語り口で、しかし厳然と断った。“No, my dear child. Don't borrow it.” だが、続けて、“Just use it.” と言ってニッコリと笑った。おかげで、「電話機」は借りるものではなく「使うもの」だという表現を習ったが、それにしても、そこにあったピンク電話を台ごとコトコト持ちあげ、「借りて」いこうとする学生の姿を想い描けば、マザーならずとも私までもが、おもわず噴き出したくなる情景であった。

またある日、卒業論文の指導を受けていたイギリス人の教授に、自分の書いた論文内容について、質問したい条項を列挙記載し、メモを残したことがあった。教授の忙しいスケジュールの中で、急ぎ解決するための必須手段であった。翌日、一〇項目近い質問は、それぞれに的確な回答がつけられて返ってきた。だが、忘れもしないその一項目に、「よろしい、もし正確に字が書けさえすれば」“Yes, only if you can spell it!” と書かれてあった。それは私の書いたある一文に、「心理的に解釈すれば」と言う表現を文中に挿入したいと尋ねたつもりが、こともあろうに、その「心理」の “psychology” から “p” が脱落していたことへの回答だった。私が教師なら、朱のペンでさっと “p” を書き加えただけのことかも知れないのに、イギリス人らしい皮肉たっぷりのこのユーモアのおかげで、私は二度とこの言葉について誤謬を犯すことはなかった。

英文学を専攻した私に、文学を学ぶ素質が真にあったか否かは別として、文学の感性や思想といった文学の本質論というよりも、むしろ作者にその作品を書かせた時代背景に強く惹かれた私は、時代性や作家の生い立ち、あるいはその環境に興味をもち、どちらかといえば、社会性のある作品が好みだった。たとえ、ディッケンズやブロンテ姉妹のような作品が幼稚と思われようが、社会の背景を抱き合わせてみると、私にはイギリスの社会背景やその中で動く人物の綾が興味深く見えてくるのであった。したがって、私は、そのバックとなる西洋近代史の授業にも夢中になって臨んだ。

授業は、私たちが入学した頃には、すでに大学の中庭を囲んで四角形に立つ三階建て（のちに四階建て）の重厚なコンクリート・ビル内の教室で行なわれていた。だが、それより以前には、アメリカ軍から貰い受けた野営用のプレハブ兵舎が使われていた。その形が蒲鉾型をしていたところから誰言うとなく、かまぼこ兵舎と呼んでいたものであった。天井の低い、プレハブ兵舎は、当然夏の暑さでは熱気がこもり、決して居心地の良い建物ではなかったが、広さだけは十分にあり、校舎ができてからもしばらくは、多目的な行事に使われ、私たちの在学中には、まだ庭の一隅に数個の蒲鉾兵舎があったのを覚えている。

一方、大学には全学生が一堂に会して集まれる講堂はまだなく、ビッグルームと呼ばれた大教室に集まって式典や集会が行なわれていた。通常は教室として使用されていたので、その部屋を全学集会に対応させるには、急遽人数分の椅子を他の教室から運び入れなければならなかった。椅子の運び役は専ら一年生で、これを取り仕切る上級生のてきぱきとした指示のもと、短時間に整然と椅子並べが行なわれるのはまことに見事であった。女子大の習いとしては当然のことだが、余程重い物を動かす時を除いて、女子学生による力仕事は何も特別のことではなかった。

こうして大学の黎明期は、教室や講堂など、校舎が徐々に拡張されていき、キャンパスとしては必ずしも整った様相を持ってはいなかった。そのために、大学では毎年の行事としてバザーやビンゴ・パーティーを催し、その売り上げが教室建設の資金源の一つとなった。バザーの切符売りは専ら学生の役割で、当時、オールド海上、ニュー海上と呼ばれていた海上生命ビルの前に並んでは切符売りをした。当時、これらの建物付近には駐留軍人やその家族の出入りが多く、彼らに対しては、バザー券は一枚一ドルで売られていた。私たちの概念では、一ドルは日本円にして三六〇円だったので、一ドルの代わりに日本円で五〇〇円を差し出す外国人には、律儀におつりを渡していた。だが、その学生たちが大学に戻ると、「あなたたちは、寄付のもつ意味を知らない」と、学長から諭された。寄付は志であって、定額のものではない、一ドルの代わりにこれで、と五〇〇円を渡されたのならば、喜んで礼を言って受け取るのがその志に対する礼儀だと言う。まだチャリティーの意味が浸透していなかった日本社会の通念からすると、寄付の概念も分からず、それはまるで初めて聞くような論法で、学生たちの間では、一つ話のようにこの話題が伝わった。

学生たちはまた、毎年クリスマスの頃になると、立川などいわゆる駐留軍のキャンプにクリスマス・キャロルを歌いに行った。むろん、招かれてのことであったが、大学のグリークラブやオーケストラクラブの部員たちが、基地の将校クラブなどに演奏に出かけると、それなりの収益があり、大学にとってもスピリチュアルなクリスマスの祈りを届けるだけではなく、実益のある話であった。そして出かける学生にとっても、自分たちが何かの役に立つといった密かな気概と、まだ見ぬ世界への好奇心をも膨らませ、それはもう、一大イベントであった。

いよいよクリスマスの夜、軍用の大型バスはこれらの学生たちを乗せ、渋谷から立川へと、いまだ住宅が立ち並んでいなかった頃の畑や空き地を抜けてひたすら走っていった。やがて漆黒の闇の中から、キャンプの灯りが見え、ところどころに、住宅の窓にかけられた赤いカーテンが室内の明かりに照らされて揺らめくと、なにか怪しげな炎をでも見る気がして、無性にドキドキした。まだ、家屋を光や色で飾ることのなかった当時の日本では、いかにも自分たちが住む普段の生活とは違うところにいる気がしたのだった。

グリークラブのメンバーは、大学では卒業式など特別な折に着用する黒いガウンと房飾りがついたキャップ（帽子）に身を包み、母音や子音の発音を厳しく訓練された英語で、数曲のクリスマス・キャロルを歌うと、いつもは、バールームに過ぎない将校クラブの室内には、それなりにクリスマスの雰囲気と清純な気品がみなぎった。また、オーケストラクラブの部員たちは、全員制服姿で、弦や管の楽器を手に、ハレルヤコーラスなどの伴奏を勤めた。演奏が終ると、私たち「出演者」には、パラパラながら温かい拍手と笑顔が贈られ、やがて退場が促される。そして、学生たちは往きと同様に大型バスに乗り込んだ。

しばらくして、車内で落ち着くと、スナック入りの小袋が手渡された。袋を開けると、中にはキャンデイーや塩味のクッキーに混じり、何故か、生の人参や胡瓜などを細長に切ったスナックが入っていた。今でこそ、当たり前のスナックだが、当時の日本の食生活からすると、生の人参は、不思議な食べ物に思えてならなかった。こうしてクリスマスの「出張演奏」は、学生にとっては大いなる異文化体験であったが、果たしてそれがどれだけの収益をもたらしたのかはよくわからない。だが、私たちの気持ちの中には、自分たちが校舎の建設費の一部を稼ぎ出しているといった自負心があった。

大学が行なう行事のなかには、こうした大学への奉仕だけではなく、積極的に社会とのつながりを求めた運動もいくつかあった。たとえば、クリスマスに限らず、ある一定の日を決めて、恵まれない人々に何かを持ち寄り、私たちが共にあることの証としようという運動があった。当時の価格で一人五百円程度のプレゼントと決められていた。だが、それは、決して強制的なものではなく、あくまでも任意によるものであった。

その運動の何日か前になると掲示板にそのことの通知が張り出され、それと同時に全学生の名簿が学年別に鋲止めされてあった。それは、通知を見たものがチェックをするためのもので、大学が行なう福祉活動に全学生が無関心であってはならないことを意味していた。寄付は任意だが、社会に無関心であってはならない。思えば、ボランティアということばを初めて教えられたのはこの大学であった。今から半世紀も前のことである。

ボランティアは福祉活動に限らず、大学内の些細な手伝い、たとえば椅子運びなどもすべてボランティアの仕事として有志に委ねられていた。正直に言って、遠距離からの通学生であった私は、帰りの電車の時間などもあり、授業後に残ってのボランティアには余り積極的でなかったことを恥じるばかりだが、ボランティアの精神が、身近の些細な活動を通じ、隠れたところで尊い社会貢献になることを日常のなかで教えられることが間々あった。

当時、学生が部活動に参加することは強く奨励されたことではあったが、その中で一つだけ全学生に義務づけされていた部活動があった。それは福祉活動で、先に挙げた恵まれない人へのささやかな贈り物を集める活動もその一つであった。また、当時東京三河島に在ったセツルメントに出向いて、子どもたちとともに学んだり、遊んだりする活動も続けられた。その活動の一環として、夏になると神奈川県の逗子の浜辺にキャンプを張り、合宿が行なわれた。部員は都合のつく日や時間に限ってこれに参加し、お昼のカレーライス作りを分担したり、子どもたちと一緒に過ごす時間を作ったりした。その他、必要な出費に備えて、僅かではあったが一定額の部費が部員である全学生に課せられていた。

ボランティアという、当時は全く聞きなれない言葉に最初はちょっとした戸惑いがあったのは、多分、今の日本でもそうだが、邦訳ではなくそのまま原語を用いていたせいかもしれない。奉仕活動はすでに日本にもあって、戦後、東京下町にゼノ神父たちが進めた蟻の街の活動や、「地の塩になれ」と文字通り身を投じて社会奉仕を進めた活動もあった。一方、クリスマスの頃になると制服に身を固めた救世軍のグループが救世鍋を持って街頭に立ち、恵まれない人たちへの寄付を呼びかけていた。むろん、赤い羽根運動もすでに定着し、共同募金としてのその収益が秋から歳末にかけての助け合いにと繋がった。だが、これらの活動の多くは一定のキャンペーン期に、一定の呼びかけ人に促されての運動で、ごく身近な日常生活にとりこまれたものとは遠かった。

一方、大学でのボランティアは、「どなたかお手伝い下さる方〜?」と呼びかけられたら、些細な仕事でもその人の即戦力が期待されるのであって、即座に「はい」と応えるのも結構勇気は必要だが、決して大げさな奉仕ではなかった。ボランティア活動は、まず、足元からといった身近な奉仕を何気ない形で行なうことを大学は奨励した。だが、その先は、遠く海外へ向ける視野の拡充をも求めていた。

学長がアメリカ人であったこともあって、大学では、授業はもちろんのこと学生集会に至るまで、日常に英語が先行することが多かった。しかし、国際的視野はかならずしも語学に堪能であることだけが特化されるものではなく、むしろ海外の事情を学び、最も大事なこととして、国際情勢の動きに敏感でなければならないことを、大学は折に触れ教えた。

国際的視野という言葉は当時の日本ではまだ流行語ではなかった。むしろ、外国と言えば敗戦国の憂き目で、駐留軍や西洋文化への憧れや崇敬がどことなく漂っていた。世界的にみてさえ、異文化や多文化への理解すら希薄な時代であった。その中で、文化の異なりを超えて、人間としての尊厳がどう保たれるべきか、その基本的な世界観は、まず日常の生活を相互に知り合うことにある、と教えられたのは尊い体験であった。しかもその知識は知識に留まらず、理解し合う努力と、国境を越えて他国に起こる災害や苦しみを共感することの必要性をも求められ、後の時代に言われる国際協力の基本精神をも養われたのであった。

大学は黎明期にあったこともあったが、実に多くの著名な学者たちを国内外から招き、非常勤講師として授業を委嘱した。その中に、冷戦下でポーランドから亡命していた著名な政治家が国際関係を教えるなど、異色な人事もあった。沈着冷静に進められる彼の授業には、どこかリアリティーに満ちた熱意があった。その夫人が美術史の専門家であったところから、彼女の西洋美術史も講義のなかに加えられ、中世の教会建築様式や詳細な設計図面をスライドで見せては、粛々たる授業が英語で行なわれた。夫婦共にどことなく暗い、寂しい影を宿しているような雰囲気があり、私たちは勝手に、そこに政治亡命者の悲運を重ね、その想いを想像した。思えばそれは、少なくとも私にとっては初めて身近に見る国境を越えてきた政治亡命者の姿であった。

教授や修道女など、私たちの大学には、国際的なバックグラウンドを持った人たちが多くいた。また級友の中にも、家族の転勤で日本に住むことになった外国籍の人たちもいて、私たちは井の中の蛙ではいられなかった。時折、アメリカ人の学長は、昨日、フランスから来た手紙によれば、こんな論議がされていると書かれていたが、別のイギリスから来た手紙には同じ話題でも別の論旨が窺われた、と語ったりする。そう上手く使い分けたように外国から同じような手紙が続けてくるかしらね、と友人は笑った。まだ、欧米からの通信のほとんどは船便で、エアメールであってもその到来は一週間から十日は要した時代であった。それでも、日常に徹した話題の中から、私たちは同じように、あるいは同じことでも正反対にものごとを観る目が世界にあることを知った。

しかし、世界に目を向ける関心の大切さは、もちろんこういった知識の習得が不可欠ではあったが、それと同時に、実はその関心事に自分が関われる積極性を持てるかどうかということの方がより重要な問題であった。それは、往々にして、身近な社会問題と同じく、世界に山積している問題は、知識を得ただけでは解決には繋がらないことがあり、国際理解とは、自らが積極的に行動できるか否かを問われている問題なのであった。

だが、日本では、とかく引っ込み思案であったり、出る釘の打たれることを恐れたりして行動しないのが特性でもあり、しかも控えめであることこそが日本人の美徳とされることさえあった。しかし、それは裏を返せば、得てして失敗や批判から身を交わそうとする臆病であり、目立つことへの恥をおそれての保身術であり、結局は勇気の欠如でもあった。これについてアメリカ人の学長は、「自分ができることを、しようとしないのは罪なのだ」と、はっきりと私たちを諭した。

ある日、学内での祝賀パーティーが開かれ、余興に、歌唱力のある学生が歌の披露を求められたことがあった。指名される人にしてみれば、甚だ迷惑なことでもあったろう。その学生はどうしても歌いたくないと、頑なに言い張った。すると学長はあなたの歌が皆にとって喜びになるのだから、と再度、迫った。やむなく、すごすごと立ち上がった学生が、しんと静まり返った場内で、得もいえぬ情感を響かせて歌ったのは、童謡「叱られて」であった。学生の間に、明るい笑い声が響いた後、万雷の拍手が起こった。咄嗟の機転とユーモアと自分の心情を勇敢に表したその学生は、あるいは学長が好んで育てようとした日本の若き女性像であったかもしれない。

むろん、謙虚さは奢る身への警鐘であり、自らの限界を知り、他に譲ることこそが、自己主張や私利追求に走る者への戒めともなろう。だが、自分のできることを、あるいはするべきことを、しようとしないのは、別の次元の話だと、学長は言う。面倒だからと身を引いて行動しないのは、怠慢以外のなにものでもなく、決して控えめの美徳には当たらない。時に勇気を持って、自分でなければできないこと、あるいは自分でもできるようなことは進んでしなければならない、と私たちは諭された。

自分が出来ることを、進んで行なうということは、肯定的に考えてみた場合、いくつかのニュアンスがあるかもしれない。まず、自分が出来ることは自分でする、といった自己責任と義務意識といった意味合いがある。また、時にはそれは自分にしか出来ない、といった一種の自覚にも繋がる。それは集団や社会への責任を担うもの、つまり、リーダーシップを握る者の自覚でもある。さらに、自分が出来ることをするというのは、たとえ大それたことは出来なくとも、これくらいのことであれば自分でもできる、といった、ものごとへの参画の意思表示である。このいずれのニュアンスをとっても、「自分のできることをしないのは、罪」といった概念でとらえるならば、誰しもが自省を迫られる思いで、自分の過去を振り返るに違いない。

この、ものごとへの参画の姿勢は、実は私たちの足元から問題を拾うといったコミュニティー、つまり地域社会への関心といった身近なことから、世界、地球、国際社会といった広範な地域を取り込む関心事と、問題の広がりは限りがない。実際に行動をもって取り組むとなるといずれも難しいことなのだが、どちらかと言えば、身近なものには自分の目に入りやすいことが多いだけに、実感を摑みやすい。一方、国際的なことへの関心、例えば、世界的規模で増幅する飢餓や貧困、地域紛争、温暖化や砂漠化といった現実の実態や事象は、報道やキャンペーンによって辛うじて知り得るのであって、なかなかに自分の現実とは繋がりにくい。さらに、戦後の日本では、やっと復興が進む中で、たとえ飢餓や戦争の災禍が実体験としてまだ生々しいものであったにせよ、逆に、それだからこそ、自国の問題解決にこそ熱を入れ、なかなかに他国のそれに関心を寄せる余裕のなさもどこかにあった。むしろ他国のことに関心を寄せるということがどういうことなのか、日本人の日常では実感が湧かなかったのかもしれない。

その中で大学は、学問の研究過程で培った判断力や実践力を、学問の場だけではなく、社会の問題にも通じるものとして使うことを求めていた。少なくとも、学長はそう学生たちに求めていた。いつか社会に出て活動する時、それぞれの立場で、自分が直面している問題の根源を解明し、それならばどうするのが一番良いのかという実践的な行動に繋がる判断は、学究の上での冷静沈着な分析の経験と能力が生み出すものだと、学長は説いた。まさにリベラルアーツの真髄を信奉していたかのようであった。

しかし、日常、学生の目に映ったマザー・ブリットの魅力は、静というよりも動が生む個性であったろう。聖画に現れる教科書のような存在ではなく、機微に長けた、繊細な心遣いとさわやかなユーモアであった。いよいよ社会に送り出す四年生に向けて、化粧は厚化粧ではなく、健康的にルージュを塗れと忠言し、就職したての一週間を毎日判で押したような同じ服装で会社に通うな、とも言った。それは着飾るという意味ではなく、むしろ制服で学生時代を過ごしてきた私たちに対して、私服で外に出る毎日を気遣う親心であったのかもしれない。きりっとして、精鋭なイメージは第一印象として必要なことなのだと、大学を卒業していく年齢の学生に説くような学長はそうはいないであろう。そして、外出先で洗面所を使う時には、櫛削った自分の髪をシンクに残すことなどないように、人に不快感を与えない心遣いがその人の品位をも作るのだと教えられたのは、貴重な体験であった。さらに、結婚してからの心構えをもきっちりと伝えた。もし、夫がダンスに行こう、食事に行こうと誘っても、留守番がいないからダメ、などと野暮なことは言うな、と学生を笑わせた。留守番をしている間に、たとえ、家に泥棒が入らずとも、その間に夫が外で盗まれていたらどうする、と、きわどい助言も忘れなかった。

その四年生が大学を巣立つのを前にして、学長は一人一人を部屋に呼び、別れの言葉と励ましを贈った。私はたまたま部活動で学生オーケストラの指揮をしていたことから、学長は言った。今まであなたは指揮者としてオーケストラをコンダクトした。だがこれから先、社会に出てからのあなたは、あなた自身をコンダクトするのだからね、と、私に似合う言葉を贈った。

ニューヨークのオルバニーに生まれたマザー・ブリットは、いわば生粋のメリカ人気質を持つ女性と誰もが認めるような人であったが、持ち前の気骨みなぎる生気と、溢れるほどのユーモアで、多くの学生を魅了した。個人的に指導を受けた人、受けなかった人も含め、今もブリット信奉者は少なくなく、当時の学生たちはそれぞれの人生を通じ、マザーから甚大な影響を受けたことを否定しない。

私たちが卒業してから十年後となる一九六七年、マザー・ブリットは学長を退任し、自らが大学を去る日が来た。別れのため講堂に集まった全学生を前に、別れの言葉を読む学生代表は、つい込み上げる感情を抑えきれず、しばし嗚咽して止まなかった。立ち尽くす学生に、壇上のマザー・ブリットは、彼女が手にする原稿に目をやりながら、そっと"May I read it for you?"と声をかけた。その短い言葉の中に、立ち往生する学生への咄嗟の救いと茶目っ気たっぷりの親心が漂い、緊張した会場に爆笑を渦巻かせた。"May I read it for you?"——その短い彼女の言葉は、温かい温もりと、小声ながらも凛と張った声のトーンにつつまれて、今も、聞いた人の耳に残っている。

マザー・ブリットが私たちに見せたアメリカ人としての人格、教育者としての理念、人としての人生観、宗教者としての社会的責任と関心、そして国際性。それらは何もアメリカ人の代名詞ではない。アメリカ人でなくともそれらを共有するし、アメリカ人であっても共有しない人もある。だが、卒業してからアメリカのさまざまな地域を訪れ、様々な機会を得て私が出会ったアメリカ人をみると、どこか彼女が残してくれた懐かしいものに触れる想いをすることがしばしばあった。アメリカを問うことでマザー・ブリットは描けない。しかし、彼女の実像に近づくと、ほんのちょっとかもしれないが、アメリカが見えてくることがある、と少なくとも私には思えるのであった。

2　舞い戻ったアメリカ――逆サイドの扉から

大学を卒業した翌年、一九五八年に、父の新しい赴任地ワシントンＤＣに住むことになった両親について、私は再びアメリカに渡ることになった。アメリカへの留学を希望していた私にとり、それは絶好の機会ではあったが、思えば、一九三九年、数えで六歳の時にロスアンジェルスを離れてから、再度のアメリカ訪問までには、足かけ二十年の歳月が流れていた。かつて太平洋航路を二十日ほどもかけてアメリカと日本を行き来していた頃とは違い、今度は初めて行く空の旅で、私は、子供の頃見たアメリカへの懐かしい郷愁と同時に、新たなものを見る好奇心に、ドキドキと心ときめかして羽田を発った。

空の旅とはいえ、それはまだ、日本から海外に向けてジェット機が飛ぶようになる二、三年ほど以前のことで、私たちを乗せて日本を発ったプロペラ機は、給油のためウェーキ島に寄港したあとホノルルに向かい、さらにホノルルで乗り継ぐため、私たちは一両日ハワイで休養してから、再びアメリカ本土へと飛行した。しかも、当時は、アジア地域とアメリカ大陸の東岸を結ぶ直行便はなく、まず日本に近い西海岸に向かい、私たちにとっては古巣となるロスアンジェルスに立ち寄ってから、さらに、アメリカ大陸を西から東に飛ぶ便で、首都ワシントンへと向かう長旅を重ねた。

ロスアンジェルスを発って間もなく、広大なロッキー山脈を越えたが、眼下に広がる赤茶けたグランドキャニオンの砂や山々の峰が幾層にも起伏する風景をみたときには、文字通り目を見張る想いで、私は思わず機上からカメラを向けた。ロスにいたころの幼児体験で、地上の旅ではその近隣にあるヨセミテ国立公園は見ているはずなのに、空から見る延々と続く荒々しい自然の肢体に接した想いはまた、格別であった。しかし、すでに短期出張で戦後の飛行旅行を経験していた父は、空からの撮影は軍事秘密に関わるかもしれぬ危険があるから、カメラは向けぬようにと注意した。なんだか、戦後見たスパイ映画とも重なり、少なからずの衝撃を受けたが、やがてこの広大な砂漠地帯こそがアメリカの土地柄の差異を意味する象徴的なものだと知ることになるのであった。

四月の初め、季節としてはすでに春に入っていたというのに、初めて接するワシントンはまだ肌寒く、何となく陰鬱な感じを覚えたものだった。なにせ、蒸し暑いウェーキ島からホノルルを経由した私にとり、すでにロスアンジェルスに降り立った頃には、かなりグロッキーな状態にあり、飛行機という未経験の航路のせいもあって、本当は地面に足付けて歩いているのに、何となく雲の上をふわふわ泳いでいる感触からなかなか抜け出せないでいた。初めて見るワシントンが何か憂鬱に思えたのは、一つにはこの私の体調のせいであったかもしれない。だが、私がワシントンに降り立っての第一印象は、ここはアメリカではない、という率直なものであり、明らかに、子ども心とはいえ、見知っていた筈のカリフォルニアのそれとは大いに印象が違うものであることは確かであった。

明るい燦々と降り注ぐ太陽のもと、家と家の垣もほとんどないロスの風景は、全くのオープンスペースとして、どちらかと言えば明色の国というのが、私のアメリカであった。それに対し、ワシントンは、伝統を重んじる保守的な風土と気質が、どことなく重く、地味なグレー、いってみれば、冷ややかな暗色を思わせた。「どんよりとした灰色の空の下、公園のベンチにじっと何もせずに腰を下ろす老人たち、その周辺に餌をもとめて彷徨う鳩の群れ、そんなワシントンを、貴方はどう思う?」と、半分は答えを出したかのように、大学で知り合ったクラスメートがきいたことがあった。それは期せずして、街の住民である彼自身が形容したのだから、私の第一印象は、当たらずとも遠からず、といったところだったかもしれない。

だが、それにしても、沢山の街路樹があり、その上、街の中央に横たわるロック・クリーク・パークという緑に満ち溢れた景観と環境に恵まれた土地に降り立ちながら、グレーの街というのはどういうことなのか、しばらくしても、どことなく気になる印象が私の不思議を募らせた。しかし、やがて一、二週間も経つうちに、実は、ワシントンの季節が四季の移り変わりに富みながら、一挙に冬から春、春から夏にと変わることを知った。さらに、最初の一年が過ぎて冬が巡って来た頃には、すっかり葉を落とし、無色と化していると思っていた木々が、実際には、うっすらとした紫を帯びた柔らかい色合いに包まれていることも知った。所詮、カリフォルニアの眩しいばかりの明るさや、群生して咲き乱れるワイルド・フラワーの色鮮やかさには及ばないとはいえ、街の風格にマッチしたこの景色に、私は次第に心を奪われるようになった。

花と言えば、アメリカでは五〇州それぞれが、州のシンボルとしての花を定めている。ワシントンの隣接州ヴァージニアであれば、ハナミズキ(ダグウッド)が州花とされ、春先には、白やピンクの可憐な花を、秋には落葉を前に燦然と輝く紅葉《こうよう》の色づきを、楽しむことになる。だが、州ではないワシントンにはシンボルとしての花がない。さりとてこの町に花の賑わいが全くないというわけでもなく、春から夏にかけては、モクレン、そして泰山木、(何故かいずれも英語ではマグノリアというが)、これらの花に混じって、マウンテンローレル(シャクナゲ)のピンクの花が房状になって、枝もたわわに咲き揃う。そのほか、椿、ツツジ、アジサイ、レンギョウも季節の花なのだが、どちらかと言えば淡い色合いの花が多く見られたように思う。そして、この淡色の花の中での圧巻は、何といっても桜の花に尽きるであろう。ポトマック川に向かって岬のように突き出たヘインズポイントのタイダル・ベイジンは、ワシントン市内きっての桜の名所と言われ、かつて一九一二年、尾崎顎堂が日米友好の印としてワシントン市に送った桜も、この場所にある。ちなみに、その返礼にとハナミズキが東京に贈られている。

桜は、ワシントン市内のみならず、近隣のヴァージニアでも見られ、ことにワシントン市に近い郊外にも桜の名所が点在する。その中で、印象に最も残る景色はケンウッドの桜であった。ごく一般的な郊外ではあるが、比較的庭の広い家が並ぶその道では、両側に植えられた大木の桜並木が一斉に開花すると、見事な桜のアーチを作り、人も車も桜の中にすっぽりと埋もれてしまう。たまたま通りかかったオープンカーに、ティーンエイジャーの姉妹であろうか、背伸びをしては競い合うように、はらはらと落ちる花びらを両の腕《かいな》に掬う娘たちがいた。東京よりも緯度の高いこの地では、桜は遅咲きだが比較的長く花をつけ、花見の楽しみも倍増する。もしかすると、ワシントンや周辺の人たちは、桜こそがこの地のシンボルだと思っているかもしれない。

チェサピーク湾に面したこの街ワシントンは、潮流の関係もあって、結構湿気が強く、ことに六月頃から急激に夏の陽気に転ずると、まるで日本の梅雨時分のように、じっとりと汗ばむような日が続き、強烈な太陽の日差しに、げんなりとすることもあった。その意味でも、からりとした西海岸の空気とは異なるところがあり、私のアメリカ観は、依然として揺らぐところが多かった。一方、冬になると、十一月あたりから、急速に寒波に襲われ、最初に降った雪が根雪となって側道を固めることもあり、クリスマス時分には、耳が痛くなるほどの冷たさに、帽子や、マフラー、耳覆いなどが恋しくなる。ロスではほとんど冬を経験することはなかった、という話を両親から聞けば、やはりここは風土が違うのだ、と思い知らされることが多かった。とはいえ、更に北に位置するニューヨークやボストンとは比較にならないほど、冬の季節は穏やかであることが多く、フードを立てた防寒具に身を包みながら、木漏れ日の落ちる公園を散歩することもあった。緯度は北緯四十七度で札幌（北緯四十二度）と同じ、と聞かされていたワシントンの第一印象が、たしかに北緯三十四度にあるロスと同じ筈はなかった。

ワシントンDCは、アメリカ合衆国のなかでも政治特区として、アメリカ連邦を形成する五〇州のどこにも属していないとは、日本を発つ前に教えられたことだった。だが、当時の日本では、まだ高校の世界史教科書に、独立革命と南北戦争しかアメリカ史に関する記述はなく、アメリカ都市の歴史的位置付けなどは、強調されることもなかった。むろん、世界には、オーストラリアのキャンベラのように、政治的配慮から中立の都市としての首都を持つ国はほかにもあり、ワシントン市だけが決して例外ではなかった。だが、このワシントンに来てみてから、はじめて、ワシントンD

Cは単なる特別政治地区というだけではなく、歴史的にも、地理的にも、他のアメリカのどの州とも違う特性を持つ街だということを知るようになった。なぜ、異なるのか、それはいささか細かい説明となるが、アメリカ発展の歴史を辿らずには、進めない。

まず、DCというのはDistrict of Columbia の略称で、Columbia はアメリカ大陸がジェノア生まれの探検家クリストファー・コロンブスにより発見されたことに由来する。したがって、Columbia は、アメリカ大陸あるいはアメリカ合衆国の総称でもある。そしてDistrict は、その地がコロンビアの中でも特別の地域だということを表している。もっとも、当のコロンブスは、一四九二年から九八年まで四度もアメリカ大陸のカリブ地域に渡来しているにも関わらず、自分は最後までインド沖合いの西側にある島に到達したと確信していたというから、コロンブス自身は、こそばゆい想いでこのコロンビアという名称の顚末を眺めているに違いない。ちなみに、カリブ沖の島々を今でも西インド諸島と呼び、そこに住む原住民のネイティブ・アメリカンズを、インディアンという呼称で表したのも、すべてコロンブスの「歴史的錯覚」に起因する。「歴史の残したユーモア」とも思え、コロンブスさんと現地の人たちには悪いけれど、何となく頰緩んでしまうのは私だけであろうか。ついでに付け加えれば、アメリカという名称は、コロンブスと同時期、主として南アメリカを探検したイタリア・フローレンスの航海士アメリゴ・ヴェスプッチに由来する。彼の発見した新大陸を最初に地図にあらわしたドイツの地理学者ヴァルトジームラーが、彼、アメリゴの名前をとり、新大陸の呼称としたと言われている。

ワシントンDCは、北米大陸の中でも東部沿岸に位置し、街ができる前の場所としては、十六世紀中ごろから十七世紀前半にかけ、多くのヨーロッパ諸国の交易所としてタテ南北に発達した帯状の地域の最南端にある。本来、その地域は、北にあってはニューヨークが、かつてはニュー・ネザーランド、あるいはニュー・アムステルダムと呼ばれたように、オランダの勢力が伸長していたほか、ノルウェーの交易所や、南にあっては、デラウェア発展に貢献したニュー・スウェーデンの拠点もあり、イギリスのみならず多国籍の貿易事業がこの東部に根付いていたことを偲ばせる。これらの拠点は、現在のアメリカ全体像からみれば、わずか東部沿岸に点在する交易所《トレーディングポスト》が綾なす細長い帯状の地にすぎなかった。しかし、やがて十七世紀初頭、イギリスによる植民地開発が進むと、この細い帯は、一方では南下してフロリダ半島に接するジョージアまで伸び、一方では北上して、現在のメイン州を含むマサチューセッツにまで及ぶようになった。この南北に細長く走る帯状の地を、多国籍の追随を許さぬまでに発展させたのは、結局はイギリスであった。

もともと、イギリスは他のヨーロッパ諸国と比べ、地理的にみても新大陸と本国とのつながりに利便性があり、早くからフランシス・ドレーク卿の例に見られるように、個人的資産を投じては新大陸に交易の拠点を築いたり、あるいは原住民間の部族的対立を巧みに利用しての取引に成功を収めたり、あるいは、布教を目的にしながらも、原住民との関係を親密に築くことで新大陸に開拓の足場を造っていった。しかし、これらの事業はかなり不安定でリスクの多いものであったし、おりしも、富国論で海外の富を自国に引き寄せる経済政策を優先しようとしていたイギリスにとり、まだ海のものとも、山のものとも知れない新大陸での開拓事業は、散発的に進める限り、まことに非能率的で、事業の成功という経済的ターゲットからは、程遠いものでしかなかった。

この保障のない植民事業から最も効率的にリスクを減らし、しかも成功も失敗も複数で負うことで損得を割安とさせる策は、個人的規模ではなく、集団による広範囲で持続的な事業でなければならなかった。そこで生まれたのが、植民事業を株式会社に委ねるという会社経営方式であり、投資する株主と、現地で経営を担う植民事業会社との間で役割分担をさせ、そこから派生する利益もリスクも分け合うといったシステムを構築した。しかも、会社は王室が交付する憲章を後ろ盾に、事業が公益に適う正当で安全なものだと投資を呼び掛け、同時に植民事業の独占化を図っていった。この植民事業における株式経営の代表的存在がロンドン・カンパニー、のちのヴァージニア・カンパニーであった。

一六〇六年、最初の王室憲章《ローヤルチャーター》はヴァージニア・カンパニーに対し、北米大陸の北緯三十四度から四十五度に及ぶ南北間全域で植民開拓を行う権限を交付したが、やがて王室は、このヴァージニア会社による植民事業を二分し、北部ではプリマス・グループに、南部ではロンドングループにそれぞれ別途に一定の土地を付与した。その際、両勢力の交錯していた北緯三十八度から四十一度までの土地は緩衝地域として開拓から取り残され、そこが中部植民地として発展していく。それは、ニューヨークからデラウェアまで広がるかつての多国籍交易地の舞台その場所であり、やがて誕生させられるワシントン市の一部となるところであった。ちなみに、新大陸での開拓地の領有権はすべて王室にあるが、開拓される土地は勅令により会社または開拓者に付与した。その他、憲章《チャーター》は細かい制約を記したが、それは、国家または王室、そして開拓事業に携わる双方にとって、有利な取り決めであった。

この取り決めで、ヴァージニア・カンパニーは入植者の第一陣を新大陸に送った。三艘の船に百人余の入植者を乗せ、一六〇六年十二月にロンドンを発った一団は、一六〇七年五月、現在のヴァージニアにあるジェームズ川河口の入江に到着し、そこにアメリカ大陸での最初の植民地、ジェームズタウンを築いた。これを足掛かりに、ヴァージニア植民地が発展する。追って、一六二〇年、メイフラワー号に乗船した分離派《セパラティスト》の移住者が、ヴァージニアよりはるか北方、マサチューセッツ湾に面するプリマスに到着し、次いで、一六二八年、ジョン・ウィンスロップ率いる清教徒のグループが近隣のセーラムに、また、一六三〇年には、別の清教徒《ピューリタン》の一群がボストンに続々と居を構え、これらが纏まってマサチューセッツ植民地を形成することになった。信教の自由を求めて海を渡った彼らも、もともとはヴァージニア植民地を目指してイギリスを出港したが、潮の流れに乗っての思いがけない北方への移住となり、奇しくも、アメリカ大陸における初期移住者たちは、東部沿岸の狭い帯状地域に、南北を分ける植民地を形成し、中央の緩衝地帯をはさんで、南北では異なったタイプの植民地を築くことになった。

南北の差は、地質や土地の形状、気候、文化的広がりからいっても、格別のものであったが、その差は、おのずから、それぞれの土地での移住形態や人口の定着ぶり、生活の生業《なりわい》が生んだ経済の仕組み、そして地域の権利を代弁する政治的勢力に至るまで、多岐にわたる違いを生み出していく。まず、北部のマサチューセッツ植民地では、硬質の岩盤で固められた地質が海岸線に沿って広がり、さらに内陸部では小さな湖などで分断された土地が、纏まった農地開発を不具合のものとした。それに加え、凍てつく冬の寒さと降雪が年間を通じての農耕を不可能とした。必然的に、小規模の自営農園を営むか、海岸線を利用しての近海漁業やカリブ海周辺での海洋貿易に頼らざるを得なかった。やがて頻度の高い船舶の利用が、造船業やそれに伴う付帯産業としての、鉄工、繊維、染料、調度品などの生産を生み出し、本国とも競合するほどの産業発展を促すようになる。地域の住民はすべてが清教徒ではなかったが、この地を築いた宗教的集団の数や纏まりが強固であったため、マサチューセッツ植民地は、その社会的規範や道徳的価値観、文化的素質において著しく清教徒集団の影響を受け、彼らが徳とした勤勉で、真面目で、不屈の精神が、苦難の尽きなかった日常にもかかわらず、開拓に向け、いっそうの拍車をかけて行った。

一方、南部ヴァージニア植民地は、会社が経済開発を目的に、組織的に送り出した移住者により開発を進めたが、初期開発事業は思ったほどに成果を上げることなく、過酷な労働条件や疫病、食糧難に絶えず煩わされた。移住者の生命も危険に晒され、さらには会社経営も難航した。しかし、これら実際に開拓に携わった人々の中には、借財を抱え、あるいは本国では自立できなくとも、新大陸であれば土地や財産収得の夢も不可能ではないと、将来に希望を託した人たちも多く、あえて苦難に挑む彼らの姿が記録されている。

しかし、それでも南部植民地が、北部植民地と決定的に違っていたのは、ヴァージニア以南に広大な大地が広がり、南部奥地の湿地帯を除けば、スケールの大きい農園経営が可能であったことであろう。しかし、その大地の広がりは、かならずしも恵みをもたらす条件とは限らず、高温多湿と言われる南部特有の気候条件とも相まって、ここでもまた安易な開拓は望めなかった。したがって、広大な土地は、新たな移住者を魅了する好条件とはならず、労働力不足というアメリカにとり宿命的なパターンを作り出した。

ヴァージニアをはじめ、大農園制を築いた南部農園は、その決定的な労働力不足を早くから奴隷労働に依存し、一六二〇年にはすでにアフリカ大陸や西インド諸島からのルートで奴隷売買が行われていることから、奴隷制は植民地時代の当初から固定的な制度として定着していった。やがてこの労働力を駆使することで、当初、斜陽化していたタバコ産業も再生を果たし、タバコや綿花を生産する大農園にとっては欠かせない労働力として、奴隷制が正当化されていく。一方、この大農園の頂点に立つ領主たちの多くは、イギリスのジェントリー階級のステイタスと自給自足的な優雅な生活様式を模範としたが、組織としては奴隷労働を底辺とする寡頭的な社会を形成していった。

だが、南部では、奴隷の所有者は、富豪の大農園主には限らなかった。むしろ中流階級を構成する一般市民の間でも、身辺の用事を賄うバトラーや家事手伝いに奴隷を当てることも少なくなかった。そういった場合には、家には使用人としての奴隷をただ一人置き、家族とともに住むこれらの奴隷の中には、主人との情によるつながりを深くし、遺言により、主人の死後、自由な身分を得る者もあった。その意味では、すべての奴隷所有者たちが裕福な大農園主でもなかったが、同時に南部の自由民の全てが奴隷を所有していたわけでもなかった。さらには、南部に住む全ての奴隷が永久に非自由民に留まるわけでもなかった。しかし、奴隷制が定着していった南部の社会気質のなかでは、白人の自由民と「有色の」奴隷の間では単に雇用の上での支配関係というよりも、社会全体に白人、黒人間の身分関係を不文律なものとし、奴隷であるなしに関わらず、黒人蔑視の差別社会を根付かせていった。

さらに、奴隷制の悲劇的要因は、あくまでも、奴隷が市場売買による財産と位置付けられていたことであった。一人の奴隷を買い求める時の単価が高額であったため、奴隷の所有数は富豪のバロメーターとなったのみならず、買い入れ価格の高かった奴隷は財産とみなされ、自らその財産を放出するには代価が高すぎた。やがて北部を中心に活動する人道主義者たちが、奴隷の解放を求めても、なかなかそれに応じられなかった南部の事情は、そのような背景にも由来した。

このように、運命的なまでに格差の開く南北植民地の間で、ワシントンDCの誕生は次第に必定なものとなっていく。そもそも首都が生まれた中部植民地は、もともと王室憲章《ローヤルチャーター》のなかでも南北間の緩衝地帯として暗に了解されていた地域であり、その開拓は、むしろ自然の成り行きと個人の開拓意欲に委ねられてきた。例えば、メリーランドのように、王室に縁の深いジョージ・カルバート卿の嫡子が、ヴァージニア会社付与地の一画を友好の印として王室から付与され、多くのカトリック教徒や信教の自由を求めた人々を惹きつけて、豊かな農地開発をすすめた地域もあった。また、これに隣接するペンシルヴァニア植民地は、開拓創始者の信条からクエーカー教徒を始め、その他非国教徒をも積極的に受け入れて産業を興し、膨大な人口によってニューヨークやボストンに匹敵する都会的発展を成していった。

温暖な気候と豊かな土壌、加えて活気と意欲に満ちた人々を受け入れていった中部植民地は、自由と多様性を容認する地域ではあったが、複雑な事情がないわけではなかった。一つには、中部植民地南端のメリーランドとペンシルヴァニアの間には、境界線を巡って紛糾が続き、最終的には、双方の測量士、チャールズ・メイスンとジェレミア・ディクソンが引いた境界線を認めることになった。この境界線は、後々もメイスン＝ディクソン・ラインとして知られ、たまたま奴隷制を容認するメリーランドと奴隷制に反対するペンシルヴァニア間の境界線であったことから、アメリカ独立後も、奴隷州と自由州を隔てる象徴的なラインとなっていった。

植民地は、こうして様々な面で利害が反目し合う、言ってみれば、バラバラな集団として発展していった。だが、やがて、最初の植民事業から一世紀半余に及ぶ時が経過すると、植民地は経済的にも、政治的にも大きく成熟し、何時しか本国とは相容れない利害関係が植民地共通の困難として団結の動きを生んでいった。そこには、たとえ、それぞれに開拓の事情が異なるとはいえ、開拓の苦難を共にした盟邦としての心情も育っていった。アメリカ国家独立への気運は、こうして、一七七〇年代には植民地を一つの纏まった集団として動かしていく。しかし、そこには、今後どのような形態で国家を形成していくのか、複数の旧植民地をどのように纏めていくのか、具体的には、ほとんど何の指針も方策もなかった。

とりあえず、十三の植民地が独立戦争を勝ち抜いて一国を成すために、十三邦の間に緩やかな連合を形成することには合意をみたが、国家権力をどのように位置付け、しかも、それぞれ発展の過程も経済的基盤も、さらには人口の数も土地の大きさも異なる十三邦の間に、一体どのような合意や妥協が生み出せるのか。途方もない前途が独立後のアメリカを待っていたのであった。

一七八三年、やっとイギリスとの休戦協定を締結し、新制独立国家としてアメリカは誕生した。しかし、筋道の見えない混沌とした国内情勢が続く中で、俄か造りの連合体制は国家の秩序すら保てなかった。難航していた連合規約の修正も行き詰まり、密かに開かれた憲法会議は、新たに起案されたアメリカ憲法を採択した。この憲法に対する批准を全ての邦から得るには、時間と熱意ある説得が必要ではあったが、一七八七年、ついにアメリカ憲法が成立し、最初の大統領、ジョージ・ワシントンが選出された。初の就任式はニューヨーク・シティで行われたが、厳冬の時期を避け四月三日まで遅らせなければならなかった。のちに連邦政府はペンシルヴァニアの州都フィラデルフィアに移されたが、ニューヨークであれフィラデルフィアであれ、政治の中心地が、北部系の金融・産業の利益に偏り過ぎる地にあることは、自給自足の大農園を抱える南部にとって、ことさら懸念されるところであった。

一方、新国家では、全ての州を連邦体制下に置きながら、奴隷制度を合法化する邦とそれに反対する邦が混在し、連邦として奴隷制を容認するか、容認しないかを明確にできないまま、問題を先送りとした。独立時の新州で、奴隷制を合法とする州は六州。南部四州に加え、中部のメリーランドとデラウェアがその立場を固持した。一方、これに反対する自由州は七州で、北部を形成する四州と、中部のニューヨーク、ニュージャージー、ペンシルヴァニア州がこれに加わった。結局、奴隷制を認めるか否かは各州の選択するところであって、強制されるものではなかったが、奴隷制を認めないニューヨークに、連邦政府がおかれること自体、奴隷州にとっては政府が中正な立場にないことを懸念したのであった。

それというのも、奴隷制をめぐる南北の対立には、単なる人道的な道義論争ではなく、もっと根深い政治論争が絡んでいたからであった。人口の密集する北部と、広大な面積を保有する南部。やがて国内統一の機運が進むと、その経済的利権も対立し、その利権を守るための政治的勢力を確保しようと、対立はいっそうに激化する。奴隷制度は、北部にとっては南部攻撃の材料に、南部にとっては、守りのための砦として、相互に譲れないものとなっていった。むろん、その結果がのちの南北戦争という、独立から半世紀経っての内乱にと繋がっていくが、奴隷制をめぐる人道的論争は、かならずしも南北戦争の根本的原因ではなかった。むしろ南北亀裂の原因は、相互にある地理的・経済的・人口的基盤の違いが、政治統一の上での力関係を拮抗させたことにあり、それぞれの基盤を堅守したいとする対立にあった。従って亀裂は、建国後の問題ではなく、むしろ植民地開拓の当初から宿されてきた宿命的で、しかも執拗に根をもつ腫瘍のようなものであった。それだけに、新たな連邦政府の拠点としては、南部、北部、つまり、いずれの州にも偏らない、およそ中庸な立場にある政治的首都を設ける必要があった。

アメリカ憲法制定から二年目、そして第一代大統領ジョージ・ワシントンが就任した翌年、旧中部植民地のメリーランド、また旧南部植民地のヴァージニアから、それぞれ土地を割譲されて、ワシントン特別区が創設されることになった。ポトマック川を中心に、総面積百平方マイル（約二五九平方キロ）に渡る正方形を成すものであった。もっとも、一八四一年に、ポトマック以西の旧ヴァージニア領三一平方マイル（約八〇平方キロ）は、ヴァージニアに全面返還されることになったため、現在では旧メリーランド領の六七平方マイル（約一七三・五平方キロ）だけで構成されている。

ワシントン特別地区の創設はこうして旧南部植民地の北端、旧中部植民地の最南端に接する位置を占め、辛うじて、旧南北両植民地の中間地に居を定めることになった。そこは、アパラチア山脈の東五〇マイル（約八〇キロ）、大西洋からは一三〇マイル（約二〇九キロ）入ったところにあり、チェサピーク湾に流れ落ちるポトマック川の河口付近にある。川は市内南部で二俣に分かれ、西に向けてはアナコスティアと呼ばれる支流を作り、そのあと、ポトマック本流は、一旦は北上するものの再度分岐して、支流ロッククリークとなって市中中央部を流れていく。アナコスティアは町の北東部と南東部を横切り、ロッククリークは北西部を貫いている。この自然の景観が、人工の首都でありながら、ワシントン市の美しさを作り出していることは間違いない。

この景観を誇る町は、のちにフランス人の設計家ピエール・ランファンが、議事堂など象徴的な建造物や緑地帯のモールなどを配置して、町のアートを演出し、ワシントン市の美しさをなおいっそうにアピールした。ワシントンに居を移した大統領官邸は、アイルランド生まれのジェームズ・ホーバンが設計したものだが、当初は木造で、むしろグレイハウスとも呼ぶべき簡素な建物であった。その最初の居住者となったのは、ジョージ・ワシントンではなく、一八〇〇年に入居した第二代大統領ジョン・アダムズであり、次いで第三代ジェファースン、第四代マディスンがこれを住まいとした。しかし、マディスンの時代に、英米戦争（一八一二年〜一八一五年）により町は戦火に晒され、大統領官邸も一部壁を残し消失した。現在見るホワイトハウスはその後の再建によるもので、完成をみたのは第五代大統領モンローの時代であった。

こうして首都ワシントンは、少なくとももどの州に属するでもない中立の都市として、南部・北部間の対立を和らげる存在となった。当初、首都に土地を割譲することになっていたメリーランドもヴァージニアも、ともに奴隷州ではあったが、そこから割譲された首都では奴隷制が廃止され、奴隷売買も禁止された。もっとも売買禁止が法制化されたのは、南北戦争が始まる直前のことで、南北対立を融和させる一つの条件としてのことであった。実際、この町に住んでみると、かなり南部気質の影響が強く、周辺ヴァージニアとも相通ずる風土が少なからずあったように思えた。さすがに、公共の建物に、一九六五年の公民権法成立前にはよく見られたような「白人」と「カラード」を識別する表示はワシントン市にはなく、近隣のヴァージニアに行くと、ハッとさせられることがしばしばあった。

このような歴史的背景が縷々分かってくると、さすがにワシントン市が特別な町であり、また、植民地から建国に向けての由緒ある経過を歩むうち、重みと誇りを備える地域に成長していったことを納得させられる。なるほど、新興地帯で、しかも金鉱脈発見に刺激されて人口の膨張が俄かに起こっては消えて行った西部カリフォルニアの地とは、やっぱり違っていた。しかも、ワシントン市が、人工的に創設されただけではなく、南北亀裂の緩衝地帯としての重要な役割を背負わされてきたことを考えると、同じ大西洋岸にある中部植民地でもニューヨークのような華やかさも賑わいもなく、静かに平然と、しかしおよそ垢ぬけしない地味な町、といった様相が自ずと見えてくる。さらに、ワシントン市が中立を守り、どの州にも属していないことから、長いこと市民には選挙権も政治的代表権も与えられてこなかった。そういった過去があることを知ると、町のストイックなまでに、中正を固持してきた姿勢が痛々しく貫かれていることが感じられる。

だが、私がワシントンに着いた時には、町にそのような背景があるとはつゆ知らず、私の頭の中には、ワシントン市の第一印象のみが先行した。それに、しばらくはそこに生活圏を構えることで、まず、住まいのこと、そしてこれから勉強したいと思う大学のこと、それに車で移動するための運転免許を取得することなど、当面の生活設計に追われていた。住まいの選択肢は、郊外ならば、静かで、庭のある戸建を選ぶか、それとも市の中心地にある便利な集合住宅を選ぶか、二者択一の選択肢が待っていた。すでに、ある程度の候補はあがっていたが、実際に見分してみると、なかなか難しい選択が待っていた。たとえば、戸建であればスペースの広い庭を持つのはよいが、果たして、庭や枝木の手入れ、それに雪かきなども、若くはない両親と、これから多忙になる学生の私たちだけで賄えるのか、とついつい現実的になってしまう。その結果、とりあえず、私たちは、市内中心地に便利なアパートを探すことになった。

アパートといっても、地域によって、またもちろん価格によって、部屋の大小、見てくれ、使いやすさなど様々であって、一軒一軒見ては決めるというやり方では、そう一挙に一件落着というわけにはいかなかった。例えば、アメリカの都市のご多聞にもれず、貧困層の居住する地域は治安の面でも問題があり、さらに人種差別の意識が絡めば、当時の認識としては、できればここではない方がよいとアドバイスされたりもした。それでも、かつて戦前、ロスアンジェルスで家探しをしていた時代には、日本人には醤油の匂いが染みついているから貸したくない、と言った家主もいたと、母は回顧する。そこに行くと、ここワシントンでは、大人三人だけの日本人一家は、むしろ綺麗好きで、物静かだから、と歓迎されることも少なくなかった。結局、何軒かを見て回ってから、私たちにはそれなりに好都合と思えるアパートを借りる契約をした。そして、やっと届いた日本からの船便の荷ほどきも済み、ワシントンでの日常生活が始まった。だが、それでもなかなかに落ち着けず、後から二度もアパートを替えることになったので、都合、一年ごとに転居していたことになる。

最初に見つけた住まいは、古めかしい重厚なアパートで、玄関前には大きな車寄せ《エントランス》があり、中に入ってのホールもアンティークな調度品が並んではいたが、玄関にはレセプショニストがいて、セキュリティーも悪くはないと思われた。私たちが住むことになった部屋も、緑や花が望める中庭に面し、時にはキッチンの窓辺にリスも顔をのぞかせたが、明るい日差しが入ってきて、それほど悪い間取りでもなかった。それに、家具付きでもあったので、着いた早々に家具探しをしないで済んだのはありがたかった。戸外に出れば、ロッククリーク川の流れる公園へのアクセスもよく、こんもりとした森林の一郭には、国立動物園《ナショナルズー》があった。もっともこの森林のお陰で、雷雨ともなれば、木を縦横に切り裂くような雷鳴が轟き、まるで猛獣の鳴き声が響いてくるかのようであった。また、他の一郭には、格式高いとされていた高級ホテルが二軒もあり、かつての良い居住地であったことを伺わせる。だが、落ち着いて見れば、もっと近代的なアパートの方が、当然のこと、冷暖房の設備も万全であり、その上、当初は便利と思えた家具付きも、次第に自分で選ぶ家具を調える方が、清潔で快適でもあることから、一年ほどで、鞍替をすることになったのであった。

ともあれ、渡米後早々のアパート探しは、五月までにはどうにか終わり、次は、私の進学先を決める準備に入らなければならなかった。学期制で、九月が新学期であったアメリカでは、まだ十分に時間もあったので、直接それぞれの大学を回り、大学案内やカリキュラムを手に入れて下調べをすることになった。私は、思うところもあって、大学時代に専攻してきた英文学からは道を変え、どうしても学んでみたかったヨーロッパ史の専攻を考えていた。本来ならば、日本を離れる前に、専攻に見合った進学先を決め、あらかじめ進学先のカリキュラムや教授陣を下調査してから留学するのが普通であろうに、私の場合は、なにせ、ワシントンDC、またはその近郊という地域的条件が先行していたことと、学部時代とは違う分野での専攻を考えていたので、現地で実際にそれぞれの大学の特色を見定めるしかなかった。

まず、ワシントン市内で大学を選ぶとなると、この街の大きな特色として当然なこととはいえ、普通ならばどこにでもあるような州立大学というものがないことであった。むろん、選びようによっては、近隣のメリーランドやヴァージニアの州立大学も選択肢に入る可能性はあったが、私の場合、自宅からの通学を条件としていたこともあって、ワシントン市内の大学を選ぶことを優先した。その上、市内には、ジョージタウン大学やジョージ・ワシントン大学といった史学を専攻するには条件の整っていた大学があり、何も遠い州立大学での勉学を求める必要もなかったからである。そして、私はその一つ、ジョージタウン大学を進学先とすることに決め、しかも学部は、当時ワシントンや国務省の界隈で人気のあった国際関係《フォーレンリレーションズ》学部ではなく、あえてオーソドックスな大学院の史学部への入学を希望した。それはたとえ、私が専攻に外交分野を選ぶとしても、歴史の基本を学びたいという願望が以前からあったからである。

ジョージタウン大学は、カトリック・イエズス会系の名門大学で、アメリカでは、北部のハーバード、南部のウィリアム・&・メアリー大学に次ぐ、史上三番目に古い大学であった。たまたまフランス革命勃発と同年に創立され、ヨーロッパ史を専攻したい意欲に燃えていた私には、何か因縁があるように勝手に思ったりした。大学の主要な建物ホワイト・グレイブナーは、ゴシック調の尖塔を頂く重厚な建造物であって、見るからに荘厳でクラシックな趣があった。だが、本館で尋ねてみれば、大学院の建物は、この敷地内ではなく、正門の先、二、三ブロック先にあるレンガ造りのものと知り、街中《まちなか》にある大学院の事務室《アドミッション・オフィス》へと向かった。キャンパスが手狭になると、市中に伸びる大学の建物は、ジョージ・ワシントン大学も同じで、別に珍しいことではないと、後から知った。

尋ねる人影もなく、やっと探し当てた事務室《アドミッション・オフィス》は、私の大学院での専攻が学部のものと違うこともあって、まずは、大学院史学の学部長《ディーン》Donald Penn 教授の研究室を直接訪ねるようにと指示した。ペン教授は近代ヨーロッパ史の専門家で、初対面ではその貫禄からしてかなりの年配と見受けたのだが、それは全くの私の誤算と後から分かった。教授は、私の日本における学部での専攻科目と習得単位や成績表を一覧し、おそらくアドミッション・オフィスとして大学院入学を許可することへの問題は何らないと思うと言い、史学専攻生としては学部で取ってこなかった史学系の科目を少し多めにとることを勧めた。手始めに、ちょうどこれから開講される夏季講座に登録すれば、新学期前の準備としてもよいのではないかと、示唆してくれた。また、主専攻は希望通りヨーロッパ史にするとしても、副専攻としての分野も決めなければならないこと、そして、もしあなたに関心があれば、その副専攻を日本史にすれば負担が少ないのではないか、とまで助言した。だが、生意気な気負いが私にあったのか、あるいは、やがて私に科せられることになるレポートや宿題への考えが甘かったのか、私は、アメリカまで来てわざわざ日本史を勉学する気はない、と意思表示した。それであればせっかくの滞在地アメリカの歴史をこそ副専攻に選びたいとも明言した。もちろん、ペン教授に異論はなかったが、私にとってアメリカ史は、およそ未知との遭遇であって、それは、怖さ知らずの決断でもあった。だが、やがてそのアメリカ史こそが、私のキャリアを生涯左右するものとなったのだから、副専攻の決定は、私にとり、アメリカ史との運命的な出合いを作ることになった。

アメリカでの大学院のいくつかがそうであるように、ジョージタウンの大学院のクラスは、夏季講座をのぞけば、すべてが夜間の授業であった。夕方六時からの授業は、もし、同日に二科目を続けてとれば、九時半を回って授業が終わる。ほとんどの院生は、昼間は仕事を持ち、夜の授業を終えてもなお、レポートに追われ、大方がそそくさと授業に現れたかと思えば、授業後には風のごとく消えてしまう。同じクラスの院生同士でも、授業前の十分位がせいぜい言葉を交わす時間帯であった。その上、私は車で往復していたこともあって、他の人と交わる機会もなく、所詮、大学院の授業を通じて、挨拶こそすれ、交流を深める友人はいなかった。おそらく、寮生活でもしていれば、また別の付き合いもあったろう。だが、それにしても、院生の人たちは一体二十四時間で本当に一日が足りるのだろうかと思えるほど、忙しい生活ぶりであった。そして私もまた、語学のハンディや専攻知識の不足もあって、授業のない日は、大半を図書館や自宅で過ごし、授業の準備に追われることになった。とはいえ、次第に要領を会得してからは、時間の合間を縫っては、この国でなければ見られないものは見、聞けないものは聞き、行けないところには行った。私は決して本の虫に収まってはいられなかったのである。

主専攻のヨーロッパ史では、私は一七・一八世紀のヨーロッパ近代史、一九世紀から二〇世紀のヨーロッパ現代史の授業を受けたが、中でも一九世紀の外交史には強い興味があった。この時代は、おそらく外交史の中でも国家間同士の外交の取引が最も闊達で、そこに講じられる術策や取引の妙が冴えれば冴えるほど、複雑な国際関係を生じていった時代であった。したがって外交に関わった人たちによるメモワールなどを読みながら、外交術を読み解く楽しさを学んでいった。殊にウィーン会議とそれ以後に見るようなメッテルニヒ外交や、その結果生じていく列国の同盟関係は歴史の絵図を見るように面白く、私の興味をそそるところが多かった。当時はまだ、新進の気鋭の学者として注目されていたヘンリー・キッシンジャーが、ウィーン体制に関して論じた論文は、説得力もあり、二〇世紀の世界に移し替えても、なお新鮮であった。のちにキッシンジャーがアメリカの国務長官としてニクソン時代に打ち出していく多極的外交には、このウィーン体制研究の背景が伺われ、後日談とはなるが、興味深いものがあった。

この主専攻のヨーロッパ史はむろんのこと、今まで、日本の大学では学ぶことのなかったアメリカ史を独学で模索し、アメリカ大陸で記録された史実の長いタテ糸と、時差発展により横にも広がっていった幅広いヨコ糸を解きほぐすのは、さらに容易なことではなかった。何故、アメリカでは、初期中央銀行の設立に対して地域間での反目が強かったのか、何故、関税の設定に対して、同じ農業地帯であるのに、西部は賛成し、南部は反対したのか、基本的な疑問を解こうにも、ストレートな解説書はどこにもなく、止むを得ず、処々の関連事項から解き明かしていかなければならなかった。誰に聞くあてもなく、また誰かと話し合う機会もなかったので、私の孤軍奮闘は続いた。その上、毎週一本は提出しなければならないブック・レポートに追われ、自転車操業のスケジュールが私を忙殺した。幸い、大学図書館にも、比較的近い国会図書館にも蔵書は豊富にあって資料には事欠かなかったが、もっぱら私の処理能力の弱さで、時間は足りないことばかりであった。

副専攻とはいえ、基本的なアメリカ史の知識が欠如していたこともあり、アメリカ史については、積極的に学部の授業もとることにした。そのおかげで、昼間の授業で知り合った若い女子学生とは、家も近かったこともあり、帰り道、彼女の家での昼食に誘われたことがあった。昼食といっても、トーストにチーズを乗せてオーブンで焼くだけという他愛もないものであったが、とろけるチーズの熱さにフーフー言いながら頬張った時の感触が新鮮であった。まだ、とろけるチーズなどというものが日本にはなかったからであろうか。

授業中に驚かされたことと言えば、隣に座った男子学生が、突然、鞄からサンドイッチを出して食べ始めたことであった。彼とは時折、会話もするようになっていたので、思わず、何で授業中に食事？　と聞いたら、彼は怪訝そうな顔をして言った。「だって日本人だって、電車の中で食べてるじゃない」。そう言えば、昔はよく昼時ともなれば、中・長距離列車でお弁当を食べる人も多かったので、たまたま日本に行ったことのある彼は、その記憶をたどったのであろう。だが、彼以外の学生で早弁をとっていたものはなかったから、あれは彼の言い逃れに違いない。そもそも当時のジョージタウン大学は、他大学に比べてかなりスノービッシュなところがあり、教授も学生も授業中はネクタイ着用とされていた時代だから、授業中の早弁は、一般的なことではなかった。

「アメリカ人は大きな子ども」と、同じアパートに住んでいたメキシコ大使館員夫人が明言したことがあった。確かに、学生と話していると、本当にびっくりするような考え方の持ち主にも遭遇する。会話のはずみで、「あなたはアメリカのこと好き?」などと聞かれ、「ええ」と言おうものならば、「じゃ、アメリカ人になれば」と短絡的に言われて、愕然とした。だが、もっと驚いたのは、折しも日本で六〇年安保への闘争が激化し、アメリカから訪日していたハガティー大統領補佐官の車が学生に包囲された時のことであった。暴徒化した学生がその車上によじ上った事件は、アメリカでも写真付きで大きく報道された。その翌日、一人の男子学生が訊いてきた。「つまり、日本人は急にアメリカが嫌いになったわけだね?」あるいは皮肉をこめて、事件を批判したのかもしれない。だが、好きか嫌いかで物事を判断する傾向は、アメリカには少なくない。「アメリカ人は大きな子ども」というのは、さも一辺倒の見方のようだが、自信満々の人たちの中にいると、ついつい、そう思いたくなる状況が当時のアメリカにはあった。

そういえば、大学院のクラスと学部のクラスの両方をとっていて気付いたことが一つあった。それは授業中の学生の質問であった。院のクラスでは、ゼミでもない限りほとんど質問もなく、教授の講義が延々粛々と続き、皆がノートをとる授業風景はそれほど日本と変わらなかった。特に私がとっていたJ. Helde 教授の講義は、一九世紀ヨーロッパ外交に関して、細かい史実を丁寧に説明しては学説を証明していく論法で、そのしゃべり口には淀みもないが抑揚もなく、一時間半の間、ただ静かに淡々、朗々と続いた。もっとも、アメリカ史の方は、折から、大統領選挙を前にして、ケネディ、ニクソンの両候補について盛り上がる話題も多く、当時新進気鋭の学者 Hathmacker 教授を囲んでは論議を交わしたが、それは授業中というよりも、授業前や休み時間の事であった。

ところが学部の授業に出てみると、やたら学生から出る質問が多く、しかもこんな基礎的なことは自分で調べればいいのに、と思ってうんざりすることさえあった。だが、この質問も授業料の範囲内なのか、アメリカ外交史のJules David教授は、苛立つこともなく丁寧にそれらの質問に答えていた。彼ら学生には質問慣れしているところもあるのだが、日本の、特に私の世代にとっては、学部の授業はおろか、高校の授業でも、ほとんど自分から口を開く習慣もなく、大勢のクラスメートを前にして質問するには、かなりの努力が必要であった。

そんなある日、ヨーロッパ現代史の授業で、第一次大戦時の外交について講義が進められ、教授の方から、テーマに関連し、ディスカッションすべきトピックはないかと、水を向けた。何人かの学生がそれなりの発言をしたが、たまたまそのクラスが一〇人以下と少人数のゼミであったので、何も発言しない者は何となく居心地悪く、窮地に追い込まれた。やむを得ず、勇を起こし、私も発言した。ドイツ海軍の潜水艦による無差別魚雷掃射は、むろん非難されるところが多いのは知っているが、所詮はヨーロッパ諸国による大陸経済封鎖を突破するための苦肉の策ではなかったのか、と質問した。ヨーロッパ諸国もまた、ドイツに対して、著しく非人道的な作戦を展開し、双方ともに責められるべきところがあったのではないか、というのが私のポイントであった。しかし、第一次、第二次大戦におけるドイツへの反目が依然強かったアメリカでは、あるいはタブーの質問であったかもしれない。一瞬、空気が冷えたようにも思えたが、教授は、これは貴重な発案だと、皆による討議参加を促してくれた。しかし、結果としてみれば、私の意見に同調してくれた者は一人もなく、教授を含め、ドイツの非人道的作戦は、ヨーロッパ諸国による経済封鎖に比類するものではない、と結論した。質問の良し悪しは別として、もし、私が日本人ではなく、つまり、ドイツとともに英米と戦った国の出身者でなかったとしたら、反応は別のものであったろうか、と考えたりもした。こうして折角、勇を決して討論に初デビューした私の努力は、空しくも私の望む結果には行きつけなかったが、体験しないよりは、した方がよかったのだと、負け犬となった自分を説得した。思えばこうして、小さな試練が少しずつ、私を鍛えてくれたのかもしれない。

アメリカの学生は、一般的に言っての話だが、おおらかで、世話好きで、ボランティア精神に長けていた。ある日のこと、インヴィテーション・カードが突然、私の自宅に届き、そこには留学生の一人である私をピクニックに招待したいと書いてあった。それは、同じ大学の学生有志による活動の一つであった。行先がどこであったか忘れてしまったが、世話係が希望者をバスに乗せ、お弁当を用意してくれて、一日を郊外にある海辺で遊ぶというものであった。呼ばれていた学生はいろいろな国籍を持っていたが、日本人は私以外にはなく、アジア人ではタイの女子学生、そのほか、アルジェリアやモロッコからの留学生など、今まで、日本では付き合いの少ない国々の人々と知り合うことになった。日帰りの旅で、変な言い方だが、後腐れもない付き合いであって、その日だけ、日ごろとは違う空気を吸おうという、息抜きの日であった。その後も感謝祭にターキーを囲む会などがセットされていたが、それらがどこか私にとり懐かしかったのは、かつて私も大学に在学中、ボランティア活動で恵まれない子供たちとピクニックをしたことを思い出したからかもしれない。今ならば、日本でも何ら珍しくはないような留学生との交流やボランティア活動なのだが、当時の日本にはほとんどなく、アメリカでの留学生対象の活動は、すがすがしかった。

一方、大学では、生協などを通じ、学生生活を豊かにするために、様々な面でのサーヴィスを行っていたが、その一つに、ワシントン市内で開かれるコンサートなどのチケットを「シーズン通し」で取ってくれた。むろん、通しで買えば割安になるのだが、事前に申し込んでおけば、年間十興業ほどのクラシック音楽の公演が、月に一度の割合いで楽しむことができた。ワシントン市を拠点とする楽団は、ナショナル・シンフォニー・オーケストラだったので、公演の大半はこの楽団の演奏によるものであった。

ナショナル・シンフォニー・オーケストラは、当時、どちらかといえば、そのレパートリーとしては現代音楽を得意とし、中南米などの新人作曲家のお披露目を積極的に手掛け、そのような演奏会では、オケの音も生き生きとして生気があふれていたように思えた。だが、私の偏見からすれば、ロマン派の曲風は、彼らの好みではないのだとさえ思われた。時にはゲストを迎えることもあり、後年、生演奏には出演しないことで有名なカナダのピアニスト、グレン・グールドが、ベートーヴェンのピアノ協奏曲一番をナショナル・シンフォニーと弾いたことがあったが、何故かオーケストラとは息があわず、少なくとも私はがっかりした。

このシーズンチケットには、毎年二度は市外の楽団による演奏も組まれていて、当時健在のカール・ミュンヒ指揮によるボストン交響楽団の演奏や、ユージン・オーマンディー指揮のフィラデルフィア交響楽団、それにニューヨーク・シティ・バレー団の公演などが、毎年、定番のようであった。また、このシーズン・コンサートとは別に、時折ワシントンでは、国際的な演奏活動も催された。

ある時、まだ冷戦下にあった当時としては珍しいことに、モスクワ国立管弦楽団が親善旅行の目的で訪米し、その演奏会は政治的な意味合いもあってか、ワシントン界隈では注目を引いた。澄んだ音で、しかし力強く演奏されたチャイコフスキーの華やかなファンファーレは、会場を一瞬にして熱気で包み、第一楽章が終わったところで拍手が怒濤のように起こり、誰もがこれに和して、その演奏ぶりを称えた。だが、翌日、ワシントン・ポスト紙は、演奏は確かに聴き応えがあって圧倒されたが、思えば八本ものブラスを使えばあのボリュームは当然、と評し、冷戦下とは言え何とも印象的な報道であった。ちなみに、エミール・ギレリスが協奏曲一番を共演した。

思えばこの頃、たしかNHK交響楽団の戦後初となる海外演奏として、ヨーロッパからアメリカへと渡っての公演がワシントンでも開かれた。率直に言って、厚い胸を共鳴板として弾く欧米の演奏家たちの音に慣れてくると、N響の演奏による第一声は、一瞬、か細く弱々しくさえ聞こえた。しかし、繊細な音で丁寧に弾く演奏ぶりには魅了され、なかでもベートーヴェンの演奏は見事であった。手元に残るプログラムには、ショパンの一番を共演した中村紘子の名前も記されている。

一方、ワシントンでは、ブロードウェイのように、常時、ショーがみられるといった施設もプログラムもなかった。たまに、ミュージカル『オクラホマ』が、16番通り近くの野外劇場で上演されたり、ハリー・ベラフォンテの人気絶頂期に、彼のコンサートが同じくその野外劇場で開かれたりしたこともあった。だがワシントンでは、こうした著名な演奏家による音楽会やショービジネスの公演の機会はニューヨークに比べれば、はるかに少なかったのは事実である。

だがそれでもワシントンには、首都なりの一つの大きな利点があった。それは、国家的行事としての親善興業や世界の要人を目の当たりにする機会があることであった。私の滞在中、日本からはご成婚後間もない皇太子ご夫妻の戦後初となるアメリカ行幸啓があったし、タイのプミコン国王ご夫妻も来訪された。要するに、ワシントンに住んでいるというだけで、市民は世界のＶＩＰに接する機会をもっているのである。だが、ワシントン市民は必ずしも、追っかけ的なミーハーとは見えなかった。余りにも多くのＶＩＰが出入りして慣れ過ぎてしまったのか、市民はほとんど冷静にＶＩＰに接するところがあった。もっとも、大統領の就任式パレードの日ともなると、話は別で、その日ばかりは追っかけムードも最高潮に達し、背伸びをして立ち見をしたり、パレードとともに動いたり、動く人垣の山は絶えなかった。それは市民にとり、この歴史的ページェントを目にすることこそ、そこに住む市民の特権と言わんばかりであった。

こうした際立ったイベントや出来事でなくとも、ワシントンには、首都であるが故に建てられた記念館や博物館などの建造物がひしめいている。国会議事堂、大統領官邸、連邦の各種省庁、各国大使館の公邸などのほか、記念建造物としてのリンカーン記念堂、ジェファスン記念館、ワシントン記念塔などが、首都の象徴として市の重要な一郭を占めている。また、国営のスミソニアン博物館は、展示物の豊富さと企画に優れ、話題になることも多いが、その近くには、世界でも有数なコレクションをもつとされるナショナル・ギャラリー・オブ・アーツや、珍重品で知られるフリアー美術館などがある。さらに、議事堂近くには、植物園のナショナル・ボタニカル・ガーデンもあって、名物のツツジが見ごろともなると、大勢の人々を惹きつける。その他、国防兵器庫、造幣局、海軍天文台など、国家的重要な建造物が点在する。観光客にとっては、参観するには事欠かないスポットがありすぎるのだが、そこに住む市民にとっては、それらの建物は、ごく日常の光景であるにすぎない。

一方、ワシントンには、議員活動をしている人たちの私邸があり、ケネディ夫妻が上院議員時代に住まいとしていたジョージタウン、あるいはニクソン夫妻が副大統領時代を通して長く住んでいたグローバー・パークなど、有名人の家が点在する地区も少なくない。思えばワシントン市には、政官界の人たちや外国大使館員たちの激しい出入りがあるために、いつも一定した住民の総数というものがない。そもそも、オフィスが市内にあっても、郊外に住居を持つものが多いこの町では、昼の人口と夜の人口さえ著しくかけ離れている。ある意味で、顔のない町というのがワシントンだと思っている人もいるであろう。だが、そうかと言って、この町に定住している人がいないわけではなく、昔からの居住者が、街に誇りを持って暮らしている。町の中で市民に寄り添って生活をしてきた医師、弁護士、歯医者、グロサリーストアの店主や店員たち、洗濯屋、肉屋、生鮮食料店、パン屋、床屋、学校の教師たち、彼らの日常生活は、他州に住む同じ生業《なりわい》を営む人たちと変わりはない。ただ一点だけ他州と違うのは、すでに述べた取り、中立政治都市としての立場を守ることを余儀なくされた市民が、長いこと、選挙権も被選挙権も持たずに、憲法で保障される政治への平等参加を阻まれてきたことだけである。その念願の一つ、選挙権がワシントン市民に与えられたのは、一九六一年。以来、アメリカでは、五〇州の他にプラスワンの選挙区が数えられることになった。独立後のアメリカで初の大統領選挙が行われ、その翌年ワシントン市が首都としての誕生を見てから、約一六〇年後のことであった。

わずか二、三年住んで、ワシントンの何が分かる、と人は言うかもしれない。まだ、知らないことも沢山ある。逆に知っていることでさえも、ここには書き尽くせなかったことが山ほどある。それでも、ワシントンに短期間とはいえ住んだことで、私のアメリカ観、アメリカ史への関心は、著しく助けられ、高められた。もし、ワシントンに住まなければ、何故、南北戦争勃発と同時に、首都近隣のヴァージニアにある町々が戦火に見舞われなければならなかったのか、その理由を肌で感じることはなかったろう。もし、ワシントンの風土を実感することがなかったなら、首都となってからの町の誇りと責務を十分に理解できなかったかもしれない。だが、ワシントンは首都として発展しながらも、依然として広大な国の全体像からみれば、植民地時代と同じく、大西洋沿岸にへばりつく一点の地域であることに変わりない。ワシントン市は、一国の首都として、その西に広がるアメリカ大陸の奥地や、さらにその果てにあるカリフォルニアなど太平洋沿岸の大地を、しかと見据えていることがあるだろうか。実はそのことが、首都ワシントンが負っている本当の課題なのかもしれない。

ワシントンは北部と南部の中央にあることで、かつて両者の緩衝地帯としての機能を嘱望された。しかし、ワシントン市は、それ以西にあるアメリカの心臓部のことを何も知らないというのである。そこには、砂漠の地中深くに眠る水資源をめぐる利権の問題も絡んでいた。乾燥地として長年開拓が進まなかったミシシッピ以西の大西部、果てはグランドキャニオンにと繋がる砂漠地帯、それらの地域の特殊事情も熟知することなく、連邦政府は国の権力と東部の金融力をもって、統一し、制圧しようとしているというのである。連邦政府の権限と東部の金融力、それは、ワシントン市自身の問題ではなかったが、ワシントンが首都であるがゆえにワシントン市の名で糾弾されなければならない宿命でもあった。

ワシントンには、全米五〇州を代表する上下両院の議員が出入りし、短期間とはいえ居住する。だが、巨大な人の流れと交流をもたらすはずの彼らは、連邦政府としてのワシントンと各州をつなぐパイプ役としてよりも、自州の利益代表としてワシントンにいることで、よりいっそうワシントン市の課題を複雑にしていることも否めない。ワシントン市はおそらくこの先も、連邦政府の首都である限り、その宿命を負い続けるのであろう。だがそれにより、ワシントン市が持つ史的な魅力も、経済的繁栄も損なわれることはあるまい。それは、小さな町でありながら、ワシントンが、巨大な国の中で選ばれて生まれた首都だからである。

3　粋な運転、車の美学——出前教習所から始まって

ワシントンDCは、すでに述べた通り政治特区として、アメリカ国内でも最重要の都市であるが、町自体の広がりは大きくはない。ただ、市内に勤務する多くの人たちが、その郊外にあたるメリーランド州やヴァージニア州などから通ってくるため、昼間の人口と夜の人口には大きな開きがある。したがってひっそりとして耳が痛くなるような夜の町並みとは対照的に、昼のラッシュアワーの混雑は、たとえニューヨークほどではないにしても、車列の波に呑み込まれそうになる。

アメリカ東部沿岸都市のご多聞にもれず、一九八〇年代ごろから都市開発や都市整備が進み、ワシントン政治特区も昔から思えばすっかり様変わりしてしまった。かつて私たちが住んでいた頃の懐かしい町の角々は、ご贔屓のレストランやコーヒーショップからして、今では記憶にあった町のイメージから大きくずれ落ちている。前には、コロンビア通りにあったフランス料理屋として定評のあった店は今はなく、その同じ場所に、エスニック料理を売り物とするアジア風の店が建っている。わずかに、郊外にある家々の佇まいだけが、町を離れてしまった人々にとって昔への郷愁をつないでくれているにすぎない。

それでも、町の中心街から郊外へと真っ直ぐに伸びるいくつかの主要道路は、コネティカット・

アヴェニューやウィスコンシン・アヴェニュー、マサチューセッツ・アヴェニュー、それに十六番街など、昔も今も、あいもかわらず大通りを行き来する車であふれている。そのコネティカット・アヴェニューを通って、ある日、五十年も前のこと、ある教習所の車が私たちの住むアパートへやってきた。それはまず私が免許をとって家族のための運転役を引き受けることになり、そのためのレッスンを始めるにあたって教習所から差し向けられた車だった。

運転免許を取る手順や基準は今でも州によって異なり、そこがいかにもアメリカらしいところなのだが、このワシントン市では、まず道交法の知識を問う筆記試験を受けなければならなかった。試験は市の交通局の建物内で、ウィークデーならば、一日中窓口が開かれ、朝の九時から夕方の五時まで、自分の都合の良い日時を選んで出向いて行く。必要ならば試験場内に一日中粘っていても誰も咎めはしない。試験の基準や、実施の方法は時によって変わるが、ちなみに私の受けたテストでは、きわめて基本的な常識問題がA3サイズをさらに縦長にした長い用紙一面を埋めていた。「次の問題について、正しいと思う答えを以下三つの解答の中から選び、×印をつけなさい」。今も明快に記憶している問題がある。消防車がサイレンを鳴らして後ろから走ってくるのを見たら、あなたはどうするか。(一)道路脇に車を寄せ、止まって待つ。(二)一緒に並んで走る。(三)追い越してしまう。最初は人を小馬鹿にしているのかとさえ思ったが、基礎知識を試験場に及んでもなお教え込もうとしているのだと思えば、妙にひねくった小意地の悪い設問よりも、実地で役立つ教育効果は抜群ではないかと今でも思う。

何問もの質問に対し、すべてを答え終わったと自分が思ったならば、部屋の前方でこちらを向いて座っている監督者のところに、その答案用紙を持っていく。すると、長い穴あき定規のような杓を紙の左端に当て、監督者は穴に解答の×が見えるか否かを即座に眺め、百点満点で採点する。大概は、そこで合格か不合格かがわかるのだが、次の技術指導を路上で受けるためには、合格の証である"Learners' Permit"という仮免許証が自宅に届くのを待たなければならない。路上運転の練習は特定の教習所ではなく、一般の路上で行うため、仮免許証が必要になるのである。しかし、技術指導は、免許をもつ家人でも、友人でも、むろん、プロの教習所指導員でも、誰でも構わなかった。私の場合、父が、昔とった杵柄で運転経験はあったが、過去に長年のブランクがあり、彼自身免許を取り直さなければならなかったので、指導を教習学校に依頼したのだった。

教習学校、つまりDriving Schoolは、たった一本の電話を掛けただけで、「それでは、明日、何時にお宅に伺います」といって住所を聞き、その翌朝、約束通りの九時には、白い大型のシボレーをアパートの玄関前に横付けさせた。この地に引っ越してきたばかりであったというのに、私の周辺には結構知恵者がいて、「教習所は、決まってまず、「車」のことは知っているか、と尋ねるから、必ず知っている、と答えなさい。さもないと、車の構造の説明から始まり、優に二回分のレッスン料をそのために取られるからね」と、教えてくれた。私は初対面の指導員に問われるまま、「車のこと?　むろん、知っています」と平然と答えた。

恰幅のいい、無愛想な指導員は、その名も「メイジャー」という、いかつい名前の男だった。「じゃあ、車を動かして」と、彼は私に顎で命じるように言った。動かすって言ったって……と、さすが、ドギマギしている私を尻目に、「そこのダッシュボードの下に刺さっているエンジン・キーを回して」と彼はぶっきら棒に言った。メイジャー先生は、私の車に関する無知を先刻承知だったのかもしれない。あるいは、よくある手だとでも思ったのだろうか。だが、キーがどこにあるかさえ、私にはわからなかった。やっとキーを入れると、初めてキーを回したのに、エンジンはいとも軽やかに掛かってびっくりした。やれやれと思う間もなく、「さあ、真っ直ぐに走って」と、彼はつっけんどんに言った。

あいにく、アパートの玄関前は、半円のアーチを描いたポーチになっていて、真っ直ぐ走ってと言われても、カーブを切るには、やたらハンドル操作を必要とした。どうハンドルを切ったのか、あとになってもよく覚えていないほどに、私はうろたえた。それでも、車は走り出して、路上に出た。初心者だというのに、のっけから街中を走っていくのだ。恐ろしいことだが、車社会の国なればこそ、見様見真似のハンドル捌きで初心者でも十分に運転には熟知した腕前を持つ者が多いのであろう。私のように正真正銘の初心者は、そうはいかなかった。

メイジャー先生は、この道を真っ直ぐにいったら大通りの電車道りに出るから、そこを左折するように、と言った。まだ、路面電車がワシントンの市中を走っている頃だった。私は、言われたとおり、電車道を左折した。だが、この国では右側通行だという規則すらよく呑み込めていなかった。私は、不覚にも左折した道の手前側に入ろうとした。メイジャー先生はとっさに隣の席からハンドルを摑み取るようにして舵を切り、危うく道の中央にある安全地帯に乗り上げそうになった車を正常位置に持ち直した。「全く、驚かされるな」（"You scare me, girl"）と彼は私をなじるようにして言った。やっぱり、メイジャーという名前がよくなかった。ただでさえ彼には、まるで軍隊にいる教官のような威圧感があった。ますますいじけた私は、おののきながらハンドルにしがみついていた。思えば、ハンドルにしがみつきたかったのは、むしろ彼の方ではなかったかと、今にして思えてくる。一刻も早く大通りを抜けようとしてか、彼は間もなくその先を左に、と新たな指示を出した。

どこをどう走ったのか、車はやがて閑静な住宅街の小路を走っていた。ひどい南部訛りのあるメイジャー先生は、余り語尾のはっきりした発音ではなく、何を言っているのか、良く分からなかった。運転への恐怖と緊張におののく私には、たとえ訛りがない英語でも、耳には入らなかったに違いない。だが、決まって最後に付け加える"Do you understand?"「ドゥー、アンスタン？」という言葉だけが妙に威圧的で、私の聴覚に叩きつけるように響いた。「日本人の最も悪い癖」と外国語の教師が二言目には嘆きたくなるあの、鸚鵡返しの返事で、わかってもわからなくても、私は、"Yes"と答えた。だが一体何を教えてもらったのだろうか。

一時間の教習が終わると、今度はメイジャー先生が自らハンドルを握り、私のアパートの前にきちんと車が止まる態勢にして、私を車から降ろした。私は肩がメリメリになり、目も頭もかすんでいた。だが、それでいて、何か妙に興奮し、満足もしていた。恐怖に晒されながらも、車の虜になっていく私の人生の前途を築いた一日が終わった。

メイジャー先生は、翌日もまた白いシボレーでやってきた。一日、二日と経つうちに、メイジャー先生は朝食にソーセージを食べて、ご出勤ということが分かってきた。シボレー車一杯に、いつもソーセージの匂いが立ち込めていたのだ。「ドゥー・アンスタン？」と、その日も、次の日も彼は相変わらず南部なまりの発音で私に問いかけた。だが、ソーセージを口にしたことは分かったが、あとは一向に何を注意されたか良くは分からなかった。だが、それでも、私の腕は少しずつ上ってきた。確実に、何かを教わっていたのだった。

教習の過程の中で、一つ、鮮明に、しかも身をもって教えて貰っている実感があったのは、アクセルとブレーキのペダルを左右両足で踏み分けないことだった。もし、うっかりして両足をかけようものなら、隣席から他人《ひと》の足を叩いてまで、否なることを教えられた。五〇年前とはいえ、すでにオートマティック車が普及し始めていたアメリカでは、ブレーキとアクセルの二つのペダルのついた車が多くなっていたのだが、まだスタンダードのシフト車で変則ギアのペダル踏みに慣れている人が多数あり、三つのペダルで両足を使うことに慣れていた人たちが、二つのペダルでも、つい習慣で、両足を使ってしまう人たちがいたからであろう。だが、オートマティック車での左右踏みわけの危険は、クラッチのギアがエンジン回転を抑制できる制御効果があるのに対し、オートマティック車では、もし、アクセルとブレーキのペダルを同時に踏みこむと、勢い、アクセルの効果の方が強く現れ、万が一にもアクセルがバックに入っていたとすると、強い力での逆発進を誘発し、事故につながるからであった。

十回ほどレッスンを受けてから、もし順番が取れれば、次は技術テストを受けてはどうか、とメイジャー先生が訊いてきた。試験日とテストの順番は、メイジャー先生が登録してくれるというので、試験場に赴く以外は、全て他人任せの手筈であった。しかも、おそらくアメリカではどの州でもみな同様であったと思うのだが、私の住んでいたワシントンＤＣでは、試験の時には自車であろうと友人の車であろうと、練習で乗りなれた車でテストに臨めばよかった。

いよいよ試験の当日、あいかわらずソーセージの匂い立ち込めるシボレーで、メイジャー先生と私は、交通試験場に向かった。なぜか、メイジャー先生の方も、思いなしか緊張気味だった。順番が来ると、メイジャー先生は、「落ち着いて」と言い残して車を降り、入れ替わって交通局の審査官がシボレーの助手席に乗り込んできた。審査官は、まず、道路沿いに車を横付けにするというパラレル・パーキングを最初の課題とし、バックしながらの態勢で車を一定の箇所に駐車するように、と命じた。

この練習も、メイジャー先生の指導のもと、何度かやってきた。上手くいくときもあり、いかぬときもあった。運任せのパーキング練習は、試験当日の緊張感の中で、結局は失敗した。何度かやり直しをしてからの採点は、もう少し練習してから、また来なさい、という過酷な結果に終わった。ワシントンは、他の州に比べ、このパーキングこそが重要課題で、厳しい審査がされるのだというのは、後から聞かされた話であった。

メイジャー先生は、気の毒そうにして私を家まで送り届け、次のアポイントメントをとって帰っていった。数日して、次の審査日が決まったという連絡を受け、再度試験場へと出向いていった。多少は、もの慣れた気分ではあったが、乗り込んできた審査官は、まずは例により、パラレル・パーキングのテストを命じ、無事、その難関を抜けると、今度は、路上を走るからと車を試験場の外に動かすようにと言った。

そこで、試験場の敷地外に出ようと前進すると、目前の歩道の手前に一時停止を示す赤い標識があった。私は歩行者が歩道上にいるかいないかを確かめ、一時停止ののちに車を進めようとした。そのとき、審査官は低い声でゆっくりと言った。「横断歩道を横切るときに大事なことは、むろんそこにいる歩行者の安全だが、好ましい運転は、少しでも歩行者を怖がらせないようにすること」だと注意した。

場外を一巡する路上テストは、緊張に満ちた実地訓練そのものではあったが、その試験官の一言こそが、何よりも大きな教訓であった。二十分ほどの路上テストを終え、貴重な審査官との出会いに、まだ沸々とする想いの余韻も消えやらぬ中、ついに合格の結果が言い渡された。いよいよ、"Learners' Permit" から卒業して自力で運転ができるのだ。メイジャー先生はやっと笑顔を見せ、「よかったね」と言った。

だが晴れて免許を取ったというのに、私は当分の間、運転はおろか、車を見るさえも嫌だと思うほど、運転への恐怖と苦痛に苛まれた。それでも、一週間余りして運転免許証が自宅に郵送されると、仕事に出る父を約束どおりに送り届けなければならなかった。免許証は、薄いブルーの紙で、テレフォンカードを二倍に伸ばしたサイズが二つ折りにされ、表面の記載事項には、本人の名前や生年月日のほか、身長、体重、それに髪の色、目の色が本人の申告通りに記されてあった。さらにページをめくれば、中側には、違反などの記録を書き込む余白があった。

その免許証を通行手形のようにバッグに入れ、いざ出陣とばかり出かけようとしたが、心配一杯の母は、自分が一緒に乗らなければ事は始まらないとばかり、使命感にでも駆られるかのように同乗すると言いだした。結局、それからは、家族三人で毎朝二十分ほどの往路を、そして母と二人での二十分の帰路を同じパターンで往き来する日が続き、しかも、夕方には父の帰りを迎えに行くというので、日に二往復を走る毎日であった。やがて、父は昼食も我が家で取りたいということになり、この往復は当分の間、朝、昼、夕方の都合三回、土、日を除く毎日の業となった。お陰で否応なしに私はハンドル慣れをし、しかも同じ道を繰り返し通うことで、未熟な私の運転技術は思いのほか急速に向上していった。

やがて初心者の指南役にと、難題を引き受けてくれた父の友人S氏が、私の運転に付き添って運転者たるものの心得を説くことになった。できれば一緒に乗りたくはなかったであろうに、結局、S氏は一度だけ、送り迎えのお決まりパターンの道のりで同乗者としての務めを果たしてくれた。そのうち、「少しは遠出をした方が訓練になるから」との父の発案で、ある週末、我が家三人はS氏夫妻とともに、ヴァージニア州の山間に横たわるスカイラインという、ワシントン近隣では屈指の観光地にでかけることになった。

六月の日差しもまばゆい夏の初めのことだった。ドライブの道のりは山の起伏が続く一日コースで、東京からならば、差し当たり箱根や日光までといった按配のコースであった。当日のシナリオは、道中、私がハンドルを握り、指南役のS氏は助手席で助言をするというものであった。ところが、出発に当たり、「とりあえず、街なかの難しいところだけは私が」と指南役のS氏は出だしのドライバーを引き受けた。だが、なぜか結局、家に帰るまで、彼がハンドルを放すことはなく、私にとっては、一体何のために遠出をするのかわからないままの一日となった。

その後も、彼が運転し、遠出をする機会がいくつかあったが、彼は、助手席に私を乗せながら、誰にともなく絶えず運転の妙味とコツを語って聞かせた。前を走っている車がいかにもタイミングよく信号に引っかからずにスムースに走りぬけていく。「イヤー、上手いもんですな」とほめ言葉をはさみながら、美しいドライブの姿たるものを盛んに称賛した。そうかと思うと突然、「さっきから、後ろの車がコレを追い抜いて前に入りたがってるんですがね、それは、もうちょっと安全なところにきたら、の話ですよ」と言って平然と走っていく。やがて、見通しの良いところに来ると、「ここで、こっちがちょっとスピードを緩めて入れてやるんですよ。ホラ、喜んで抜いていったでしょう。もちつ、もたれつ、譲り、譲られ、ですよ、車は」と、気持ちよさそうに言って至極ご満悦であった。

彼が教えてくれたもう一つに、車が行き交う時のタイミングというのがあった。例えば、対向車がある二車線の道路の端に、たまたま路肩に一時駐車している車があったり、あるいは、歩行者や、自転車が行き交ったりして、車線上には二台の車だけではなく、三つの個体や人が並んでしまうことがある。当然にして二台のために取ってある道路幅がそれだけ狭《せば》まったり、狭まらないまでもスペースが窮屈に感じられることになる。その時は、と彼は言った。「少し車のスピードを加減して、三つのものが同じ場所で目一杯行き交うことがないようにするんですよ。ちょっとテンポをずらせば、ほら、みんな楽な気分になるでしょう」譲り、譲られは、このようにも機能するのだという話を、彼は暗にしてみせた。

思えばS氏の運転は、失礼ながら彼のセッカチそのものの性分にも似ず、いつもスムースで、走行にもブレーキにも、ほとんどムラがなく、段差も感じさせることはなかった。いかに綺麗に走るか、いかに気持ちよく運転するかが彼のモットーであった。だからこそ彼は、リスクのかかるようなハラハラ運転はほとんどしなかった。「運転はあまり生真面目、一徹でもダメなんですよ。一つのことにばっかり夢中になっているとね、たとえばスピードオーバーしないようにってことばっかり考えていると、信号まで見えなくなっちゃって、ガッツンコですよ」。不思議に、そこには含蓄を感じさせられるような響きすらあって、彼はその都度、運転の美学を私に叩き込んでいった。今は故人となったS氏との出会いがなかったならば、おそらくはこれほどまでに運転を楽しむような私の将来とはつながらなかったかもしれない。

彼の指南のおかげか、あるいは毎日精を出して父の送り迎えをしてきたせいか、やがて私にとり、運転はさして苦にもならず、次第に日常的な足となり、むろん、大いに楽しんでハンドルを握るようになった。「父の運転手」というのは、実はほとんど有名無実の名目で、実際には車を自在にする私が一人占有し、特に秋になって大学院の授業が始まってからは、通学するにも、街のはずれにある国会図書館通いをするにも、車はほとんど私が独占した。それでも、母と日常品の買い物に出かけたり、時には、家族そろって郊外のショッピングモールやスーパーに買い出しに出かける際は、私は完全に雇われ運転手に徹していた。また、ある時は、父を訪ねてワシントンに来られた日本からの客人を宿泊先のホテルまで送ったり、あるいは観光のガイドよろしく市内見物にご案内することもあった。

運転に慣れてきたとは言え、ワシントン市内での運転には、難関となるいくつかの悪条件が待ち構えていた。一つは、ラッシュアワーの時間帯に厳しい交通規制があることであった。広い主要道路では、その時間帯には一切の駐車も停車も禁止され、運転手はその時間帯になる前に、必ず車を移動して道を完全に空けておかなければならなかった。そしてその時間帯には、信号待ちを除けば、延々と続く通勤の車列は一定のスピードで淀みなく走り続けることが期待されていた。これにより、幹線道路上のラッシュアワーの混雑は基本的に解消されるのだと、当局もドライバーも信じていたのであった。

ある日のこと、すでに夕方のラッシュアワーが始まる頃に、こともあろうに私は、日本から渡米された二人の男性をホワイトハウス周辺にご案内する羽目となった。そのころは、まだ運転を始めて比較的月日が浅く、したがって私自身が、まだ街の中の見当さえ十分にはついていなかった。

私は無我夢中で、ホワイトハウスの正門が面するKストリートを走っていた。ラッシュアワーという時間的な制約もあり、また、場所柄からして、その付近での駐停車は、側道を除けば、もともと困難なところであった。ラッシュアワーでせわしげに行き交う車の波の中で、近辺には適当な駐車場も見つからず、さりとて、建物の外側からだけでも一望し、その姿を写真に収めたいという客人の要望に応じ、私は駐停車のできない事情を説明した上で、お二人には車を降り、歩いて見て頂くことにした。「私は、このままゆっくり走っていって、後でお拾いしますが、とりあえず、あの先の、あの白い建物がそうですからお分かりになりますね」と告げて、客人を歩かせた。

だが、あの、白い建物、と私が指をさしたのは、紛れもなくホワイトハウスのはずだったのに、実はそれは、ホワイトハウスの隣に立つ財務省の建物であったことに、私は不覚にも気がつかなかった。運転席から、あそこ、あそこ、と指で私が指し示す方向に歩き出した客人たちは、やがて、車にもどり、イヤー、お陰さまで、と喜んでは下さったのだが、後日間違いに気付いた私は、謝りようもない一期一会の客人に、今も恐縮する思いでその時のことを胸中に再現してしまう。折悪しくもそのころ、この財務省は十年に一度、外壁を大掃除したばかりのことで、夕空にくっきりと白い建物がそびえていたのだった。おそらくは撮られた写真を後で眺め、テレビで映る建物の景色とはおよそ違うことにきっと嘆かれたことであろう。

そもそもホワイトハウスの正面入口は、整然とはしているものの、ウィスコンシン・アヴェニューから折れ、先の角を曲がっての小道となるKストリートに面していて、通常、TVの画面に映るホワイトハウスの面とは逆サイドになる。つまりTV映りがいいのは、サウスウィングと呼ばれる南向き全景で、中央にバルコニーの張り出しがある馴染み深い建物の姿である。

建物は庭園に臨んでの広々とした開放的な空間をもち、外とを隔てるフェンス越しには、大通りのコンスティテューション・アヴェニューが、さらには長々と続く長方形のグリーベルトが、そしてその先にはヘインズポイントと呼ばれる川辺の公園が一望され、しかも公園の中に立つジェファスン記念堂がホワイトハウスの真正面に対峙している。それはフランス人設計士ランファンによる最も見映えのする街の見せ場でさえある。

一方、Kストリートの方は、ロンドンのダウニング街十番がしばしばイギリス首相官邸の代名詞として使われるのと同じく、アメリカ大統領官邸の象徴ではあるものの、VIPの車が正門を出入りしたり、あるいはウォーターゲート事件のように何か政治的な大事件がホワイトハウスに起きたりしない限りは、めったにTVには映らない。つまり、言い訳がましくいえば、ラッシュと交通規制に怯えていた私は、この地味な重要スポットを迂闊に見誤ってガイドしたのであった。

ラッシュアワーと同じく、ワシントンの街中を走る時の今一つの難しさは、公園をイメージしたワシントン特有の街づくりのため、街中に立つ英雄像を囲んでやたらにサークルが多いことであろう。シェリダン・サークル、スコット・サークル、デュポン・サークル（今では地下鉄が走り、地下鉄の駅名となっている）、シェヴィーチェイス・サークルなどは皆、市の景観を保つことも意味されてはいるものの、そのサークルには、周辺から合流する道が幾筋も走り、どこで車の波に乗れるかは、タイミングと技量と慣れが求められているようである。

そこには、イギリスのラウンド・アバウトのように、右に差し掛かった車に絶えず優先順位があるといったルールも別段なく、さりとてパリの凱旋門周辺のロータリーを勇敢に突進して走りこむほどの果敢さもなく、ただ、主流の車の流れに多少なりとも空きができるのを待つしか方法はない。しかし、その流れはいかにも悠然としていて、時に下手なドライバーの後ろで苛立つことがあっても、さして乱暴な運転により流れの秩序を乱すようなこともない。

このようなスムースな合流の仕方は、市内を縦に走るロック・クリーク川に沿って作られた景勝地周辺のドライブウェイでもよく見られることであった。このロック・クリーク・パークウェイというのは、川に沿って作られていることもあって、比較的低地を走ることも、逆に上流では、川を跨いでの高架道路や高架橋をかけたところを走ることもあり、大して信号もなければ、合流箇所も多くはない。それだけに、パークウェイでは結構スピードを出して走行している車も多く、横道から入る車は、必ず優先権をパークウェイの走行車に譲らなければならない。走行のどちらに優先権があるかは、"Rights of Way" あるいは "Yield the Rights of Way" と道の各所に書かれた表示をみても明快である。無謀な割り込みは、さして危険でなくとも、いわばルールを守らない「汚い運転」と蔑まれていた。

ある日、このロック・クリーク・パークウェイに合流しようとしていた私の車は、ちょっとタイミングがずれ、危険な割り込みというほどではなかったが、他の車のリズムを狂わす入り方で合流した。車間距離はかなりあったものの、私の後ろを走る形となった車は、私に警笛を鳴らし、追い越し際に窓を開け、「マナーが悪い」と叱責した。片手を挙げて謝ったが、このマナーの良さ悪さは、当時のワシントンではまるで不文律のように、市民に浸透している考え方のように思えた。もとはと言えば、ルールを順守することが基本だが、所詮 "Rights of Way" も "Yield the Rights of Way" も、ルールは自分も守るから、お前も守れ、といった暗黙の相互契約みたいなものである。ただそのルールは道交法のためにわざわざ作られたものではなく、日常生活の中に根付いている権利擁護の基本線にすぎない。

例えば、片側一車線ずつの相互通行の道で、たまたま自分の側の車線にトラックが駐車して道がふさがれているとする。その場合、対抗車線に車の姿が見えない時に限り、相手車線を使って障害物を避けることができるのだが、万が一、対向車がある場合は、たとえ、その車が眼前に迫っていなくとも、障害物のある方の車が対向車の行き過ぎるのをじっと待つ。そのタイミングは、自分の側の事由で、相手側にブレーキを踏ませない、といった程度の間合いの取り方である。つまり、自分の側に障害物があって、対向車線には異常がない限り、障害物のある自分側が不運であったとしても、走行の権利はあくまでも相手側にある、という認識になる。それはまことに合理的な考え方で、無用な危険を避けられるばかりか、余計な神経戦をしないでも済む。その代わり、権利のある側を走る車は、相手がたとえ待っていても、ほとんど挨拶することなく平然と走り抜けていく。

一方、同じ側を走る車線が、例えば二車線あり、そのうちの一車線上に事故車があった場合、それを避けて通る車は、今一つの車線に合流しなければならない。その時には、〝one by one〟のルールをとって一台ずつ相互に譲り合う。ここでも同じく、順番こそが最大のルールとなるのである。これは日本でも少しずつ定着しつつあるルールとなったが、この流儀はどちらかといえば、もともとは順法意識や相互譲り合いの精神が徹底しているアングロサクソン系や、ゲルマン系、北欧系文化圏に多くみられる。従ってアメリカでも、これらの文化圏からの移住者が多いところに共通してその傾向がみられ、言ってみれば、まさに東部の運転気質にこそ通じているように思う。実際、同じアメリカでも、南境《サウスボーダー》の州では、キッ、キッ、キッ、キーッ、と物凄い音を立てて猛スピードで暴走する車もあれば、ぶつけられてか、ぶつけてか、傷だらけになった車を見かけたりする。ワシントンではほとんど見ることのないような様相である。私の指南役S氏がこんこんと私に説いた「綺麗な運転」、つまり譲り譲られての運転法については、まさにこの東部という土地柄こそが私に実地指導をしてくれたのかもしれない。

ところで、ワシントンでの今一つ別な意味での運転の難しさは、冬、積雪が深くなると、普段は気づかなかったほどの坂道やスロープが、突然、滑り台と化すようになったり、あっという間にハイウェイが雪で埋もれ、身動きがままならぬようになったりすることであった。ワシントン市はアメリカ東部でも南寄りにあって、しかもチェサピーク湾に面する比較的温暖な気候の街だというのに、真夏には猛烈な湿気が立ち込め、冬も降雪が少ないと言われながら、寒波が襲おうものなら、突然にして深い積雪に埋もれ、街の中は凍るような寒気と淀んだ冬の景色に包まれてしまう。真夜中や早朝に街を歩けば、両耳が痛くなるような寒さで、凍傷にでもなるのではないかと思ったほどであった。雪国出身でない私にとって、この寒さにはもちろん、雪道にも不慣れで、深い雪の吹き溜まりや根雪に足を取られそうになったこともあった。だが、何よりも恐ろしいのは、雪の中の坂道での運転であった。

十一月の中ごろ、その年初めての雪となったある日、日本に帰られるという知人を飛行場で見送るため、私たちはナショナル・エアポート（現在のロナルド・レーガン・ナショナル・エアポート）に向かった。ポトマック河畔を行くドライブウェイを行く道は、ワシントンからヴァージニアにかかるメモリアル・ブリッジを渡れば、交通量も減り、しかも雪の日とあって、疎らな車の流れに従って飛行場へと向かった。その往きの道は、まだ降る雪もそう激しくはなく、むしろ、どんよりとした雪空とは裏腹に、車は滑るように楽々と走行し、まことにスムースで、快適であった。

しかし、知人を送っての帰り道、積雪はかなり深くなり、轍も雪に潜るかのように、深々と沈んでいた。飛行場からのハイウェイを降りて、先程のポトマック河畔のドライブウェイを走っていた時、突然に前のセダンが蛇行し、雪に不慣れな私も、思わずブレーキを踏んだ。前の車は、おそらくは望みもしないコースをとって、あわやポトマック河畔の堤防を越えるのではないかと思うほど、堤防ギリギリのところまで行って止まった。幸運なことに、私たちの車は河畔沿いの淵まで行くこともなく、ドライブウェイの路上で停止した。もし、二車ともに制御が効かずにそのままポトマック川に転落していたら、と思うと、文字通り身の毛がよだつ想いであった。

だが、その難所を切りぬけても、家路までの道程には、まだまだ伏兵が待ちかまえていた。市内に入り、もうじき我が家も近いというのに、途中、短い距離とはいえ、ちょっとした勾配の坂を降りなければならなかった。渋滞というほどではないまでも、慎重な運転を心掛けていたドライバーたちは、その坂道で玉突きとならないように、一台ずつ、タイミングをとって走り降りていた。雪に慣れたドライバーたちの走行ではあっても、エンジンを低い回転に切り替えながら、できるだけ急ブレーキを踏まないようにそろそろと一台ずつ降りて行くのを見ると、まるで競技場で間合いを取りながら順番にスタートラインに立つのにも似て、自分の番が回ってきても、果たして上手くいくのだろうかと、重い不安がのしかかってくる。

このような雪道での走行法は誰が教えてくれるものでもなく、結局は現場が教えてくれたようなものであった。幸いなことにそれでもどうにか切り抜け、自宅に戻った時には、運転者も同乗者も身体がこわばっていた。ともかくも、自他ともに無事であった一日に感謝というほかはない。

このワシントン市にいる間、私たちは、かなりの遠出や近距離のドライブなど、時には私の運転で、時には父の友人の運転で、家族ぐるみの小旅行に出かける機会に恵まれた。ある朝、ワシントンの郊外を北に上がったところにあるメリーランド州ケニルワースというところに、大きな蓮苑があると聞き、それを見てみたいと言う父の願望に同調した父の友人N氏の車に、両家族六人が乗り込み、早朝に家を出た。なにせ、蓮の開花はとてつもない早朝で、四時か五時ごろまでに行きつかないと、蓮が開花するときに発するポンという音が聞かれないという。我が家からは距離からいってそれほどの遠出ではなかったが、その開花に間に合うようにと、朝まだきに、暗闇を照らす信号を頼りにひたすら闇道を走った。

やがて、うっすらと暁の太陽が街の一郭、一郭を照らすようになった頃、車はケニルワースの近くに差し掛かった。だがその先、どちらの道をとるか、はたと迷ったドライバーのN氏は、あろうことか、交差点のど真ん中で立ち往生してしまった。カーナビはむろんなく、地図をどう読もうにも、方角がわからない。さりとて早朝に道を聞く人もなく、逆に車の通りも少なくて安心とはいうものの、交差点に停車した車に、私は気が気ではなかった。

もともと慎重な人柄の人物ではあったが、普段の彼の運転は決して下手な腕前ではなく、むしろゆったりとしていて別段の不安も感じさせない。だが、この咄嗟にして現れる人の性格や癖が、これほど、もろに運転に映し出されるものなのかと、びっくりした。思えばこれは私にとり、反面教師的な一件ではあったが、運転するものにとり、よき教訓を得たようにさえ思った。

さて、肝心の蓮苑だが、交差点をどうにか渡り切って、やがて目的地に着いた時には、すでに煌々と朝日が蓮の苑一面を照らしていた。肝心の蓮の花はと、その開花状況を確かめると、大輪の花が少しずつ花弁を広げ、雄々しく、凛然と自然の営みを果たしている姿が目に入った。まだ、これから開花する蓮もあって、時間的には間に合ったのだが、興味津々であった開花の時の妙音は、結局はよくは聞こえなかった。ポンと弾みをつけて開花するというよりも、たまたま私が見た蓮は、むしろゆったりと推移する時の流れに逆らう気配をも見せず、花を開かせて行った。しかし、早起きをして、はるばると訪ね来た蓮見物のお陰で、かの有名な大賀博士の蓮が、この異国の地にしっかりと根付いている光景を確認できたのは、感動的であった。

そんなある日、もう滞在して一年も過ぎた夏の終わりころ、父たちは週末にかけて夏の休暇を取り、例のS氏夫妻とわが家の親子三人で、三泊四日のドライブに出かけることになった。行き先は、カナダとの国境沿いにあるナイアガラの滝で、この頃には、やっと私にもハンドルを握る機会が与えられ、S氏の助言も次第に高等レベルの域に上がって来た。車が混まないうちにと朝早くに出発したその日、なぜか、軍の専用トラックがフルライトを照らして幾台も反対車線を走っていった。実はその日、アメリカは一九五九年のレバノン出兵を決め、中東での緊迫した事態が発生していたのだった。かくしてドラマティックなスタートでナイアガラ旅行は始まった。

ワシントンからはメリーランドの州都ボルティモア経由で北に向かい、さらに国道八三号線を北上して大河サスケハナ川を越える直前で、ペンシルヴァニア州の大都市ハリスバーグを一望する。そこからは川を越えるハイウェイはいささか遠回りとはなるが、八一号線を北東に向かって進み、スクラントンまで出る。その先、ニューヨークとの州境を超えたところにあるビンガムトンでいったん横道にそれ、ガラス工場で有名なコーニングに立ち寄った。さすがコーニング社の建物は、そそり立つガラスが一面に張られていて、日を受け、眩しいばかりであった。

コーニングからは州道一三号線を通ってイサカの町を抜け、やがてシラキュウーズで合流する国道九〇号線で左折する。このハイウェイはニューヨークを東西に横断する大幹線だが、それからロチェスターの南をとって真っすぐ走れば、いよいよバファローの町を抜け、ナイアガラ・フォールズ市にとほとんど一直線に繋がる道となる。

この道路マップを用意したのは、実は自力ではなく、アメリカ自動車協会ＡＡＡが行う一つのサーヴィスなのである。ＡＡＡは、本来は日本のＪＡＦのように、走行中に起こるパンクや故障やガス欠など緊急のときに出動し、応急措置をしてくれるのが主たる仕事ではあるが、会員が市内にある営業所まで出向けば、丁寧な地理案内もしてくれる。殊に遠距離の車旅行には欠かせないサーヴィスで、ノート大に用意された一枚一枚の局部マップにマーカーで路線を示し、それを何枚も繋ぎ合せて目的地までいけるように、全枚数を蛇腹のワイヤー線で閉じまとめ、その人、特注の一冊のマップに作り上げてくれる。今のようにナビのなかった時代、それはもう会員の間では大好評であった。そして案内は、道のりだけではなく、先のコーニングのように、土地々々で見るべき観光ガイドも付け加えてくれた。

このガイドに従い、私たちは目的のナイアガラの滝に出る前に、独立戦争以前にさかのぼる英仏の古戦場オールド・フォート・ナイアガラ、ナイアガラ要塞に立ち寄った。オンタリオ湖とエリー湖を見渡せる、要塞としては効果的な位置に立つ要塞であったが、今はアメリカ領となっており、本来の当事者、英、仏に並んでアメリカの旗が掲げられている。だが旗は、実はこの三本ではなく、さらにもう一本が並立する。それは、土地の原住民がフランス側に立って参戦したことから、原住民部族の旗もまた掲げられているのであり、その四本が、ともに雄弁に歴史を語るシンボルとなっている。

ナイアガラ要塞からわずか数十分、オンタリオ湖を背にして南下したところに、ナイアガラの滝がある。よく知られているように、アメリカ側のものとカナダ側のものの二本の滝を総称してナイアガラの滝と呼ぶが、大きな馬蹄形で有名な滝がカナダ領、その同じ側に幅広く真っすぐに落ちる小さい方の滝がアメリカ領となる。そしてオンタリオ湖もこの滝の近くで、カナダとアメリカの国境が劃されている。昼間は、どちらの滝の前でも、耳目が威圧されるような音と光景に晒され、水量の多さと落ちる水の速さに圧倒される。そしてアメリカ滝の前では、黄色い防水合羽に身を包んだ観光客が、水しぶきを浴びながら、瀑布の下を船でくぐるスリルを味わっている。だが、夜になると、ライトアップされ、いささか人工的で不自然ではあるが七色の光が滝を照らし、殊にカナダ滝のえぐられた角度で屈折する光は怪しげな光の空間を演出する。ちなみにこのライトアップはアメリカ側が手間暇かけておこなっているという。

三泊四日ともなれば、夜道の走行は必至であったし、特に事前に予約していない宿を探して走るのは、時に心細くなることもある。ましてや道に迷っていても、余り車も人も見られないところでは、不安が募り、居場所すら確認ができない。ナイアガラの滝やその周辺のヴィクトリア公園で遊んでの帰り、私たちは、後から思えばニューヨークのイサカ付近まで帰ってきていた。道の確認と、近辺にありそうな宿の情報を得るため、私たちは対向車にサインを送り、停車して貰った。

だが、不安に慄いたのは、先方の車であった。こちら側は窓を全開にして情報を求めたが、先方の車は、ほんの僅か窓ガラスを下げただけで、堅い表情を私たちに向けた。年配の夫婦が乗る自家用車であった。やっと私たちが道に迷う観光客であることを理解し、必要な受け応えはしてくれたものの、最後まで表情は和まなかった。夜道で車を止められれば危険こそあれ、碌なことはないと考えたに違いない。非常識は私たちの側にあった。こわばる表情の夫婦から聞いた情報を頼りに、私たちは、それからしばらくして、田園の中に立つモーテルを見つけることができた。後から辿れば、セネカ・フォールズの南端、主要道路から外れた田舎道であった。

ドラマティックな体験を重ねながらも、私の運転歴は伸び、やがて運転の魅力に取りつかれる一方、短い距離の市内での往復、山道を長時間走る市街や近郊の町への運転も、当たり前のことになっていった。たまたまワシントン市は、南部と北部の境を決めるところに位置していたこともあって、南北戦争の古戦場がごく手近にあり、私たちはよく、南北戦争の遺跡を巡るツアーに出かけて行った。ワシントン市から十四番街の橋を渡り南下すれば、ヴァージニア州。一八六一年に連邦国家から離脱して、北部の連邦軍に挑んだ南部の象徴ともなった州が、ヴァージニア州であった。

ヴァージニアは、南部の中でも最も古い歴史と広大な領土をもち、最も貴族的で最もエリートな階層を持つ州ではあったが、いわゆる深南部といわれるサウスカロライナ、ジョージア、アラバマ、ミシシッピなどと違い、北部と戦火を交えることには最後まで消極的であった。それは、北部に隣接し、いったん戦争に入れば、戦場と化す悲劇が予測されていたからであった。案の定、四年も続いた内戦の初戦は、ほとんどがヴァージニア州内で戦われている。それは、南軍、北軍ともに、相手陣営の首都制圧を狙うのが初期の戦略であったため、勢い、ワシントン市周辺が両軍衝突の激戦地となり、血生臭い戦闘が繰り返されたのであった。実際、内戦の発端はサウスカロライナの湾岸にある連邦軍の要塞サムター砲台の攻撃にあったにせよ、すぐさま内陸部に戦火が及べば、アレキサンドリアの市街地、あるいは二年越しに二度も戦場となったマナサスなどいずれもヴァージニアの市民生活をまともに直撃した戦となった。

このマナサスに、私たちは、ある夏の暑い日に赴いた。ワシントン市からヴァージニアの首都リッチモンドまでは、ハイウェイを利用すれば、ちょうど百マイルだが、マナサスは遥かに近く、アーリングトンの先、南西のところにあり、そこまでは平坦で、さして難しい道のりではなかった。

だが、もうじき目的地という辺りで、妙に鳴りつづけるホイッスルのような異音に気がついた。何やら、走っている自分の車から鳴っているようだった。やがて、ボンネット辺りから蒸気が上がり、明らかに正常な状態ではなかった。路肩に車を止め、父と二人で注意深くボンネットをあければ、ラジエーターに蓄えの水がないことが分かった。幸い、まだ燃焼し切るほどまでに熱が上がってはいなかったので、近くの川から水を汲み、応急措置をとることにした。万止むを得ずとは言え、不純物の多い川水は車にとっては禁物だと、後から知ったが、方法はほかになかった。そしてもう一つ、後から分かったのは、車を夏用に整備する整備工場で、覆いにと掛けたビニールシートを取り外し忘れ、この猛暑でビニールが溶け出して、ラジエーターに付着し燃焼を起こしたことだった。マナサスの古戦場は、予想に反して、ただただ、だだっ広い野原で、中央に一本大きな木が枝を茂らせ、唯一の木陰を作っていた。実際、マナサスの戦は七月という暑いさなかの戦争で、どんなにか兵士の疲労は募ったことだろう。その暑さは、たまたま私たちの車が湯気を吹いた印象とも重なり、妙に現実味の濃い戦場ツアーとなった。

マナサスの戦はやがて終盤には、近くの森の茂みにと移り、Bull Run と呼ばれる川を挟んでの対面戦争となった。その時には、直射日光下の戦地ではなくなったが、所詮、戦火の熱からは逃れられなかったであろう。その一年後のマナサスでの第二の合戦も、やはり夏、八月のことであった。

激戦が続いては、休戦し、また戦を繰り返していた南北両軍は、やがて南部が戦術を変え、ペンシルヴァニア側から山越えをしてワシントンを背後から陥落させる作戦を立てることになった。その山越えの途次、作戦を見抜いた北部連邦軍が回りこんで進軍する南部軍を待ち伏せし、新たな場所が激戦地となった。一八六三年のゲティスバーグの戦である。映画にもなったその戦は、南軍の総司令官リー将軍の名前を馳せ、さらにはリンカーン大統領が、北軍の士気を喚起するために戦場を訪れ、「人民の、人民による、人民のための政治」と訴えたことなど、いくつものエピソードを残している。

私たちは、この地を二度も訪れたが、広大な面積の古戦場は史跡公園となっていて、車で自在に回れるようになっている。三日間の激戦の舞台は、木材を組んだフェンスに囲まれる広い剝き出しの草原もあれば、そこから道伝いにいくと、やがて鬱蒼とした森の中へと入って行く。昼間だというのに、ほとんど日も差さない谷間は、「悪魔の隠れ家」と呼ばれ、薄気味わるさが漂っていた。木陰に潜んで狙いを定める兵士、その裏をかいて襲う敵、だがそのいずれもが同郷人であったかと思うと、おぞましく哀れでもある。誇り高き南部人が、「行け、われらヴァジニアンたちよ！」と叫ぶその声も銃声に閉ざされる、といったシーンが映画にはあるが、若く名もなき市民があえなく命を落とす光景は、後世の人にとっても目を覆いたくなる場面である。思えば、その現場を、一世紀余も経ってとはいえ、車で通っている自分がいるのが、不思議に思えてくる。

この南北戦争が勃発する一年前、奴隷解放を叫ぶ熱血漢のジョン・ブライアン一家が率いる十八名の決起軍が、南軍の軍兵器庫があるヴァージニアの一角に立てこもったことがあった。それは、ハーパース・フェリーと呼ばれる船着き場のある小さな町で、今は街全体が史跡となっている。国道七〇号線を行けば、フレデリックスバーグで西に左折し、橋を渡って入る小さな町であった。シェナンドー川とポトマック川に挟まれたこの三角地は真に景勝地であると同時に、一味に襲われたその瞬間、すべての時間が止まったかのように、営業中のまま放りだされた帽子屋や鬘屋や靴屋、洋服屋など街全体がゴーストタウン化されたかのような状態で保存されている史跡でもある。車で回れば、小高い丘の上にも上がれるようになっていて、そこでは、立てこもりの現場となった教会が、窓ガラスも抜け、瓦礫も散乱するありようを見せている。

教会の脇には墓地があり、畑も広がっていた。むろん、今も生活する人々の現実がそこにはあって、現実と非現実がないまぜになっている不思議な町であった。「Harper's Ferry というからには、その人物 Harper さんも、このお墓に眠っているのですかね」と同行の知人が感無量気に言った。即座に、"Perhaps," と答えたのは母だった。「イヤー、奥さんは英語で洒落を飛ばすもんね」と質問者も哄笑した。陰惨で、血生臭さ漂う史跡を巡りながら、やっと皆の気分もほぐれ、一気に坂を下った。やがて船着き場の先まで行けば、貨物の引き込み線の線路が赤さび、その周辺にはペンペン草が苔むしていた。ふと脇に聳える崖を見上げれば、そこにはコカコーラの看板があり、看板は、わざわざ風雨に晒されているかのように文字もかすれ、その舞台効果は抜群であった。

ワシントン市の周辺には、古戦場ばかりでなく、ワシントン大統領が政界から引退した晩年を過ごしたマウント・ヴァーノンやジェファスンがヴァージニア州に自ら設計して建てたというモンティチェロの館、さらにイギリスからの最初の移住者がたどり着いたとされるジェームスタウン、そしてそこから発展してイギリス植民地の拠点となったウイリアムスバーグなど、車で回る箇所が多すぎるほどであった。さらに、私たちはこれらワシントン市の周辺に限らず、時には、合衆国最北となるメイン州やボストンのあるマサチューセッツ、コネティカット、ヴァーモント、ニューヨーク、ニュージャージー各州、それにデラウェアの海岸地帯、あるいはワシントンからみれば南西部になるテネシー州の景勝地Smoky Mountainsと、様々な地を訪れては史跡や自然を見て回った。思えばワシントン市は、街の広がりは狭いのに、ちょうど南北の接点となる中央に位置しているため、どこに行くにも便利で周辺へのアクセスが良く、私どもはその利点を十分に満喫した。

三年半余をアメリカで運転してきた私にとって、大きな事故につながるような体験がなかったことは何にもましてありがたいことであった。それでも、運転のし始めの頃は、なんで？　と自分でも思うほど、こすらなくてもよいような柱や壁をこすって走り、後悔と嫌な思いがなかったわけではなかった。ある日のこと、自分の車の駐車しているすぐ後ろに止まっていた車が、道に出ようとして、私の車を、しかも私の面前でこすっていった。いやっ、済まんというそぶりで手を挙げ、多少体裁の悪そうな顔をして運転していた中年の男は、車を止めることもなく、そのまま出て行ってしまった。言ってみればこちらは被害者ではあったものの、幸い、大した傷もなく、この程度のミスは、イヤッと手を挙げればいいのか、といったずるい料簡も仕入れてしまった。

その後、大分運転にも慣れてきた頃、信号待ちで渋滞が続く中で、たまたま猛烈に気分が悪く、何となくブレーキが甘くなっていたのに気付かずに、ゆるゆると発進した自分の車が、前の車を後ろから軽くではあったが玉突きしたことがあった。ほんの触った程度の衝撃であったとはいえ、当然のこと振り返った車の相手に、私は即座にイヤ〜ッと手を挙げ、謝った。相手も承知したかのように、車から降りてくることもなかったが、恐ろしい目つきで私の方を振り返り、後部の窓越しに睨む形相には、思わず身がすくんだ。かつて私の目の前で私の車をこすって走り抜けて行った男の満面の笑みを想い浮かべながら、イヤッでは済まされないのが運転中のミスなのだと、つくづく思い知ったものだった。

　ワシントンに滞在中、母の知り合いに、戦後、ＧＨＱの民間情報局教育顧問として、日本の大学教授陣から共産主義者を追放させるキャンペーンのため来日した経済学者、Ｗ・Ｃ・イールズ博士を夫に持つ夫人があった。時折、イールズ博士は、滞日中の苦い思い出であったはずの学生による反対運動に触れ、東北大学をはじめとする各地の大学で、ヤンキー・ゴー・ホーム、イールズ・ゴー・ホームのシュプレヒコールを浴びたと、その思い出話を穏やかな口調で語ったりした。もうかなりの老境に入ってのある日、その博士が急逝されたと聞いた。折しもハイウェイを運転中に心臓発作を起こしたとのことであった。聞くところによれば、運転中、気分が悪くなったので車を道端の路肩に寄せ、そのまま息を引き取られたという。彼のように、車の走行中に悪しくも人生を終えることは、それほど珍しいことではない。もし、車に乗っている時にそのような状況に自分が置かれたら、果たしてどのように対応できるのだろうか。運転中に最期を迎えることはできれば避けたいが、せめて、事故のもとになるなど、他人の運転の妨害をすることなく、最期を迎えられたらと、まだ二十代前半、しかも運転を始めたばかりの頃からの私のささやかな願望となった。それと同時に、どんなに自分が運転好きであっても、その幕引きを何時するのか、絶えず私の決断を迫る課題が付きまとっていた。

日本に帰国することが決まってから、私たちは車の処分を考えなければならなかった。思えば六〇年代のアメリカ車は、史上おそらく最も大型の乗用車が売れていた時代であったろう。大型の白いキャデラックに赤い皮シートを張った格好いい車。ハリウッドスターが乗りそうな、ルーフのホロが大きく開くコンヴァーティブル。人気の大型車が並ぶ中で、同時に、フォードのムスタングとかシボレーのコルヴェアなどの小型車も出始めた頃だった。そして、車のディーラー達は、この小形車ならば、小回りの効くお買い物には最適であるとか、この色ならば、乗るご婦人が何色の服を着ようと間違いなく色映えするとか、消費者、中でも女性ドライバーの心を盛んにくすぐった。

それは、かつて一九二〇年代に車が社会を魅了し、フォード社とジェネラルモーターズ社が競い合う中、ディーラーたちが、盛んに「この用事には、この車」と車への消費欲を煽った日々と、大して変わらなかった。その中で、私どもの車は決して高級車ではなかったが、そのシボレーのインパラでさえ、ご多聞にもれず、時の流行でサイズだけは確かに大きかった。ブルーがかったシルバーグレーで、リアのライトがキャデラックのように長く突き出ていた。日本に持ち帰るには無駄がありすぎ、結局は処分することにした。大して高値ではなかったが、それ相応の引き取りであった。連れ去られる車を見送るのは何とも寂しかったが、だが、なぜか心の底からほっとした思いが強くあった。あの安堵感は一体何だったのかと、今でも思い出す。

この世の中に、車好きは少なくない。中には、車そのものが好きだという、機械マニアやコレクター的な車マニアもいよう。だが、運転好きと呼ばれる人には、必ずその人なりの運転美学がある。文字通り、美しい運転を志すには、日々精進、日々鍛錬。「車は所詮、足」と嘯きながら、「運転は美学」というのもおこがましいが、初心者の私が出会った人のすばらしさには、忘れがたいものがある。私が免許をとったのが、あの時代、あの町であって良かったと思うと同時に、教えられた運転の原点が、かすむことなく自分の中にあれば、私もまた、車を美しく乗りこなせる人になれるのではないかと、今も思う。

4　歴史の中の生き証人――ケネディ家の人々がいた頃

ジョン・F・ケネディが第三十五代アメリカ大統領に就任した時、私は、大学院に通う史学専攻の学生であった。首都ワシントンに住んでいたこともあって、一月二十日、前日の大雪も上がり、眩しいほどに晴れた寒空を仰ぎながら、就任式を終えて議事堂から車列を走らせるオープンカーの中に、黒のフロックコートとシルクハットに身を包んで手を振るシャイで照れくさそうなケネディ大統領の姿を見た。その隣には、短めに切った髪を、造作なく丸い帽子で覆ったジャクリーン夫人が座り、群集の間からは「まあ、モズヘアのファースト・レディだわ！」と囁やく声も聞こえた。

パレードは粛々と進み、かつての民主党歴代大統領の未亡人で、当時生存者であったエレノア・ローズヴェルトや、ナンシー・ウィルソンがあたかも歴史の一ページから抜け出てきたかのような風情で、一大ページェントに加わっていた。しかし中でも、一際パレードで目立ったのは、ジョンの弟ロバート・ケネディであった。選挙参謀本部の責任を見事に果たしたかのような意気揚々とした面持ちで、雪のうず高く積み上げられた街頭に列なす人垣に向かい、オープンカーから身を乗り出さんばかりに手を振るロバートは、まるで彼自身が大統領に就任したかのようであった。

ホワイトハウスの住人となったケネディ大統領夫妻は、就任後しばらくしてから外国人留学生を招いてのガーデンレセプションを催し、私もその一人としてホワイトハウスに招かれた。庭にしつらえた壇上に立ったケネディは、テレビで見ていたよりも明るい色の髪をなびかせ、ボストン訛りをたっぷりと効かせた早口で、「今日ここに集《つど》われた方々の多くが、いつの日か将来、世界に羽ばたくような活躍をされることを期待する」と、外国人留学生を激励した。壇上を降りたケネディは、ボディガードに囲まれながらも学生たちの間をゆっくりと動き、彼を囲む人垣は一段と膨れていった。

ふと、その時、私の目前を行くジャクリーン夫人の姿が突然目に止った。誰もいない。私とは至近距離。突き上げる思いに駆られ、心の用意もなく、私は思わず、“Mrs. Kennedy,”と口走っていた。“Yes”と柔らかで優しい声が返ってきた。「お目にかかれて光栄です」と、月並みだがプロトコールに叶った言葉を実際に叶いたかどうかの覚えもないほど、私は上がっていた。非礼にも咄嗟に握手を求めていた自分に唖然としながら、その無礼を自ら押し留める余裕もなかった。ジャクリーン夫人は手袋をはめた手をすっと差し延べ、そっと私の手を握った。触ったか触らなかったかの束の間のことなのに、その優しさには妙に温もりがあって、それがいっそうのこと私を興奮させた。優雅な風が私の脇を通り抜け、彼女はまた流れるように他の学生の間を抜けていった。

大統領ケネディのことを、上出来なほどハンサムだと人々は言う。彼にはカリスマ性があるとも言われてきた。だが、選挙中の彼は頻繁にテレビに登場していたが、いつも疲労のせいか目の下には隈ができ、何か戦いに敗れたボクサーの痛々しさがあった。これで本当に選挙に勝てるのかと思うほど、すっかり参って見える時もあった。それでも、四回に及ぶテレビ討論では、敵陣のニクソン候補を常に鮮やかに論駁したかと思うと、その気持ちの高ぶりを静かに宥めるかのように、シャイな面持ちでカメラに顔を向けた。カラーTVがまだ全番組に及んでいなかったこともあり、ケネディがあれほど明るい色の髪の持ち主だと思ってもいなかったのは、多分白黒テレビで見慣れていたせいであったろう。ホワイトハウスの庭で、目前に見たケネディは、TV像よりも彼をはるかに若く見せ、少年のような屈託のなさがむしろシャイな彼を引き立てていた。

それにしても同じホワイトハウスで、眼前にみたジャクリーンの品格と優雅さは私を圧倒した。後々にも彼女ほど多々ニュースを飾り、噂の種となったファースト・レディは他に例を見ないと思わせるほど、そのきらびやかな生涯は絶えずマスコミの標的ともなった。彼女自身がワシントン・タイムズ・ヘラルド紙の記者であったという結婚前の颯爽たる経歴、ボストンの名門ケネディ家の一員となったジャクリーン、ケネディの院議員時代には不仲であったとされる夫婦仲、女優マリリン・モンローとジョンとの噂、ケネディ暗殺後には、ギリシャの大富豪で船主のオナシスと再婚した彼女、そして彼女が一年間に消費した生活費は、実に一五〇〇万ドル（かつてアメリカがフランスから買収したルイジアナ領土と同額）であったと試算された報道、加えて、プライベートビーチで甲羅干しをする彼女を盗み撮りした写真とゴシップ。だが、ジャクリーンは、どのようなニュースにもゴシップにも、ほとんど反論も説明もすることなく、静かに時の流れに身を任すかのように泰然としてみえた。その芯の強さが、あるいはジョン以上のカリスマ性を彼女に与えていたのかもしれない。だがジャクリーンがたとえ、モズヘアを装ったにせよ、キャリアウーマン出身という異色のファースト・レディであったにせよ、私が目前で見たジャクリーンには、滲み出た育ちのよさと品格が漂い、それが彼女の自立した個性をいっそう輝かせて、私の目を奪って離さなかった。

実際、歴代のアメリカ大統領の中で、第三十五代大統領のケネディ一家ほど、話題性において一世を風靡した家族は他にあるまい。第六代大統領クィンシー・アダムズとアヴィゲール・アダムズ夫妻、あるいは第三十二代フランクリン・D・ローズヴェルトとエレノア・ローズヴェルト夫妻など、その功績やエピソードにおいて夫婦で名を歴史に留めた人たちはあったが、話題性においておそらくケネディ家のそれに比べることは出来ないであろう。TVをはじめとするマスメディアが飛躍的に発達した一九六〇年代の時代性をも反映し、ケネディ一家の話題はアメリカのみならず、まさしく世界をも席捲した。

だが、もともとケネディ家には話題性の豊かな背景があり、若くして大統領になったジョンが一躍脚光を浴びる前から、一家にまつわるニュースがなかったわけではない。そもそもケネディ家の人たちは、ジョンが大統領になる以前から、彼らの地元であるボストンでは土地の名士であり、名門の一家であった。祖父フィッツジェラルドの時代にアイルランドから移住してきたケネディ家は、すでに父親ジョゼフの時代には巨万の財を成し、その名声と財力で一家の知名度はますます高まった。ジョゼフは、フランクリン・D・ローズヴェルト政権下では駐英大使に任命され、さらに証券取引委員会の委員長にも推挙されている。またジョゼフは、後には同じアイルランド出身者で元ニューヨーク州知事であったアルフレッド・スミスと共鳴し、ともにローズヴェルト政権下でのニューディール政策を急進的、かつ危険なものとして鋭く批判し、民主党員でありながら、その歯に衣着せぬ口調でローズヴェルトを痛切に非難したことでも知られている。

アメリカが第二次大戦に突入すると、ケネディ家の次男ジョンは、長兄ジョゼフとともに軍隊に入隊し、戦線に赴いた。しかし、一家がその将来をもっとも期待していたといわれる長兄はやがて戦死する。二人の軍隊での勇壮な活躍ぶりと、国家への忠誠から一命を失った長兄の悲劇は、当然のこと国内では華々しい武勇伝として伝えられた。だが、ケネディ一家にとって、長兄ジョゼフ二世（通称ジョー）の死は、重大な転機を一族にもたらすことになった。

残された八人兄弟姉妹のうちの男三人、とりわけ次兄ジョンにまず政治家となることへの期待が優先的に課せられ、さらに二人の弟ロバートとエドワードにも次兄ジョンの後ろ盾になるよう政界入りを決意させることになったからである。ともに名門大学を卒業し、次々に下院議会や上院議会の選挙に打って出ては当選していったケネディ兄弟は、いってみれば家族ぐるみのエリートな政治家集団であった。選出基盤を生まれ故郷のマサチューセッツにおきながら、彼らは早くから一家を揚げてニューヨークに移り住み、それによってアイルランド出身者とカトリック教徒の支持にのみ偏重することなく、広く東部を押さえ込んだ政治的地盤を持つようにもなった。

しかし、ジョンがすでにマサチューセッツ州選出の上院議員としてその知名度を伸ばしてきたにもかかわらず、いよいよ大統領選に出馬するとなると、世論の中心的話題は、専ら彼がアイルランド系アメリカ人で、カトリック教徒だったことにあった。この二つの要素は、アメリカの大統領選挙史上では、伝統的にマイノリテイ要素としてハンディキャップを負うものとして考えられてきたものであり、彼以前にこの二つの条件を背負って大統領選に臨んだ候補者は、たった一人、一九二八年選挙の民主党候補アルフレッド・スミスのみであった。

スミスは、ニューヨーク州知事としての知名度をもって、東部大都会の支持を圧倒的に制圧したにもかかわらず、結局は大敗し、当選することは叶わなかった。ケネディのようなカトリック教徒がもし、大統領に当選すれば、必ずやローマ、すなわちバチカンの支配がアメリカにも及ぶのではないかといった不安が、まことしやかに囁かれたその事情も、すでに三十年前、スミスが受けた攻撃と変わるところはなかった。

当時、私が在籍していた大学院のアメリカ史のクラスでも、ケネディは、結局は不利な立場に立たされているのではないかといった不安を、教授に真剣にぶつけた学生があった。「ドック(ドクター)」と、カリフォルニアから来ていた年配の学生は、「本当に、ジャック(ジョンの愛称)は、大丈夫ですかね。結局、スミスと同じ運命になるんじゃないですか」と憂いげに、だが妙に意気込んで訊いていた。尋ねられて、当時まだ若年であったが、後に著名なアメリカ史家となるジョゼフ・ハトゥマッカー教授は、「まあ、少なくとも彼はハーヴァード出だからね」と答えたのが印象的だった。まさしくその一言こそ、ケネディの政治的背景を物語っていたのかもしれない。

かつてアルフレッド・スミスが、家庭の事情から八年制の小学校すら卒業できずに中退し、漁業市場で働きながら身を起こした苦労の経歴に対し、ケネディは裕福な家庭に育ち、ハーヴァード出身という、いわゆる東部のスノービッシュなエリート部族のロールモデルのような人物であった。だが、ケネディもスミスと同じく、東部においてこそ人気と知名度を高めながら、南部や西部の農村地域では、一向に受け入れられないところが、両者に共通する悲劇的な弱みであった。皮肉なことに、これらの地域でスミスは無教養なニューヨーカーとして疎んじられ、ケネディはそのエリートでスノビッシュであるが故に胡散臭く思われた。ケネディの死後、十年以上経っても、テキサス州ダラスでは、四、五冊以上ものケネディ本がたえず本屋の店頭に並んでいたのを覚えている。だがそれらは、いずれも偏見に満ちていた。『呪われたケネディ家』を始め、ケネディやその一族に対する激しい嫌悪を露わにしたものであった。

ケネディの選挙戦中、アメリカ国内を最も沸かせた話題は、何と言ってもケネディとその対立候補であるリチャード・ニクソンとが戦わせたTV討論による政策論争の対決であった。四回にわたる討論という政治的キャンペーンは、おりしもその時から数えて一世紀近く前、南北戦争に突入する二年前に上院選に出馬したリンカーンが、民主党の大物対立候補スティーフン・ダグラスと七度論戦を交わして以来のことであった。ましてTVで行なわれる討論は史上初めてのことだけあって、討論は大いに人々の関心を盛り上げた。

ケネディの対立候補ニクソンは、当時政権を担う共和党のアイゼンハワー大統領の下で副大統領を務めていた。もともと討論会はケネディの側から要望されたものであったが、対立する現政権の政策を激しく攻撃するケネディの前に、ニクソンは否応なしに受身の姿勢で現状の保全に終始せざるを得なかった。聴衆やマスコミの関心は、若いケネディが斬新な政策の切り口を見せ付けていく中、とかくTV映りのするケネディに分があると評していた。だが、私の見る限り、TVに写るケネディの表情は疲れ切っていて、とてもハンサムには見えなかった。それでいて、いかにも良家の出のように自らを抑えながらも、情熱を燃やして政策論争を掻き立てるケネディには、一種の覇気があったことは否めなかった。一方のニクソンは、現役の副大統領で、しかも冷戦下のソ連を、見本市にかこつけて訪問するという画期的な外交手腕を発揮してきたにもかかわらず、どことなく暗く、冴えないルックスに加え、取引に長けたずる賢さを忍ばせているという政界の風評が、彼のイメージを落としていたことも事実であった。

ワシントン市では、そこが政治の中心地であったということや、ともにケネディもニクソンも、議員時代の仮住まいとはいえ、町の住人であったということもあり、TV討論が行なわれた翌日は、もっぱら討論ではどちらが優勢であったかという話で持ちきりであった。次第に選挙の日が近づくと、人々はいてもたってもいられないかのように、その結果を慮った。

たまたま、その年の九月、私は友人と二人、長距離バスに乗ってワシントン市からボストンへの旅に出た。すると出発して間もなく、学生らしい若者のカップルが、お互いに見ず知らず同士の乗客が乗り合わせていたその夜行バスの車中で、突然乗客に向かって話しかけた。「さて皆さん、もうじき選挙ですよね」と、何気ない調子で口火をきり、「そこで、僕たち提案があるんです。みんな、ケネディとニクソンのどちらに票が入るか、むろん気になりますよねえ。で、このバスの中でも一つ、ミニ投票というの、やってみようと思いますが、如何でしょう?」と若い男は言った。

今までは仲間内だけでひそひそと、あるいはたった一人きりでぽつんとしていた乗客たちは、一斉に、「やろう、やろう」と賛成し、なにやら興奮したような弾み声があがった。やがて小さな紙切れが皆に配られ、「いいですか、一人一票ですよ。そして、ケネディか、ニクソンかどちらかの名前を書いてください」と彼は言った。私たちは、外国人でもあったし、むろん投票権もなかったが、まねごとの投票用紙は、当然私たちにも配られた。友達はなんと書いたか知らないが、私は迷わずケネディと、書いた。やがて「投票用紙」が集められ、「投票結果」の発表となった。正確な数字は忘れたが、結果は僅差でケネディが多数を占め、どっちのご贔屓であれ、皆、拍手で投票ごっこが締めくくられた。僅差とは、いみじくも本番の選挙結果を予測させたような結末であったが、まだ誰も実戦の行方を知らない時期でのお遊びであった。

実際、本番の選挙結果は僅か十二万票差でケネディがニクソンに辛勝するというドラマティックなエンディングとなった。長い間、政治的苦境や財政難を切り抜けてきたニクソン夫妻に対し、地元では彼らの奮闘に対し、同情の声すら聞こえるほどであった。選挙結果が僅差であったという事態は、ケネディの選挙地盤が全国的には磐石でなかったこと、また国内外に憂慮する事態が山積していたこと、そしてそのことに対し、国民は政治の硬直状態から抜け出せる変化を期待する一方で、若い大統領の出現に対し、不安を募らせていたことを示していた。

実際、外交にあっては、前任者アイゼンハワーから引き継いだ不幸な経緯が、ソ連との関係に最初から暗雲を漂わせていた。現に、就任早々にウィーンで予定されていたソ連のフルシチョフ首相との会談は、いわば米ソ関係の修復を狙う目論見が双方にあった。それはアイゼンハワーとフルシチョフ会談が、朝鮮半島上空からソ連領内を侵犯したとされるアメリカの偵察機U2機をソ連が撃墜した事件に災いされ、会談直前で実現できなかったことへの埋め合わせであった。しかし、会談は、これといった成果もなく、逆に、今後のケネディ政権に米ソ間の緊張を予測させる気重い外交の幕開けとなった。

就任早々のケネディにとり今一つの頭痛の種は、隣国共産圏のキューバに対し、革命によりアメリカに亡命したキューバ人たちが、政権転覆を狙ってキューバに侵攻を企てていたことであった。しかもその侵攻計画を前政権が容認し、不透明ではあったが国防省内部では支援のためにアメリカ空海軍の投入すら検討されていた節もあった。少なくとも、ケネディの就任前から、ＣＩＡ指揮下での亡命解放軍の軍事訓練が進められていた。当時の情勢下では、新政権になったからといって、もはや政策の転換は許されなかった。ケネディは、アメリカ軍の投入については断固行なわないことを条件に、亡命者によるキューバ侵攻を遂行させる決断を下した。こうして四月十八日未明、キューバ亡命者による解放軍はキューバのコチノス湾（ピッグス湾）上陸作戦を展開した。だが、その戦略は勝ち目なく瞬く間に敗北する。ケネディ政権にとり、際立った躓きのスタートであった。

キューバ侵攻の惨敗の原因については、研究者たちがいくつかの要因を挙げ、またケネディ側近の伝記作家たちも、ケネディ自身が判断の甘さを悔み、大統領自らが分析した要因を挙げて敗因を説明した。ケネディに言わせれば、ＣＩＡや軍参謀の強い危機意識が今こそ機は熟し、準備も万端だとしたその状況説明を、いわば鵜呑みにしたことの愚かさが、この重大な決意を招いたという。だが問題は惨敗の結果というよりも、むしろフェアな外交を主張して選挙戦を勝ちぬいてきたケネディが、たとえ前政権から引き継いだとはいえ、ひそかに作戦の謀計を承諾していたということに国民が覚えた失望感であった。以来、ケネディ政策にはきわめて慎重な姿勢が窺われ、積み重ねられた論議と検討の結果、いざ決断に至った段階で、国民に事の次第を明らかにするといった、現実主義的なケネディの手法が目立ってくる。

キューバをめぐる今ひとつの危機として知られ、ケネディ外交最大の見せ場となったのは、一九六二年、ソ連がミサイル基地をキューバに建設中だという情報に基づく対ソ連外交の展開であった。ロバート・ケネディの著書『十三日間―キューバ　ミサイル危機回顧録』や、それに基づく映画『十三日間の危機』でも知られるとおり、米空軍偵察機が捉えた映像で基地建設の実態が浮き彫りにされたとの情報がホワイトハウスに伝えられ、以後、対処法等を巡って息詰まるような議論が日々ホワイトハウスで展開された。

まず、司法長官であった弟のロバートをはじめ、ごく側近の者たちで構成された国家安全保障会議執行委員会（エクスコム）が、十月十六日に召集された。その席上、昼夜を問わず論議されたのは、映像に捕らえられた基地建設の実態確認、カリビア海周辺を運行するソ連海軍の動向の分析、非常事態と判断される状況への対応のありかた、それにソ連フルシチョフ首相との接触とその反応の洞察など、その一点、一点が重大な側面をどう切り抜けるか、判断の読み違えこそが許されないものであった。

このエクスコムのメンバーは、国防長官ら国防責任者、国務長官、財務長官、司法長官、統合参謀本部議長、ＣＩＡ長官、それに大統領特別補佐官を含む数人の関係者に限られ、時折副大統領や米国国連大使も出席したが、それはエクスコム（Executive Committee of the National Security Council）の名が示すとおり、明確に行政府を核とする組織であった。討議は一切、極秘裏に進められ、メンバーそれぞれが自己の見解を自由に主張し、問題への対処についてあらゆる可能性と危険性を指摘していった。

危機の実態については、参加者一同が伝えられた情報を事実と確認し、それへの対応策としては、基地の空爆から海上封鎖まで六通りの選択肢が挙げられた。当初は、出席者の多くが軍事行動に賛同する中で、ロバートは終始キューバを陸空から攻撃することに反対し、海上封鎖論を提唱した。同席したマクナマラによれば、ロバートは米国が小国を攻撃することの非条理を説き、それがアメリカの伝統と人道主義に反するものであり、攻撃が幾千もの犠牲者を生む危険を孕みながら、敵対陣営を刺激することで却って状況をエスカレートさせ、最悪の条件を助長させるだけだと主張した。さらに、ケネディとフルシチョフの間で交わされたいくつかの交信のうち、十月二十六日と二十七日に相次いで着信した謎多いフルシチョフからの相反する二通の回状をめぐっても、穏当な最初の書簡を誠意あるものと解釈し、第二の回状は無視することを提案したのもロバートであった。

会議の目的は様々な意見を開陳し、その結論を大統領に進言するものであったが、最終の決断は大統領自らが行い、それは、はからずもロバートの提案と合致した。十月二十二日、閣議招集後、大統領はTVを通じて国民に向け、キューバにおける非常事態発生を告げ、米国はキューバを封鎖隔離すると闡明《せんめい》した。発表直前、ケネディは米州機構やNATOの盟邦であるフランス、イギリス、ドイツなど欧州首脳からの支持と理解を取り付け、同時に、万が一に備えての陸海空の軍備配置をも行っている。これらの手立ては、キューバ侵攻の失敗例とは、明確に対峙する慎重な判断と準備であった。

海上封鎖ライン五〇〇海里ぎりぎりを進行するソ連船に憂慮しながらも、ケネディはソ連側に時間と行動と判断の上での猶予を与えるため、強行路線を抑えて性急な命を下さなかった。それはフルシチョフの面子を立て、彼を瀬戸際に追い込まないことに細心の注意を払ったケネディの駆け引きでもあった。ついに、十月二十八日、その前日にケネディからフルシチョフ宛に送られた親書に対し、その内容を受諾するとの回答がフルシチョフからあった。これにより、国連の監視のもと、ソ連はキューバから「兵器体系」を撤去し、新たな「兵器体系」の導入はおこなわないこと、また、それと引き換えに、アメリカは封鎖措置を直ちに解除することが両国の間に合意された。この合意が引き出されたことにより、十三日間に渡るキューバを巡る危機は無事、回避されたのであった。

至難な外交問題を抱える中、国内においてもまた、貧困対策、高齢者対策、医療保険制度、教育制度、あるいは都市再開発政策などをめぐり、様々な改革が民主党指導者に求められていた。ケネディ自身もこれに応えるべく数多くの案件を議会に諮ったが、結局は大胆な改革を手がけるには至らなかった。一つには、ケネディが国内の議会工作には得てして不得意であり、野党保守派の議員を惹きつけるに足る説得力を発揮できなかったからであった。しかし、国内で待ったなしに大統領の介入を余儀なくさせたのは、一九五〇年代の好景気の結果、かえって生活格差感が国内に広がり、それが少数派を突き上げて人種問題が高まりを見せたことであった。

公民権問題をめぐり、ケネディ政権に大きな揺さぶりをかけたのは、黒人差別意識の強い深南部ミシシッピの州立大学で、一人の黒人学生が、一九六二年六月に法廷闘争の結果、長年の人種差別の壁を突破して入学が認められたにもかかわらず、その登校を阻まれたことであった。州政府はあくまでも州権を盾に、州内の教育機関を掌握するのは州であり、たとえ地域の連邦巡回裁判所であれ、州知事の決定権を超えて州立大学への入学を黒人学生に与えることは出来ないとした。矢面に立たされた連邦司法省は、法廷侮辱罪を適用するなどの強硬措置をとったが、州勢力の抵抗は固く、九月に入ってからは一進一退のせめぎ合いが続いた。ケネディ大統領は衝突の悲劇を予測し、司法長官である弟ロバートに命じ、地元の秩序安寧に当たらせた。ロバートはあえて連邦軍をも投入する強硬な構えを崩さず、三〇日、強行突破の姿勢を堅持した。その結果、黒人学生の登校を阻止しようとした州民との闘争は流血事件へと発展し、ケネディ大統領が最も強く恐れた結果をもって、辛うじて沈静化した。

その後、同様のケースがアラバマ州立大学でも起こったが、前例に倣っていち早く連邦政府がとった強硬策により、州民との対立は回避された。だが、これらの事件は連邦政府と州民の間に、依然対立をひきずったまま、くすぶり続けていく。南部の強硬派で知られるアラバマ州知事ジョージ・ウォーラスは、歯にもの着せず轟然と人種差別を擁護し、連邦政府が地域の自治に介入したことを強く非難した。それは奇しくも一〇〇年前、奴隷解放をめぐり南北戦争の火蓋が切られたことにもなぞらえて、人種問題と戦うケネディの象徴的な事件となった。だがそれはまた、司法長官としてのロバートがやがて数年後、凶弾に倒れて一命を落とす、一つの前触れにすぎなかった。

もともとケネディは公民権法に対し、法よりも行政を優先させることを建前に、大胆な立法措置に打って出る事はなかった。しかし、いまや収拾のつかない事態に対し、思い切った政策の転換が求められていた。ミシシッピ州立大学の暴動が起こる寸前にTV演説を通じ、平和的解決と法の執行を求めたケネディは、次いで翌年二月、公民権に関する特別教書を議会に送った。それは、ケネディのもとでは実らなかったものの、後の公民権法制定につながる政治の決断を求めたものであった。

折から、南部を中心とした地域では人種差別撤廃を要求する市民運動が盛り上がり、バスボイコットやレストランでの座り込みなど、実力行使による抵抗運動が始まっていた。それはやがて全米の関心を呼び起こすに至り、一九六三年八月には、ケネディの強い姿勢に呼応するように、マーティン・ルーサー・キング牧師の率いる大掛かりな平和行進が、議事堂を基点にワシントン特別地区内で整然と展開された。それは、黒人、白人を問わず、二十万人以上の人々をデモに駆り立てての抗議運動となった。だが、これら一連の差別撤廃への動きは、やがてその秋、ケネディの身に起こる悲運の幕開けともなった。

一九六三年十一月二十三日、日本では勤労感謝の祝日で連休にも当たる日、TVはオープンカーに乗ったケネディが頭を銃弾に打たれて倒れ、その脇でピンクのスーツと同色の帽子に身を包んだジャクリーン・ケネディが一瞬車から後部座席に向け身を乗り出している姿を鮮やかに映し出した。ケネディが遊説に赴いたテキサス州ダラスの町の沿道で、大勢の人々やメディアが見守る中、夫人の面前で射殺されたというショッキングな事件であった。

おりしも、衛星中継による日米同時のTV放映が叶った初めてのチャンスでもあり、事件は日本社会にも大きな衝撃を与えた。何が起こったかわからぬほどの瞬時的出来事であったのに、TVは繰り返し、繰り返しそのシーンを放映し、やがて、数時間後には大統領の暗殺容疑で逮捕されたリー・オズワルド・ハーヴェイが警察官に連行されている姿がスクリーンに映された。だが、今度はたちまちにしてその容疑者がジャック・ルービーという別の男に射殺されるという劇的な場面が、日米の家、家、家でＴＶに映し出されていったのである。

やがて事件後、遅まきながら駆けつけた副大統領リンドン・Ｂ・ジョンソンがその道中の飛行機の中で大統領就任の宣誓を行っているところが報道された。さらに日を置いて、ホワイトハウスから、埋葬のためアーリントン墓地にと旅立つケネディの棺を見送る人々の最前列に、年端もいかない長女キャロラインと長男ジョン・ケネディ二世が、喪服のジャクリーン夫人の側でけなげに敬礼を送る姿をスクリーンは刻々と描写した。悲壮にして礼を尽くした葬儀の列が、静かに重い歴史の幕を閉じていく瞬間を、ＴＶカメラはひとこま、ひとこま描写して止まなかった。

ケネディ暗殺の要因が人種問題にあったのか、それともケネディ政権やケネディ自身の家系にあったのか、あるいは他の全く想像もつかない怨恨や何らかの事件に根付いていたのか、その真相は藪の中といった状況がいまだに続いている。その中で、ケネディの暗殺事件を一〇〇年前のリンカーン暗殺事件と重ねあわせ、数奇な類似点をさまざま挙げてはジンクスまがいに人々の興味を引いている事実もある。その類似点はついにリストアップされ、観光地の土産物屋に吊るされたスカーフにべったり印刷されているのには驚いてしまう。

その数奇な符合とは、ケネディが選挙に勝利した一九六〇年のちょうど一〇〇年前の一八六〇年にリンカーンが当選を果たしたことに始まり、二人が暗殺されたのは偶然にしてどちらも金曜日、そしてどちらも夫人の面前で射殺された。犯人はいずれも事件直後に逃走したが射殺され、何のゆかりもないその二人の名前をたまたまフルネームで綴れば、いずれも十五文字。その上、暗殺された大統領を継いだ後継者が、一人は Andrew Johnson で一八〇八年生まれの Tennessee 州出身、そして今一人は Lyndon Johnson で一九〇九年生まれの Texas 州出身。いみじくも二人の名前は十三文字。リンカーン家もケネディ家も、ともにホワイトハウスで生まれた男児を生後間もなくして亡くしていた。その上、ややこしいことにリンカーンに仕えた秘書にはケネディと名乗る秘書がいた一方、ケネディにはリンカーンと名乗る秘書がいた。この因縁話には他愛もない話がまだまだ続き、リンカーンが観劇中に暗殺されたのがフォード劇場、ケネディが好んで乗っていたのがリンカーン車とはいささか嫌味に尽きる話であった。

いずれにせよ、謎と疑問の多かったケネディの死は、一連の暗殺事件と葬儀や引継ぎの行事が経過してから後も長い間、真犯人と犯行の動機をめぐって様々な憶測を呼び、検証と称して幾度も事件はTV番組に登場し、そのたびにパレードの進行と、その進路にあったいわゆる教科書ビルから犯人が発砲したのではないかとされた犯行現場、それに狙撃犯が狙った位置、角度、標的とされた車への距離など、詳細に画像で再現を試みた。やがて、事件の真相究明を求められて組織されたウォーレン最高裁判事の下での調査が進められると、その経緯や結果に至るまで、報道番組は際限なくその詳細を追った。

事件後の十年、二十年後には節目、節目として、特集番組が組まれ、TV各局はその度に没後何十年を記念して、やたらとケネディものを放映した。相変わらず、ジョン・F・ケネディの生い立ちからダラスの暗殺シーンに至るまで、およそ見飽きたはずの場面なのに、今また聴衆はその番組に思わずチャンネルを合わせてしまう。たまたま一九九三年、ニューヨークでその秋をすごしていた私もまた、例外ではなかった。「もう、さすがに飽きた」という人も少なくはなかった。それでも、現場のことや人物像について直接証言できる人、あるいはかつての側近たちの高齢化を考えると、生き証人を呼べる番組は、もうこれでおしまいだろうと言われ、結局、また見てしまうのである。

ケネディ家に対する人々の関心は、メディアが作り出したケネディ像やケネディ一家についての一つのイメージやスタイルがあったからだといわれている。トマス・ブラウンの描く『ＪＦＫ――イメージの歴史』を読むと、実はケネディ家一族がそのジョン・Ｆ・ケネディのイメージを演出した人たちであった。一九六三年のケネディの死後、ケネディ一家には、ジョンのあとを継ぐべく有望な政治家としてはロバートとエドワードの二人の弟があったが、まず初めにロバートが、そしてエドワードが、ジョン・Ｆ・ケネディのイメージを崩すことなく受け継ぐ――そのことこそがケネディ家のやるべきことだったというのである。そしてそのイメージの原型を作り出したのが、ケネディ政権下で大統領に最も近かった人たち、すなわち秘書のエヴリン・リンカーンや、側近中の側近と言われたセオドア・ソレンセン、それに歴史家のアーサー・シュレジンジャーであった。彼らこそがジョンの死後、その伝記を書くに当たりジョンのイメージを大統領にふさわしく、かつ好ましい人物像として描ききっただけのだという。ケネディ家は彼らに対し惜しみない協力をしただけではなく、むしろそれ以外のところから出る好ましくないケネディ家の秘話や風評は極力封印したともいう。

たしかにケネディ大統領を描いた一連の伝記ものは、ジョンの没後いち早く出版され、ジョンに対する哀悼や郷愁が尾を引くなか、タイムリーにジョンの理想的な人物像を一つのイメージとして世に送った。その一方で、ケネディ政権を中心的に支えてきた次弟ロバート・ケネディが一九六八年に大統領選挙に出馬すると、予備選挙も終盤になって颯爽と勝ち進む彼の姿に、人々はかつてのジョン・F・ケネディへの思いをダブらせていった。ジョンの死によりケネディの理念が挫折したかの想いを抱いていた人々は、ロバートの大統領選出馬により、恰もケネディの復活を期すかの想いをロバートに託したのであった。

ロバートは兄よりも生真面目なところもあったが、かつて日本を訪問した折にも、早稲田大学で学生たちとの討論に真摯に応じ、そうかと思うと、スケートリンクで一般スケーターに混じってリンクを一周する爽やかさが、気さくで飾り気ない政治家として日本でも好感を持たれたものだった。

どこにでも捨て身で飛び込むかのようなそのフランクさが人気を呼ぶ中、六月、カリフォルニアでの予備選挙に、支持率の高い民主党候補ユージーン・マッカーシーに四%差で競り勝ち、ロバートの人気は上昇一途にあるかとみられていた。だが、ロバートは予備選挙後の会見に臨むため、待機していたホテルの厨房パントリーから記者会見場に向かう途中、支持者の興奮も収まらないなか、ヨルダン系アラブ国籍の若者の凶弾に倒れ、あえなくその生涯を閉じた。そして、その年は時重なるように、非暴力運動でワシントン行進を率いたマーティン・ルーサー・キング牧師もまた、暗殺されるという暗いニュースに覆われた。アメリカは当時、長引くベトナム戦争と人種問題をめぐる市街地区での暴動や、大学キャンパスで繰り返される学園紛争、ひいては麻薬の横行やヒッピー族の氾濫などにより、秩序や伝統や権威が崩壊するかのような流れがアメリカを席捲していたのであった。

かつてジョン・ケネディの時代を、予備選挙やそれに続く全国党大会、そして当選後のケネディ政権を、表に立って支えて来たのはロバートのみならず多くのケネディ一族の人々であった。政治家であったロバートや末弟エドワードはもちろん、母親のローズ、妹のユーニス、パット、ジーン、義弟サージェント・シュライバー、同じく義弟で俳優のピーター・ローフォード、そしてジャクリーン夫人などは、演説や握手にしばしば応じて善戦奮闘した。セオドア・ソレンセンによれば、予備選挙で同じ党内のライバルとなったヒューバート・ハンフリーは、「自分は、まるでデパートと張り合う小売店のようなもの」だと、ケネディを支える身内の人脈の強さを評したという。だが、ジョン・ケネディの悲劇はやがてこれらの兄弟、そしてさらにその子どもたちにもおよび、ケネディ家の悲劇として、末代までその運命が報道の紙面を賑わした。

ロバートの名声と衣鉢を継ぐものといち早く取り沙汰されたのは、むろん末弟のエドワードであった。だがエドワードは一九六四年六月、マサチューセッツ州から上院議員としての再選を目指してワシントン州から故郷に向う折、悪天候にもかかわらず強行飛行したチャーター機が墜落し、パイロットも同行の友人も死亡した事故のなかで、エドワードは背骨を骨折するなどの重傷を負った。その頃からケネディ一家の「呪われた運命」という暗雲めいた言葉が囁かれるようになった。

再起したエドワードは四年後に民主党の大統領候補として兄ロバートが名乗りをあげると、かつてジョン・F・ケネディを一家で支えた選挙戦と同じく、親族総ぐるみの応援を図った。

相変わらず母親のローズ、姉妹のユーニスやジーンなどが遊説やインタビューに応じたが、それらの遊説を取材した記者によると、以前に比べ、「どこか楽しさにかけていた」という。父親のジョーはすでに老身で表に出ることはなく、ローズもまた年齢を重ねていた。今一人の姉パットは夫ピーター・ローフォードと破局を迎えて傷心であったといい、ユーニスの夫でかつてケネディ政権を平和部隊の長官として支えたロバート・サージェント・シュライバーは、ジョンソンによって駐仏大使に任命され、シュライバー自身がロバートのための選挙応援に出ることはなかった。これらの物理的背景が、政治家一家としてのケネディ家にはすでに翳りがあったとみて、先の記者の印象となったのであろう。ついに決定的な悲運がロバート暗殺という事態によって齎されると、さらにエドワードが二人の兄の衣鉢を継ぐこと自体、新たな悲運を一家にもたらすのではないかと、彼の身を公然と案ずる声も上がってきた。

そのような折、エドワードの政治生命を自ら脅かすようなスキャンダルが発生した。いわゆるチャパキディック事件であった。それは兄ロバートの死から一年経過しての翌年七月半ば、夜道を急ぐ彼の車がマサチューセッツ州ナンタゲットにあるチャパキディック島の橋桁から水中に転落し、同乗の女性メアリー・コペクニーを死にいたらしめた事件であった。問題は、エドワード自身は自力で陸に泳ぎついたものの、彼によれば心身喪失し、努力はしたものの結局はコペクニックを救出できなかったばかりか、直ちに行うべき警察への通報を翌朝まで回避していたことであった。道義的責任の欠損とスキャンダラスな事件の性格から、事件を報道する記事はほとんどがエドワードの政治生命を絶つような非難に終始した。彼自身も、一九七二年、次いで七六年、大統領選挙への出馬を断念する結果となった。

　裁判の経過を見ても、事件の真相が結局は明白とされないまま、多くの出版物がこの事件を扱った。エドワードを知るジャーナリストたちは、兄の死とともに、政治家エドワードへの期待と重圧が過剰に高まる中、エドワードは追い詰められ、緊張の極限にあったと証言する。起こるべくして起こった事件だと、エドワードの当時の行状を憂いたジャーナリストたちは、エドワードの性格やケネディ家の宿命がこの悲劇を生んだのだと断言した。そして多くの人たちが、これでケネディ家の時代も終わったのだと痛感した。時の流れは奇しくもアメリカ国家自体がベトナム戦争、学園紛争、人種暴動、ウォーターゲート事件など様々な事件からの疲弊に苦しみ、国民を一種のシニシズムへと追い込んだ時代だったと、後の歴史家たちはケネディ時代の終焉を重ねて観た。

　だが、著作家たちによるケネディ家のエピソードはその後も続き、途絶えることがない。優秀な素質を持ちながらも麻薬に蝕まれ早世した若い世代をケネディ家の負の遺産と描く一方、ボランティア活動に心血を注ぐ若きケネディ家の一員を父親譲りと称賛することもある。あるいはジョン・F・ケネディ自身の交友関係や彼の業績評価の裏面を暴こうとする記事も少なくない。もし、ケネディが任期を全うし、長期政権を確立していればケネディもまたベトナム戦争への突入を免れなかったろうと、仮定と憶測に立つ記事も書かれたりした。

　それにしても、ケネディを巡る記事は、生前も死後も何故これほどまでに多かったのであろうか。ある作家は、それはケネディ家がアメリカにあっては、アーサー王伝説にあるようなキャメロット的存在として、一種のロマンを駆り立てたからだろうと推測する。週刊誌『タイム』によれば、キャメロット一族としてのケネディ家の遺品が破格の高値で競売に付されたと記されている。そしてこの家族をキャメロットに仕立てあげた張本人は実は、ジャクリーン・ケネディだとの説もある。

一方、ケネディ家への羨望と憧れは、作り出されたイメージから生まれたものだという説があることは前にも紹介した。それには確かに一理あり、ケネディ一族や周辺の人々により政治家としてのケネディ像が描き出されていった効果は十分に窺える。連帯感の強い大家族ならではの結束が終始ケネディ家の選挙戦を支えていたのも事実であった。さらにその大家族のメンバーが次から次へと巻き込まれていった悲劇や窮状がいかにもドラマ性をもって語られ、マスコミがケネディ家のメンバーをニュース性あるものとして捨て置かなかったという背景もあった。ケネディの暗殺事件だけでも、一大ニュースとして幾度も語られてきたことは周知のとおりである。道半ばにして倒れた若き大統領を惜しみ、悲劇のヒーローとして語り継がれるところにドラマのエッセンスがあった。

ケネディが政権の座についた頃、アメリカはすでに大戦後の一九五〇年代のように楽観的機運や希望に満ち溢れた時代ではなかった。解けない冷戦の糸に苛立ち、人種問題を巡っての混乱や対立にゆれる町は騒然とし、広がり始めた経済格差が人々を不安に陥れていた。だが、その時代にあって、ケネディという若い指導者に人々が託した夢は一体、何であったのだろうか。思えば、その時代に生き、その時代を目撃した人々だけが覚えている一種の覇気ともいえるエネルギーに動かされ、それにより新たな時代を創設できるかもしれないという夢を抱いていたのかもしれない。その日、就任式の演説で、ケネディが述べた格調高い言葉に打たれた人々は、有名、無名を問わず少なくはなかった。「国家に何を求めるべきかではなく、国家のために何ができるかを問い給え」と凛然と言い放ったケネディに人々は単なるレトリックではなく、行動への呼びかけを汲み取った。その行動はやがて開発途上国に若者を送り出し、現地の人々とともに開発を手がける「平和部隊」の創設と、それへの参加を齎した。たとえ「平和部隊」が、冷戦下で途上国を味方につけるため編み出された支援政策の一環に過ぎないと言われようとも、あるいは、格調高いケネディ演説の草稿も、所詮はゴーストライターによる美文だと言われようとも、そこには人々を突き上げるように動かした覇気が溢れていた。

さらにケネディは、一九六三年、アメリカン大学の卒業式に列席し、まず自国の国民に向け、また冷戦下で敵対していたソ連邦の国民に向け、ひいては世界中の人々に核戦争の忌まわしさと愚かさを説いた。核戦争は、その攻撃を受けた相手国だけではなく、核弾道を発射させた自国にも、また非戦闘国家にすら広く核拡散による大気汚染を招く結果となり、その時代の人々だけではなく、次に続く世代にも深刻な影響を及ぼすものだと激しく非難した。核戦争は人類に対する破壊行為そのものであり、その愚かな行為を招かぬため、「平和の戦略」が必要だと呼びかけた。

「平和の戦略」とは敵対するソ連、アメリカの相互にある不信と誤解を取り除くことから始まり、いかなる国も、尽くすべき外交の努力を疎んじて安易に核戦争に突入することを阻止しなければならないと訴えた。そしてアメリカが冷戦を打開するために核を用うる最初の国とはならないと宣言した。またその準備として大気圏での核実験を禁止するための核拡散防止条約調印への用意があること、さらにアメリカとソ連の間に、重要なことの判断を下す前の最終手段として、緊急ホットラインを敷設することを提案した。

演説は、当時アメリカ国内の目が、えてして人種問題に向けられ、大統領の演説が行われるとの発表にも、人種問題こそが演説の主眼になるとの予測が強かった。したがって期待をはぐらかされた感もあって、演説直後のメディアの反響はアメリカ国内ではどちらかといえば冷ややかであり、かえって海外のメディアの方がより大きく報道した。演説のくだりのなかにある核拡散防止条約やホットラインについては、事前にソ連のフルシチョフやイギリスのマクミランにそれぞれの意向が打診され、おおむねの承諾と歓迎すら得ていた。事前の根回しが十分になされていたことの証拠に、この二件は直ちに実効を見て、一九六三年には、大気圏内における核実験の禁止を盛り込んだ核拡散防止条約が批准され、ホットラインの敷設も実現された。だが、なんといってもこの演説の中で最も重要な点は、人類と地球の存亡に訴えた「平和の戦略」の中に謳われるヒューマニズムに東西陣営の責任者たちが合意をみたことであり、「キューバ危機」回避直後とはいえ、出口の見えなかった平和への一脈の希望をヒューマニズムという理念に見出したことであろう。

なかには、その政策をナイーブで脆弱と看做す人もあるであろう。だが、そのヒューマニズムは、従来、いわば国家間にあっての安全保障という政治的課題を、人間の安全保障といった普遍的で人類的な課題に移行させたところに、時代を先取りしたものがあった。しかも、それが理念だけではなく、事前の根回しに裏づけされたものであったからこそ成果として生きたものとなったことを忘れるわけにはいかない。それは、いかにも現実主義者であったケネディならではの政治的駆け引きでもあり、そこにいわば国家のリーダーが試される政治や外交の妙味と凄みが現れているようにも思う。

　思えば、ケネディ兄弟は幾度となくヒューマニズムに訴える決断を下してきた。「キューバ危機」の最中にあって、ロバートはミサイルの設置がキューバや米国やソ連の安全だけではなく全地球上の人々にかかわるものであるからこそ重大なのだと、ソ連のドブルイニン大使に繰り返し大統領の意向として述べている。ロバートの回顧録によれば、「危機がすべて終わったあとでさえ」大統領は「どんな形でも勝利をうたうようなインタビューや声明を出すこと」を嫌い、むしろ、「なにが自国の利益で、なにが人類の利益かを、適切に判断したフルシチョフを尊敬し」、ロバートもまた、「もしこれが一つの勝利であったとするならば、それは次の世代にとっての勝利であって、特定の政府や、特定の国民にとっての勝利ではなかった」とキューバ危機の回顧録を結んでいる。

　たしかにジョンとロバートの兄弟が共有した一種ヒロイックなヒューマニズムは、少なくとも彼らとともに六〇年代前半を生きた世代にとっては、たとえどんなにニヒルにケネディ像を捉えようとも、どこかで眩しいほどの憧れと一縷の希望であったことは否めない。もしかして人々は、ケネディ兄弟の掲げるこのヒューマニズムこそが、今まで長いこと絶望感をもって耐えてきた冷戦の憂鬱と、執拗でやりきれない人種的差別を、どこかで払拭してくれるのではないかと、そのヒューマニズムに縋る想いを託していたのではなかったか。

　こうしてみると、ケネディ一家の伝説が時を経ても今なお語られるのは、かならずしもケネディ一家がキャメロン的存在として一世を風靡したからだけではなく、また、彼らの人生が余りにもドラマティックな要素に彩られたからだけでもなく、むしろケネディ兄弟が行動を持って訴えたその思想に、その時代をともに生きたものたちが共感し、そこに確かな手ごたえを感じたからこそ、ケネディ兄弟の死を惜しむ想いをいっそうに引きずってきたのではなかったか。たしかにジョンやロバートが政権を担った時代、アメリカは、何度も繰り返すようだが、決して楽観的な情勢を国内外に維持していたわけではなかった。ましてやロバートが大統領選出馬を目指した頃には、すでにベトナム戦争が泥沼化し、学園紛争や人種的差別を巡る闘争が激化し、混沌とした時代のさなかであった。だがその中にあって、ケネディ兄弟が訴えたものに、人々を揺り動かした一種の覇気があったことは事実であった。シニカルに見る人は、そのような覇気は所詮、虚構のものであったと言うかもしれない。しかし、たとえそれが結果的に虚構であったにせよ、その時代を生きた人々にとっては、希望を標榜する実体としてケネディ兄弟を見ていたことは確かであった。

5 「井から出た蛙」――時代の変化に翻弄されて

両親と暮らしたワシントン生活は、足かけ三年半で終わり、一九六一年夏、父の帰任とともに帰国が迫って来た。私は、修士の課程を修了し、卒業試験にも合格したが、まだ修士論文を完成させる前であったので、この際、一人だけアメリカにとどまって論文を終了させるか、あるいは、とりあえず帰国し、日本で完成させて後から提出するかの、二者択一を迫られた。理由は個人的にいろいろとあったが、論文史料も大方整っていたので、結局、後者を選び私は帰国した。

いざ、帰路に着くと、日本を出てから帰国するまで、約三年半の間に、これほどまでに日本も世界も変わってしまったのかと、驚くことばかりであった。まず、往路と違い、飛行機がプロペラ機からジェット機に変わり、飛行時間の短縮はむろんのこと、往きにあれほど苦しんだ体調の変化もほとんど感じられなかった。私たちがワシントンに到着した時とは異なり、当時は、長距離便の離着陸は、市内のワシントン・ナショナル・エアポートから、ボルティモアのフレンドシップ空港へと移り、郷愁漲るワシントン市内を一望してこの町を離れるという、心の贅沢は許されなかった。

日本への便は、相変わらずホノルル経由であったが、もはや途中でウェーキ島に寄ることはなく、一路羽田への直行便であった。往きには、ホノルルで知人から贈られたレイが芬々と香りを放ち、むせかえる思いであったのに、帰路では、贈られたレイの芳香に懐かしささえ覚えたのは、体調が悪くはない証拠であった。一方、羽田についてみれば、出迎えに来た家人との懐かしい再会はもとより、忘れていた湿度の高さも間違いなく日本のものだった。出発時よりも一段と賑わいを増したかのように思える空港から、帰路をとって湘南地方へと向かったハイヤーは、通称ワンマン道路、つまり吉田茂が住む大磯と霞ヶ関をつなぐ直進道を走るのだが、それが今や僅かの地点での工事を残してほとんど貫通し、バイパスの横浜新道として整備されていた。新道は一九五七年に着工し、五九年には全線開通となっているので、まさしく私共の不在中のことであった。

日本の発展は目覚ましく、いかにも高度成長をひた走りに走っていた時代らしく、三年前とは随分と様相が変わっていた。たとえば三年前、出発の支度のため、洋服やブラウスなどを探しに銀座や日本橋のデパートに出向いたが、気に入ったブラウスを求めるのに、大した苦労も要らなかった。なぜならば、選ぶべき品数が極端に少なく、二、三点のものから、色合い、サイズ、スタイルが合えば、迷うことなくそれで決まりであったからである。もっとも、スーツやワンピースを求めるのはそう簡単にいかず、専門店で誂えるほかなかった。帽子の方も、当時はまだ流行《はやり》でもなかったのに、黒のラメが張られ、飾りに小さな青い羽根が一枚付いた可愛いカクテルハットを専門店で求めることができた。

だが、帰国してデパートで目にしたものへの驚きは、格別であった。あれほど品数が少ないと思っていたブラウス売り場に、選びたいと思う品目だけでも、十種類を超す形やスタイルの違う製品が並べられていた。帽子や婦人服の既製品も店頭に並び、ハンドバッグなどの小物も数知れず店を飾っていた。値段も手ごろとなり、買い物を楽しむようになった人々が店内に溢れていたのも、目を見張る想いであった。

住まいは元通りであったので、日本での日常生活に復帰することはさして難しくはなかった。意識はしていないなかったのに、やはり外国では、知らず知らずのうちに肩肘張って生活していたのだろうか。それを改めて実感したのは、近所を歩いていて出会う道すがらの人たち誰もが懐かしく、もしかすると皆親戚だったのではないかと思えるほど、気を許している自分を見たことだった。その反面、久々にラッシュ時間を歩くと、ぶつからずに人混みをかき分けるコツには疎くなり、東京駅の雑踏では、しばしば他人と鉢合わせになっては、「失礼!」を繰り返して歩く自分が、いかにも間抜けていて、愚かしかった。しかも、アメリカなら、少しでも体が触れようものならば、「失礼!」と相互に謝るが、ここでは礼儀は一方通行で、専ら謝っている自分がみじめにも思えた。その上、二、三年とはいえ、場所慣れした思いで買い物や用事が果たせていたワシントンを離れると、今さら、あれが買いたいのにあそこまでは行けないのか、というもどかしさを感じることもあった。当時の日本に比べれば、日常用品、ことに台所用品や寝具、文法具などには、はるかに便利で見映えのするものがアメリカには沢山あり、まだそれがここにはないのか、というもどかしさであったのかもしれない。

そういえば、日本ではまだテレビが一般家庭にあるという時代ではなく、その分、テレビ生活がごく普通となっていたアメリカの日常生活が懐かしくもあった。当時、アメリカでは、テレビの前で簡単に食事がとれるようにと、TV《ティーヴィー》ディナーと名付けられたファーストフードがスーパーマーケットにお目見えし、コマーシャルも盛んに流れて、大いに話題をさらっていた。プラスティック製で小分けがしてあるお皿の中央には、肉や魚などのメイン料理が盛られ、サラダや付け合わせのマッシュド・ポテトは、小分けした脇の部分に彩りよく並べられてあった。あとは、オーブンで3分温めれば、食器も使わずに食べられるというクックド・ディナーだが、今やこれは日本でもスーパーやデリカッツェンでよくみかけるようになった。だが、TVディナーとは良くも名付けたもので、人々がテレビの前に釘づけにされている当時の日常生活を彷彿とさせるものがあった。

一方、日本では、私どもが帰国してからしばらくすると、力道山が専らテレビの主役となって人気を博し、まだ家にテレビのない大方の人は、近くの飲食店などに出かけては、一杯のかき氷やコーヒーを注文し、ご近所の方々と大いにその興奮をともにした。むろん、画面は白黒でしか映らなかった。しかし、思い返せば、私どもが滞在していた頃は、アメリカでもまだ、カラーテレビの放送が一般的に普及していたわけではなく、一定の時間帯に放送される番組がカラー放送であった場合、それを表示するために、羽根を広げた孔雀の絵が、必ず画面に現れたものだった。あれはピーコックよ、とTVの画面を見ては幼児に教えていた日本人の親が、いつしか子どもはピーコックが孔雀の事ではなく、テレビの事だと思っていたという話を聞いた。だが、当時のアメリカでのカラー画面は、少なくとも発色状態が自然で、綺麗な映像が楽しめた。例えば、のちに日本でカラー映像が現れた頃、何故か、西部劇の主人公の穿くジーンズのズボンが、左側はブルーに、右側はグリーンにと「染め分け」られて映ったのを見たが、そんな現象は起こらなかった。メディアの技術には、まだ両国では格段の差があった時代で、今思えば隔世の感がある。だが、そのテレビも、東京オリンピックを前に一挙に日本のお茶の間に進出するようになったのだから、やはり、日進月歩の世の中だと感ずることは多かった。

帰国してからの一年ほどは、私は修士論文の仕上げに追われる一方、非常勤ながら、いくつか得た職に従事するという、二足どころか、三、四足ものわらじの日々が続いた。一つは、母校で、語学の授業と英語で講義をする西洋史のクラスの双方を持ち、一つは、ＮＨＫの国際放送で英語放送に携わる仕事を持った。そしてさらに、もう一つ、四谷にある上智大学のInternational Divisionで、主としてアメリカ人の学生を対象とするアメリカ史の講義を受け持つ機会に恵まれた。このInternational Divisionでの体験こそが、私にアメリカを見る別のレンズを与えてくれた場所であり、それが今回の話の舞台ともなる。アメリカに住んでアメリカをみるのではなく、日本に住むアメリカ人を通してアメリカをみる。そこには一体、何が見えてくるのであろうか。

当時の上智大学の国際学部、すなわちInternational Divisionは、文部省（当時）による認定の関係もあって、まだ上智大学での正式な学部としての位置付けはされていなかった。しかし、取得した単位は外国の大学では正規なものとして認定され、International Divisionは、れっきとした大学レベルの高等教育機関であった。のちに文部省から国際学部として認定を受けてからはキャンパスも市ヶ谷に移転したが、当初はアドミッション・オフィスも教室も四谷の上智大学のキャンパス内に手当てされ、上智大学の通常学期に合わせ、夜間六時以降に授業が行われていた。時間帯は、夜間のことで一日二コマであったが、一コマは一時間半で、その中間に一〇分の休憩時間があり、他の学部の授業時間と変わらなかった。ただ、国際学部の授業は、通常、月・木、あるいは火・金の組み合わせのように、一週間に二つのクラスがセットで置かれており、学生の立場からすれば、一コース登録すると、週に二回、同一授業に出席しなければならなかった。

この国際学部で、私が担当したのはアメリカ史概説の講義であった。多くの学生が英語を母国語とする人たちであったので、授業は英語でおこなわれた。私は、大学院での授業を終えたばかりでこの講義を担当することになり、教職歴としての経験はスタートしたばかりであったのに、大学院で学んだフレッシュな知識を盛り込み、さらに、新たな史料から得られた史実やエピソードを加えて、講義内容を組み立てた。したがって、教師としても研究者としても未熟とはいえ、講義内容そのものは、決して貧弱でも質の悪いものでもなかったと自負していた。だが、問題は英語を母国語とする学生に、私の不十分な英語で上手く説明ができるのか、その点だけが不安であった。少なくとも、話の途中で戸惑ったり、説明のための時間を浪費したりすることがないよう、入念にテキストを用意して授業に臨んだ。そのため、週二回の授業はもとより、毎回の準備に多くの時間を取られ、かなりにハードなスケジュールとなった。それでも、絶えず私を悩ましていたのは、もし、彼ら学生たちが自国で授業を受けていたならば、少なくともスムースに話の通じる授業を受けていたのではないか、という申し訳なさがついて回ったことだった。

授業を受ける学生の中には、帰国子女や英語を学びたい日本人の学生もいたが、大方の学生はアメリカ人であった。そのアメリカ人の中には軍人の子女といった若い層の学生もいたが、軍属や商社に勤める社会人もいて、学生の年齢、経歴など様々であり、多くの学生が私よりもはるかに年配の人たちであった。ただ、彼らアメリカ人学生に共通していた背景は、当然ながらほとんどが小学校やハイスクールで、あるいは家庭においてさえも、すでに何らかの形でアメリカ史については教わってきているということであった。

このような環境の中で、ともすれば、気遅れがちになりそうな私の気持ちとは裏腹に、学生たちは実に熱心に、真面目に、そしておそらくは辛抱強く、私の授業に臨んでいた。昼間の仕事を終えてからの夜遅い時間帯にもかかわらず、勤務の関係で抜けられない場合を除けば、欠席者も概して少なかった。その姿勢は、かつてアメリカにいた時、大学院の夜間の授業を受けていた院生のものとも重なり、私を啓発し、襟を正させるものがあった。

学生の中には、すでに社会人として多彩なキャリアを積んだ者も多く、クラスメートにとっても、また私にとっても、大いに刺激を与えてくれる者も多かった。その中に、傑出した経歴の持ち主がいて、本人によれば、自国では株取引のブローカーを本職にしていたという。折しもその日、私は、自分の専門分野でもあった一九二〇年代の時代について、その時代の特色と問題点を説明していた。アメリカは第一次大戦後の経済発展に刺激され、二〇年代中ごろには未曽有の好景気に見舞われていた。背後では、自動車、建築、不動産、家電、ケミカル、映画、出版産業といった業界が群を抜いて景気を引っ張り、冷え込みがちな船舶、農業、繊維などの業界をしり目に、国内の経済は膨張した。このアンバランスな経済要素を抱えながらも、株価は高騰し、高値を続けていた。やがてバブルは弾け、一九二九年の株価の暴落により、大恐慌に突入する。大恐慌の原因はいくつかあったが、規制もない株式市場のリスクが恐慌の引き金の一つであったことは間違いなかった。その説明を聞いていた元株のブローカーの学生は、すっと手を挙げ、もしよければ、自分に株式の仕組みとリスクの実態について、話をさせて貰えないか、と尋ねた。

さすがに株のプロは、手振りに身振り、時には市場の実況放送を交えながら、取引の仕組みを実にリアルに説明した。余りに面白かったので、彼がどのような具体例を挙げて説明したかは、すっかり忘れてしまったが、少なくとも彼は、信用買いや株の空売りの危険性を見事に説明し、不安定な市場の実態を効果的に伝えてくれた。その間約二〇分。後は私が国際貿易の収支と政府の経済政策、それにいささか学術的な経済分析をまとめることで、不安定なバブル景気とその破たんについての説明を締めくくった。このような機会は、彼にとってもおそらくはめったにない異例な体験であったろう。若造の私が舐められていたのかどうかは別として、彼の本職にかかわることとはいえ、異国にあればこそ自国のウォール街事情を説明したくなったに違いない。遠く自国を見て語るその姿には、教えてやろう、という気負ったものはなく、むしろ貴重な経験なのだから、情報は情報として共有しようではないか、といった率直な想いが、その熱っぽさとともに伝わってきた。

思えば、この株式の暴落に終わる一九二〇年代という時代は、建国以来のアメリカ史を振り返る時、アメリカにとっては大きな転換期の一つであった。それは、未曽有の経済発展が国民の消費生活を豊かにすることで生活意識を変え、それにより、建国以来、アメリカを支えてきたアメリカの社会的基盤、すなわち農村社会の伝統と価値観を覆す要素を秘めていたからであった。

建国当初のアメリカは、国内開発、経済の基盤造り、国家としての体制の確立、それに人心の安定といったことに腐心する一方、弱体のアメリカを狙う外部からの攻勢に耐えなければならない不安定な状況に置かれていた。そのため、発足したばかりの政権内部でも、あるいは議会においても、これらの問題をめぐっては、様々な論議が跋扈し、閣僚同士の対立、議会による連邦政府の責任追及、地方政府と中央政府の対立など、国内秩序の安寧が脅かされることもままあった。その中で、辛うじて連邦政府は、未開拓の西部に向けての開発、産業の推進、税制の確立、金融のシステム化に加え、中立外交の理念を樹立する。それにより、国内発展の基盤造りを進めていったのであった。さらにその間、フランスとの交渉により、旧フランス植民地であったルイジアナ領土という広大な農地を買い上げて国土を倍増させ、新たな領地を農民に安価で売却、あるいは条件付きで付与するなど、国内の発展を促した。一方、成功を夢見て海外から移住する人々も後を絶たず、彼らもまた、アメリカ国内の発展に寄与する労働力として、東部や西部へと流れて行った。国内開発は、さらなる発展を国にもたらし、一九世紀を通じてアメリカは産業革命の影響をも受けて、経済の仕組みはむろんのこと、社会の基盤も大きく変わっていった。さらには、国家を二分する南北戦争で南部が大敗した結果、産業を重視する連邦政府の勢力は著しく増大し、一挙に産業化の方向へと向かっていった。

しかし、産業化の波や、人口動態の激しい動きにもかかわらず、アメリカ社会の基盤を支えてきた人々は、基本的には農民であった。建国時には、国民人口の九割方が農民であったが、産業化が著しく進んだ一九世紀を通じても、アメリカ住民の大半は農民であり、人口の過半数を都市部の人口が占めることはなかった。ちなみに都市人口による逆転が初めて起こるのは、一九二〇年代になってからのことであった。世紀を通じてアメリカは、建国以来農村部に定着しつつある伝統や文化を受け継ぎ、驚くほど堅固にそれを維持してきた。産業革命による近代化や都市化、あるいは物質文化への傾倒がアメリカ社会を襲っても、アメリカは元来農村部に堅持されてきたところの、より精神的で、ひたむきで、内面的なものに固執し、外部からもたらされる急激な変化に対しては、保守頑迷に立ちはだかった。それは地域のつながりにより、閉鎖的ながら、纏まりのあるよき農村文化ともいえるものであった。

たとえば開拓以来、勤勉、勤労、質実剛健、個の自由と尊厳を守りながらも相互に扶助し合うといった精神は、安定した農村社会を築き、それを維持するための規範であり、道徳的指標であった。この結束が時には、大企業の利潤を先行させた不当な取引を抑制しようとする政治活動に発展することもあった。あらゆる社会的不正に立ち向かうその姿勢は、やがて都市部の消費者をも巻き込んで、食品衛生や純正薬品への関心も育てていく。だが、その道徳的指標は、都市の近代化により持ち込まれる物質文化や、外部移住者により伝播される労働運動などに対しては著しく保守的であり、その殻を破ろうとすること自体が、アメリカに対する背信行為のように受け止められてきた。したがって、アメリカは一般に考えられているような現代的な物質文化の先駆者でもなく、また流行や変化に敏感で時代を先取りするような感覚の持ち主でもなかった。その頑迷な体質をやっとほぐしていった時代が一九二〇年代であったと考えられる。

しかし、その二〇年代にあっても、移住してきた労働者で、無政府主義者のレッテルを貼られていた二人のイタリア人、サッコとヴァンゼッティーの悲劇を食い止めることはできなかった。この二人を殺人事件の犯人に仕立てたいわゆるサッコ・ヴァンゼッティー事件に象徴されるように、当時は過激な無政府主義者や外国人に対する拒否反応が根強く、それを支えたのは、農村社会のみならず、都市の低階層者であった。むろん、その風潮は、第一次大戦の結果、アメリカ社会で異様に愛国心が高揚されてきたことや、当時ヨーロッパで過激な思想のもと、社会主義革命が頻発していたという別の要素により、刺激されたこともあった。しかし、外国人や、異質な文化を排除しようとする傾向は、本来アメリカ社会の中に根深くあった排他的な思想と無縁ではなかった。そうした頑迷な社会の体質を説明するかのような興味深い発言が、ある日、国際学部の授業を受けていた学生から聞かれた。

記憶に残るその発言は、南北戦争以後の南部社会復興に向けての連邦政策と、それに対する南部側の姿勢を私が説明していた時であった。北部との経済的・政治的対立からくる軋轢で、ついに連邦から離脱して戦に臨んだ南部諸州連合は、四年余の戦の末、惨敗する。その結果、南部は敗戦国となったばかりではなく、反逆罪に問われて過酷な制裁と解体を余儀なくされた。畑を戦火により焼失し、蓄えの綿花を没収され、労働力を戦争や奴隷解放で失った南部は、復興の縁《よすが》とするものを何一つ持てないまま、やるかたない憤懣と恨みを北部に抱いていた。そして、ある者はその偽らぬ心境を遺言にさえ綴った。子孫に残せるものは何一つない。あるとすれば、それは膨大な借財と、世々代々に及ぶ北部への怨念でしかない、と。

解放された黒人とそれを擁護する白人に対し、南部で暗躍した秘密結社ＫＫＫ（ク・クラックス・クラン）は、脅迫と暴力の手を緩めなかった。その結社は、非合法組織でありながら、南部社会のプライドと反抗精神を内に秘め、南部社会のメンタリティを代弁する存在でもあった。しかも、それは南北戦争終了直後の時代のみならず、第一次大戦により愛国心が高揚された勢いを借り、一九二〇年代頃になると黒人のほかに新たに外国人や、移民、ユダヤ人、社会主義者など、アメリカが元来異質とみなしてきた社会的弱者をターゲットに、過激な排斥運動を展開した。私がそのような背景を説明していた時、南部のフロリダ出身の学生が手を挙げて発言を求めた。

「自分の伯父も従兄弟も、そして近所の人も、みなＫＫＫのメンバーだった」と、彼は言った。「どの人もみな、ごく普通の人で、気の優しい庶民だった。ただ、親戚や近所の付き合いで、ＫＫに入団を誘われれば、断るに断れないまま入会する人も多かった」という。それは言ってみれば、フラタニティーのクラブのようなものであったし、それに、「南部人として、誘われれば断る理由がないからだった」とも言った。「でも、プロフェッサー」と彼は続けた。「もし、あなたがアメリカ南部で授業をすることがあったら、ＫＫＫの話などおよそ話題にものせられない、それほど南部では、ＫＫＫはデリケートな問題なのだから」と彼は忠言した。彼の話の中で、「南部の人は、南部の事しか知らないのだから」という話は特に興味深かった。

そういえば、かつて南部出身の友人が、南部人のほとんどの人は、「生まれながらにしての民主党員 Born Democrats」と言ったことがあった。「ちょうど、幼児洗礼を受けたキリスト教徒が、「生まれながらにしてのクリスチャン Born Christian と言われるように」という話であった。南部の事を語るのは、事実や理屈ではなく、魂そのものだということなのだろう。そうしたニュアンスは、おそらく教科書などには表されることのない心情であったに違いない。いみじくも、かの学生がいったことを裏返せば、南部の事は南部の人にしかわからないからである。そしてわが学生、フロリダの彼もまた、もし祖国南部にいたら、彼が明快に分析したような南部論などは吐かなかったであろう。彼は、日本という外国に来て、初めて南部を外から見たのであり、多くの南部人は、彼が見た世界を見ていないからである。

一般的に言って、アメリカ人は、他の国民と違い、一か所に定住するというよりも、西から東に、あるいは東から西に、絶えず居所を変えて生活していると考えられている。確かに、自分はカリフォルニアに生まれたが、ニューヨークに住んでいた時が多かったとか、ボストンで育ったが、晩年は冬でも暖かいフロリダに永住したとか、あるいは、不況時に、ミネソタからアリゾナに移住したが、はたまた、晩年はまたそのミネソタに戻ったとか、いつも外に向けて動くと言われている。それは、かつて開拓時代から、豊富な土地に恵まれたアメリカでは、生まれた地や、あるいは移住した先の地が不便や不毛の地であれば、潔くそこを捨て、新たな希望の地を求めるという生活のリサイクルが可能であったという条件もあった。アメリカがモビリティー、つまり動態のある国だと言われる由縁でもある。そして、それが故に、アメリカ人は過去に捉われずに、前向きで流動的にもなれると、分析することもできよう。

しかし、この移動は、かつてはそれほどたやすいものではなく、従来の生活を畳んで他の地に動くということは、せっかく手に入れた土地を手放すとともに、一切合財の家具財産を処分して未開の地に動くわけで、大方は大決心を伴うことが多かった。移住が安易だという説は、他のヨーロッパに比べれば、世襲の領主に土地を占有されることのなかったアメリカでは、広大な自由地が存在し、その自由地を求めて人が動く、といったことが、いささか誇張されてのことかもしれない。実際にアメリカで、一般の人が引越しとまでも行かなくとも、自由に他の州を訪ねたり、行き来が頻繁となるのは、やはり自動車という足が確保されてからのことであった。それは幌馬車によって代替されるものではなく、鉄道によってさえ、代われるものではなかった。なぜならば、アメリカの大地が広すぎたからであり、鉄道もまた、南北や東西を縦断・横断する路線が、乗り継ぎよく隈なく敷かれていくには、長い時間を要したからであった。その点、車での移動は、ハイウェイの設備に伴って自在な動きを可能とした。そしてさらに、その移動を加速させたのは、空の便が発達してからであった。

自動車がアメリカ国内で多く生産され販売され始めたのはやっと一九二三年頃になってからであり、シボレー販売を始めたジェネラル・モーターズ社がフォード社と競い合って販売合戦を始めてから、自動車販売数が急増した。さらに車が庶民の間で普及するのは、二〇年代の後半、割賦販売のシステムが活用されるようになり、ようやく高額な買い物を一気に支払わなくとも入手できるようになってからであった。一方、飛行機の発達は、第一次大戦中の軍用機生産に促されて、戦後の民間飛行へと移行し、一九二七年には、リンドバーグが初めてアメリカ大陸とヨーロッパ大陸の横断飛行に成功した。後世、映画の表題ともなる『翼よ、あれが巴里の灯だ』との言葉は人々に大きな感動を与え、リンドバーグは一躍国民的英雄となった。しかし、民間人の間で、国内を飛行機で移動するようになったのは、第二次大戦が終わってからのことであり、それほど昔の事ではなかった。しかも、五〇年代、六〇年代ですら、飛行機で国内を旅行できる人はまだ富裕な階層とみられ、長距離バスに乗るときにはジーンズ、でも飛行機に乗るときにはパンタロンよ、と言われていたように、飛行機族はスノービッシュな人たちと考えられていたのであった。

一方、こうした長距離型の交通網が発展したことのほかに、人びとを国内で、あるいは海外にさえも行き来することを可能にしたのには、今一つ別の条件があった。それは、戦争のため海外への出兵が行われたり、国内でさえも基地の間を兵役にあるものが動くという、軍による任務で任地へ赴くということであった。アメリカは、建国以来、国家発展に向けての国策ということもあり、長いこと、孤立主義を外交の柱とした。それは初代ワシントン大統領以来の伝統でもあった。その伝統政策に転換期をもたらしたのは、一九世紀末期の拡張政策であって、海軍や軍艦の建造もそれに伴って初めて大掛かりなものとなった。それは、米西戦争勃発と時を同じくする。しかし実際に、ヨーロッパなど他の大陸での戦に関わって出兵するなどということは、第一次世界大戦まではほとんど起こらなかった。第一次大戦で、初めてアメリカは徴兵制度を確立させ、国内から四百万人を徴兵し、うち半分をヨーロッパに派兵した。しかし、アメリカが参戦を決断するのは大戦末期のことであったので、実際に海外に派兵されたアメリカ人は、終戦後の勤務を入れても僅か一年足らずの海外生活を体験したに過ぎなかった。だが、これにより、今まで祖国はもちろん、郷里を離れて他の地に移住したことすらないアメリカ人が、外から故郷を見る体験と、自分の郷里以外から派兵されてきている同僚と交流する機会を初めて得たのであった。そして、多くの南部人もまた、その例外ではなかった。彼らは初めて、井の中の蛙から、井戸の外をみる人にと変わったのであった。その体験の規模は、むろんその後の第二次大戦、ベトナム戦争により、拡大する。一九六〇年代に日本に来ていたアメリカ人の多くも、あるいは初めて外国に出た人たちであったかもしれない。

ある日のこと、国際学部の授業が第一次大戦の課題に及び、大陸封鎖で経済的活路を閉ざされたドイツが、その対抗策として、北海領域を航行する船舶に対し、潜水艦による無差別攻撃を行うという作戦に出たことを説明した。授業後、一人の学生が私のところに近づいてきた。軍属に務める壮年の女性であった。彼女の任務がどのようなものであったかは分からないが、第二次大戦、朝鮮戦争を実際に目の当たりにしたという。そのことを説明した上で、彼女は言った。「Miss Aoki, 戦争には、どちらが正しいということはないのではないか。」いったん、戦が始まれば、どちらのやることも同じ。私はそれを見てきたのだと彼女は断言した。否応なしに、私はかつてアメリカの大学院のクラスで、戦局打開の口実は、両陣営どちらにとっても理があるのではないか、と発言したことを思い出した。あの時、クラスで私に同意するものは一人もいなかった。しかし、私の眼前に立つ学生は、私と同意見を吐いている。その言葉が、妙に私の胸に迫った。彼女は、井の中から出た蛙になって世界をみたからこそ、その実感を語ったのか。あるいは、彼女がアメリカ人だから、自分の良心を明かしたのか。彼女の澄んだ、冷静な瞳を見ながら、私は感慨を断ち切れずにいた。

戦争により、海外を初めて見る、あるいは、自分の故郷以外の人たちと初めて交わるという体験は、むろんあのフロリダ学生が語った南部人や特定の地域の人に限られたことではなかった。むしろ、それは地域を超えて、というよりも人種や生い立ちを越えて人々が混じり合う不可避的条件であったので、一つには、黒人や人種差別を受けて育った若者もまた、違う世界を初めて見たのであった。そこでの任務は、ほとんど差別なく危険な任務に就かされるのに、何故、人種間の差別はあるのか、といった疑問に真剣に向き合う人々もいた。また、差別する側にあったとされる人々にとっても、真摯な疑問であった。

そもそもアメリカは、自由平等な国家として建国された初の近代国家であったはずであり、何故不平等があるのか、という疑問は今も多くの人たちが胸に抱いていることである。それは歴史的にみても、封建体制を持たなかったアメリカに身分社会は存在しないという前提があったからである。たしかに開拓時代から、唯一アメリカにあった格差は、身分による格差ではなく、財産を持つか持たないかの格差であったと考えられてきた。しかも、国家権力による産業規制を明快に否定した独立宣言により、個人の企業活動の自由は保障され、自由競争が許される限り、その結果として生まれた不平等は、許される範囲のものだという意識が、当初から人々の間で擁護されてきた。逆に、自由競争を規制することこそ、憲法修正条項第5条が保障する個人の財産権を侵害するとの援用解釈も生まれ、資産による格差は、社会の問題と言うよりも、あくまでも個人の問題として、容認されてきたのであった。この概念を打ち破り、所得の格差から来る貧困は社会の問題とされるのは、一九世紀後半に大企業が出現し、それにより中小企業や農民や大衆の利益が著しく圧迫されるようになってからのことであった。

しかし、本当にアメリカで、財産を別として、身分による格差が皆無であったかと言えば、誰にとっても信じがたいことである。一番明白な身分格差は、まず、個人の意思に関わらず、強制的にアメリカに連行され、しかも売買されることにより、人権を根底から抹消された黒人奴隷の歴史があった。さらには、開拓当初から、土地の先住民でありながら、その土地を占有され、あるいは剝奪され、不毛の奥地に追いやられながら、先住民としても、アメリカ市民としても独立した市民の尊厳をも認められずにきた先住民族への差別があった。

ところが、複雑なことに、アメリカにはこれとはまた別な形の差別が存在し、しかも絶えずその差別の繰り返しが歴史とともに記録された。それは、移民の国アメリカならではの現象であり、アメリカの大きなジレンマでもあった。なぜならば、多くの移民を受け入れ、その移民の層が幾重にも増せば増すほど、移民同士の間に対立を生じ、少しでも先に移住してきた民族が、後から入って来る別の種族の移民を抑圧し、競争を勝ち抜こうとしていったからであった。

かつて北米では、初期入植以来、イングランドやスコットランドから来たアングロサクソン系、ネーデルランド、フランス、ドイツなどの西欧系、ノルウェー、スウェーデン、デンマーク、フィンランドなど北欧系の人たちがアメリカ移住の主流を作って来た。彼らは、出身国を異にしても、比較的似通った文化圏から移住し、大方にして、価値観や生活様式を共有した。質実剛健で勤労意欲があるとみなされてきた彼らは、艱難多い開拓の事業を克服していくことに適合する気質をもっていたとされている。ところが、後世、彼らとは異なる文化圏からの移住者が渡来するようになり、次第に両者の間に摩擦が生じるようになった。一つには、宗派の違いであり、どちらかと言えば、プロテスタント系の移住者が初期には多かったのに対し、やがて一九世紀初め、アイルランドからカトリックを信奉するケルト系の人々が、本国での農作物の不作による飢饉を逃れてアメリカに移住するようになった。すると、イギリスにおける宗教対立を再現するかのように一挙に宗派の対立が表面化し、ボストン周辺に移住したアイルランド系移民は、非アメリカ的であるとの非難を一手に受けることになった。極端な事件としては、アイルランド系の修道院が焼き討ちに合うことさえあった。

やがて一九世紀後半になると、ヨーロッパの産業化に押されて、南欧、なかでもイタリア系移民が大量にアメリカへと移住し始めた。さらにポーランド系移民やユダヤ系移民などの東欧からの移住者も急増し、宗派の対立以外にも、言語・慣習の隔たり、教育や生活水準の違いなど文化基盤の異なりが顕著となった。彼らはいつしか「新移民」として認識され、彼らとかつての「旧移民」との対立が深まっていく。しかも、移民の多くは、初期には段階的に移住してきたこともあって、比較的順応する道をとる移住者が多かったが、やがて新移民のように移民が大量に流入し始めると、アメリカ社会への同化を図るよりも、同族同士の結合を深めて閉塞的な社会を作っていった。また彼らは、できるだけ早く職を得て生活の安定を図ろうとしたことから、低賃金労働者として、旧移民である先住労働者の既得権を脅かすことも少なくなかった。こうした「新移民」たちのなりふり構わない生活ぶりは、移住者にとってはたとえそれが死活問題であったにせよ、先住の移住者にとっては、怒濤のように押し寄せる異文化圏の人たちにより、今までの自分たちの安定しかけた生活が覆されてしまうのではないかという不安を生んでいった。やがてその危機感は、移住政策の上で、移民を制限する政策すら生み出した。

だが、その規制を求める急先鋒となったのは、ほかならず、かつては自らが異種の移民として蔑まれ、敵対視されてきた人々であった。例えばアイルランド系の移民たちは、二〇世紀初頭には、労働組合をバックに、今度は、カリフォルニアに定着しようとした日系人を迫害した。さらに、日本人より後から移住した韓国系移民は、メキシコからの移住者であるヒスパニック系移民や、従来から差別されがちな黒人住民と根深く対立する。それらの対立を抱えながらも、なお、アメリカは今でも移住者を迎え入れている。亡命の逃避先として、あるいは生計の立て直しのために、新たな移住者たちは、今も変わりなくアメリカに希望を求め、アメリカで市民権を得ることに懸命となる。こうして、アメリカでは、かつて差別された人々が新たに流入してくる後続の移民を差別しながら、アメリカを新天地と崇め、そこで自分の夢を実現させようとする。アメリカは、不思議なほどの寛大さと偏狭さが交錯する国でもある。だが、その中で、社会での成功を摑み得なかった者だけが、差別の底辺に捨て置かれてしまう。なかでも黒人やネイティブ・アメリカンズは、往々にして置き去りにされ、その殻を破ろうとする動きは、一九六〇年代の市民権運動や反体制運動を契機として、ようやく少しずつ展開し始めたのであった。

国際学部で授業のあったある日のこと、休憩時間に二、三人の学生が来て、皆で私に個人的な質問があると言う。それは私の国籍について話し合ったのだが、どうも良く分からないから直接聞きにきたというのである。思いもよらないことだった。彼らに言わせれば、私は日本人の顔をしているのに、話している英語には日本人特有のアクセントがなく、さりとて、純然たるアメリカ英語とは聞き取れぬ発音もあるという。それは英国人的な発音にも時としては聞こえるが、全くのブリティッシュ・アクセントでもない。皆で結論したところ、カナダ人ではないか、ということになったが、真相はいかに、と聞くのである。

確かに、私に最初に語学としての英語を教えた教師は、紛れもないブリティッシュ・アクセントの持ち主であったので、私の英語には、どこかにそのアクセントが残っている。一方、戦後見聞きしたアメリカ映画やジャズ音楽からは、確実にアメリカ英語を拾ったし、アメリカに来てからの友人には、南部なまりの強い人もいたので、おそらく私は素直に、機会あるごとにあらゆる発音をもの真似して来たのかもしれない。だがそれにしても、バイリンガルならぬマルティヴァーシブルなアクセントを持つカナダ人に、私のルーツを見たかのように結論した学生たちの話は興味深かった。もっとも、カナダ人がこの話を聞いたら、お前の英語なんか、とてもカナダ人のものではないよ、と否定されるにちがいない。

　国籍といえば、日本に住む「外国の人」からはよく、日本人は「外国の人」を見ただけですぐに「外人」と言って差別をするという批判を聞く。日本に来て、あるいは長年住んでいて、「外人」と言われる「外国の人」たちから見れば、たとえどれほど長く日本に住もうと、所詮自分たちは「外人」で、周辺にいる日本人とは「別もの」だと思われているという意識が強くなる。穿《うが》って見る人だとなおさらのこと、文字通り「外人」とは「外の人」、つまりどんなに日本社会に溶け込んで来たつもりでも、所詮は「外部の人」であって、日本社会には永久に受け入れられざる人、なのだと考えてしまう。

　確かに、この捉え方が全くの見当はずれというわけでもなく、日本社会に溶け込んでいるような「外国の人」が、日本人と変わらずに流暢な日本語で話しているのを聞くと、「日本語お上手なんですね」と改めて感心し、日本人以外が日本語を喋ることなどあり得ない、と思ったりする。逆に、伝統文化や日本の古いしきたりを「外国の人」に説明する時には、所詮「外人」には理解はできないだろうなどと頭から決めつけ、おざなりの説明をしたり、言葉を濁したりするところが、日本人にありはしないだろうか。かつて、「異人さん」という言い方をしたことを考えると、たしかに、

「外人」は日本人とは別の人と、決めつけてきた文化が日本にはあった。それは日本人が、マルティヴァーシブルな文化に慣れていなかったからかもしれない。

しかし、いまどきの日本人が、「外人」と言っている場合には、ちょっと違ったニュアンスがあって、それは、かならずしも「外国の人」が受け止めているように、深刻に「外の人」とレッテル付けをしているわけではなく、単に「外国人」の省略形としての「外人」なのではないかと思う。しかも、その「外国人」は、たとえば空港や港の入管手続きの窓口で、出身国を明らかにするために、「日本人」と「外国人」（"Aliens"あるいは"Foreigners"）に大別して別々の列に並ばせてきたように、「外国人」とは国籍法上、「日本人」ではない人、と〝大雑把〟に便宜的な区分をして使っている。それと同じことは外国にもあって決して例外的なことではない。ただ、外国では、"Citizens"と"Non-citizens"といったように、入国手続き上、市民権を持つか持たないかといった身分的アイデンティティーをもって表すことが多く、"Foreigners"や、ましてや"Aliens"といった文化的差異を持つ言葉は使われていない。

だが、日本にいる「外国の人」にとって、さらに理解しにくい大きな問題は、たとえ「外人」であれ、「外国人」であれ、彼らの出身国の如何を問わず、その容姿が日本人と違えば、十把一絡げにして「外国人」と呼ばれていることではないかと思う。しかも「外国人」はすべてが英語を話すものと思い込んでいることである。この頃のご時世であれば、髪の色や身長の高さでは、果たして「日本人」なのか、「外国人」なのか、咄嗟に判断がつかないことがしばしばあるが、かつて「日本人」が、典型的な「アジア人」の容姿を持っていた頃には、少なくとも、「アジア人」としての

「日本人」に対し、それと違う容姿の人が「外国人」と分けられてきた。そしてその「外国人」の多くは、ヨーロッパ系の人たちを意味してもいた。その頃の「日本人」にとっては、その「外国人」が、どこの国の人であれ、大して大きな問題ではなかった。そしてそのメンタリティーは、今もそのまま残っているのではないかと思う。それは日本人が、大陸に住むヨーロッパ人のように、多民族から成り、たとえ政治的に国境線が変えられようとも、民族の誇りを捨てずに生きてきたような人たちの歴史に、とんと疎かったからかもしれない。だが、祖国を離れて住む「外国人」にとってみれば、たとえ、ゲルマン民族、マジャール人、スラブ人と言わないまでも、少なくとも、フランス人、ドイツ人、スペイン人、ロシア人、ルーマニア人と、区分けをして考えてほしいという想いがあるのではないか。翻ってみれば、そうした背景があるからこそ、先の学生たちは、私を「カナダ人」と結論することで、私をどこかの国民に仕立てあげたかったのだろう。

実際、アメリカの場合、国内には多種多様の民族があって、名前だけからみると、ロシア人なのか、フィンランド人なのか、フランス人なのか、インド人なのか、およそ判別できないことがある。移民の多いアメリカならではの話である。珍しい名前を持つ私の友人の中には、電話帳を調べ、市内に自分と同じ姓の人が何人いるのか調べてみたという人がいた。ついに十一件の事例を見つけた彼女は、一々に電話をかけ、そのルーツを確かめもした。それほどまでに自分の出自に関心をもっているのだろうか。かつて、アメリカでドイツに対する激しい敵対感情のあった頃には、差別を恐れ、自分のルーツを隠すために、ドイツ名での本名を変えた人たちもあった。この逃避行とは逆行するルーツ探しは、一体、いつ頃から始まったのであろう。

一つには、一九六〇年代に市民権運動が激化するなか、黒人のアイデンティティーを表面化する動きが強まったこととも関係があろう。黒髪を金髪に染めたり、ちじれた毛髪をアイロンで伸ばしたりして隠すのではなく、むしろその特性を自分のアイデンティティーとして強調する。そして、アフロ・ヘアとか、Black is beautiful といった標語が、黒人の生い立ちへのプライドを自覚させるキーワードとなった。さらに、自分のルーツ探しは、一九七〇年代にベストセラーとなったアレックス・ヘイリーの小説にも起因するのかもしれない。つまり、小説の主人公クンタ・キンテのアフリカへのルーツ探しに端を発し、黒人ではない人々の間にも、自分自身のルーツ探しが始まったのである。日本に住むアメリカ人のなかには、外国人を十派一絡げにする日本の慣習が、かえって差別を遠ざける最善策として歓迎する人もあるかもしれない。しかし、「外国人」と呼ばれるよりも、何々人と国籍で識別される方が誇り高くいられるという人もいるであろう。島国で国境への緊張感を持たないできた日本人のおおらかさ、あるいは無関心さが、他の国の人のプライドを損ねているのかもしれない。

それにしても、かつてアメリカに入植した初期の人たちは、国籍を超えて艱難を共にした共通体験を誇りとした。彼らはまた、この新開地で国籍を超えて結婚し、新たな家族をもった。その家族の間に生まれた子どもが成育し、違う国籍の人と結婚する。そこでは出自としての国籍は大して問題にされず、むしろ勤勉・勤労の価値観を共にすることこそ重要であった。かつて、自ら開拓に携わったフランスの作家、St. John de Crevecour は、この国籍の混じり合ったアメリカ国民とは、いったい何人《なんぴと》なのかと問い、彼の出した結論は「みずからの糧を自ら得る、そのことのできる国民がアメリカ人」なのであった。たとえ国籍の違う人同士でも、独立して生計を立てる、その自立と自負が新開地アメリカでの共通したプライドであった。

やがて移民の波に押され、アメリカではますます出自のオリジナリティーが消失する。だが一方で、一九世紀後半に大量にアメリカに移住するようになった「新移民」の間では、逆に同族同士が結合を深め、出自の群れを作っていった。リトル・イタリー、リトル・トウキョウに表わされるように、彼らにとっては、血縁や地縁の結合なしには、言語も通じないアメリカで、生活の安定は得られなかった。そこではもはや、かつての「旧移民」たちが、同じ文化圏と価値観を共有していたような緩やかな絆は、次第に薄れていった。こうした「旧移民」や「新移民」たちの間での複合的な結合のあり方が、片や出自を以て自分のアイデンティティーとする人々と、片や出自の証明が薄れていった人々とを混在させ、その中で、アメリカでのルーツ探しが広がっていったことも考えられよう。

年を追い、混沌とするアメリカ社会の中で、今や果たして、真にアメリカ的なもの、言ってみれば、アメリカ精神といったものはまだ生きているのであろうか。かつてアメリカ社会を支え、荒々しい変化の波に抗してまで護ろうとした保守的で閉鎖的な農村文化圏は、もはや姿をとどめない。そのことは、アメリカの発展にとっては必ずしもマイナス的損失ではなかった。しかし、開拓精神としてアメリカ社会をまとめ、繋ぎとめてきたアメリカの精神的価値観も消滅してしまったのであろうか。

最後に、今一度、国際学部の学生の一人が、私に語ったもう一つのエピソードを紹介しておきたい。その学生は、ある程度年配の、落ち着いた男性であった。彼は、休憩時間に悲痛な面持ちで私のところに来て、その日にあった自分の些細な経験を語った。彼は大学の近くまで来た時、道にうずくまっていた人を見る。どうしたのかと、自分の運転していた車をわざわざ止めて、様子を見に行った。ところが、瞬く間に人々が自分の周辺に集まり、あたかも自分がその人を車で危《あや》めたかのような疑いをかけられている気配を感じた。誰かが倒れていたら、駆け寄るのが普通だろう、と彼は言う。しかも、誰一人、倒れている人に声をかける者がいなかったのも、彼にとってはショックであった。確かに、アメリカやヨーロッパでは、道を歩いていて転んだり、あるいは、交差点などで道に迷っていたりするだけで、決まって誰かがどうしたのか、大丈夫かと、近づき、手を貸してくれる。

なるほど、倒れている人がいて、側に車を止めた人がいれば、車の主に疑いがかけられるのはよくあることかもしれない。ましてその車の持ち主が「外国人」という状況ならば、持ち主が説明しても通じぬまま、疑いだけが残るかもしれない。だが、もし自分が彼の立場であったらどうするであろう、と他愛もなく考えてしまう。いかにも日本人顔をした日本人らしく、結果を恐れて無関係なことには関わるまいと、無用に車を止めることなく走り去ったかもしれない。あるいは、その逆をしただろうか。

車を運転していた彼、その学生が、自分の身ではなく相手の身を思って咄嗟に取った行動は、彼、アメリカ人の、日常生活の中に伺えるごく自然の反応でしかないと、私には思えてならない。その咄嗟の行動は、おそらくは、自分の国にいようと、外国にいようと、全く変わらないのではないか。それはかつて、よきアメリカ人と言われてきたアメリカ人が示したような一つのモデルなのかもしれない。そして、それは私にとっては、かつて学生時代、周囲に無関心であることは許されない、そして、自分のできることを進んでしないのは、罪なのだ、と説いたアメリカ人の学長の言葉が思い出される。私にとっては、少なくともアメリカ社会を漠然とイメージした時、その中に実像として浮かび上がるのは日常生活のなかに生きるヒューマニズムがあってこそ、真に社会に関わることができ人の営みを見る時である。だが、それにつけても近年、沖縄やアメリカ軍の駐留地区で起こるひき逃げ事件を耳にするたびに、今、あの学生が聞いたら、なんと思うか、聞いてみたくなる。

アメリカは変わる。多種類の要素を取り入れて、絶えず変わる。だが、まるで時計の振子のように、たとえ極端から極端にまで振れても、結局は基軸を求めて調整される。おそらくアメリカという国がもつ価値観は、例え表面が変わっても、その基軸がぶれることはないのであろう。他人事《ひと》ではなく、海外に出た日本人もまた、そのようなものをもっているのであろうか。井戸から出た蛙は初めて新しい社会を見る。その社会観がさらなる発展をもたらすこともあり、自分の世界を見失うこともある。

6　異色のアメリカ――南国境《サウスボーダー》の町々を行く

〈アメリカ一周――多様なアメリカを回って〉

幼児期をロスアンジェルスで過ごし、のちにワシントンDCに滞在した私は、偶然とはいえ、アメリカ合衆国本土の西と東の両端に住んだことになる。やがてアメリカ史を学ぶにつれ、私は、アメリカ合衆国の大半の部分、特に心臓部ともいえる内陸部を知らないことに気づかされ、いつかこの欠落部分を埋めたいと思い続けてきた。その内陸部こそは、かつて北米大陸で、東部を拠点として来た開拓が、西部奥地へと逐次進む中、多くの人々が東から西へと移住していった痕跡を刻む大地であった。その地、そのルートを、この目で確かめたい、その想いが、結果的に、アメリカ一周の旅となった。

一周の旅の切掛けは、ちょうどその頃、アメリカ合衆国が観光誘致を図って打ち出した"Discover America"というキャンペーンにあった。それは、海外からの旅行者がアメリカ本土で一周旅行をすれば、飛行運賃を割引するというものであり、条件の一つは、アメリカ本土を離着陸する空港が同じ場所であってはならない、というものであった。一九七三年のことである。

旅の本来の目的は、先に述べたように、かつて東から西へと移住していった人たちの跡を辿り、私もまた、東から西に移行する同じ進路を体験することにあった。とはいえ、当時、日本からアメリカ東部に行くには直行便がなく、どちらみち、西海岸に渡り、そこから東に行かなければならない。それであれば、この際、単に飛行機を乗り継ぐのではなく、まだ知らないアメリカの南国境《サウスボーダー》を西から東へと移動し、帰り道、「開拓者の辿ったルート」に、本命となる旅の照準を合わせることにした。

この往復でみる二つの世界は、むろんアメリカ国家としての共通点はあるが、同じ世界とは言い難いアメリカの多面性を覗かせ、異なった発展の歴史を偲ばせる。その特色を見ながら、その前半の旅、すなわち南国境《サウスボーダー》を西から東に辿ったルートを「異色のアメリカ——南国境の町々を行く」の中で、次に、大陸北部の五大湖河畔から大草原、山岳地帯へと抜ける東から西へのルートを「いざ西部へ——遠いアメリカの心臓部」の中で辿り、一周の旅の記録を二分して記してみることとしたい。なお、ハワイを入れ、時差も勘案して総日数三十九日の旅となったが、本土に入る前のハワイについての記述は、今回は割愛した。

思えばハワイや、ロスアンジェルス、ワシントンDC在住時代の国内旅行を含め、私がすでに見てきた地域は全米十九州に及び、今回、計画している新たな訪問州は十七州となる。数の上ではすでにみた州の方が多いのだが、州がもつ面積からすると、今回訪れる州の方が、今までの幾層倍にもなり、その大きさに驚かされる。ちなみに、のちにさらに訪れた州は四州あるが、それを入れてもなお、私の生涯を通じ、全く行ったこともないアメリカの州が十州もある。

〈序奏――いざ旅へ〉

全米一周の旅を計画するに当たり、意外なほど多くの準備が必要であった。一番の要は、スケジュール表を作ることだが、旅の案の大綱はできても、詳細のスケジュールを組むには、宿を決めなければならない。さらに、訪問地から訪問地への交通手段を択び、交通手段に絡んで事前に長距離バスのチケットを求めること、またレンタカーを予定するとすれば、国際運転免許をも取っておかなければならなかった。

その中で一番困難な事は、宿を決め、それを手配することだった。当時、私は三十八歳で十分な収入も蓄えもなく、できるだけ安価に旅費を賄わなければならなかった。さりとて、一人旅であったため、道中の安全を最優先させ、ヒッチハイクや往き当たりばったりの宿をとるような不安定な要素は避けることにした。幸いアメリカにはかなりの町にＹＷＣＡの宿泊施設があり、まずはそれを利用させて貰うことになった。施設を利用するには事前にＹＷＣＡのクラブメンバーになる必要があり、メンバー登録は、宿泊先のＹＷＣＡが、宿泊希望者の申し込みを受理して予約を入れることで、完了する。そこで、とりあえず、大まかに組んだ旅の予定表から、どの宿泊地にＹＷＣＡの施設があるかを調べ、それがわかると、直接現地の施設に手紙を書いて受け入れを打診した。

いくつか当たった候補のうち、すでに閉館したもの、あるいは施設が移転したものもあった。しかし、有難いことに、六箇所から受け入れの承諾が来た。それに加え、あいにく、施設は閉館されて利用できないが、よければ自分の家に、という返事が、ＹＷＣＡの元職員からあった。良く状況が摑めなかったが、現地のＹＷＣＡに申し込んでの返事であったので、それも予定に組み入れた。

ＹＷＣＡ以外には、母校の関係する修道会を紹介され、五か所の修道院でお世話になることにした。そして、後は、ワシントンＤＣの一か所だけ友人宅に泊めて貰うことにし、またハワイでは別の友人が住む同じコンドミニアムに客室一室をとって貰った。そのほかは、旅行代理店（私の場合は通運会社）を通して、ホテルを予約した。当時は、インターネットもなく、予約や問い合わせの手紙はこちらからエアメールで一週間、向こうから返事が来るまでさらに一週間。待ち遠しい日々、ひたすら返事を待った。

もう一つ、手配で難しかったのは、東から西への移動手段を長距離バスと決めていたが、そのバスの時間帯を確かめ、予約を入れてチケットを購入しなければならないことだった。これまた幸運にして、運賃の格安条件がバスにもあり、アメリカ大手の長距離バス、グレイハウンド社が、三十日間乗り放題で九十九ドルというチケットを期間限定で売り出していることが分かった。だが問題は、さすがは広い国だけあって、国内にも時差があり、乗り換える度ごとのバスの時刻を確かめておかなければならなかった。そこで、運航業者にグレイハウンド社から時刻表を取り寄せて貰い、時差が変わるポイントを自分で調べ、その時差を読みながら、バス発着の時間帯を時刻表から選んだ。

バスのほかに飛行機を使うルートもあったが、これは、日本から国際線を予約するついでに運航業者に頼むことにした。また、レンタカーで移動する場所も多くあったが、それは現地で契約するほかなかった。残念であったのは、どこにも鉄道路線を使う計画を入れなかったことである。だが、長旅の重いスーツケースを手に、駅構内を移動する難しさを考え、今回は断念することにした。

旅の日程は、羽田から発つ便を七月二八日夜九時半とし、ＪＡＬ機でホノルルまで行き、そこで二泊してから、七月三十日、午前十一時四〇分にホノルルを発ち、再びＪＡＬ機で同日夜七時五十分にロスアンジェルスに到着する。帰国は九月三日。今度はパンナム機で、サンフランシスコを十二時三五分に発ち、羽田には翌四日に到着する。仕事の日程を勘案しながらここまでの外枠を決め、後はその間の日程を詰めて準備完了。いよいよ当日を待つばかりとなった。

前回アメリカから帰国したのが一九六一年。すでにそれから十二年が経っていた。あの時は、帰路でジェット機ＤＣ－八に初乗りしたが、今回は、ジャンボ機ボーイング七四七での初旅となる。機体のとてつもない大きさに圧倒されて搭乗すると、機内は満席にもかかわらず意外と開放感があった。だが離陸までに待たされること一時間余。当時は、出入国管理や税関の手続きが複雑で、また空港の設備も十分ではなく、手続きの窓口が過剰な渡航者を捌ききれなかったからである。ようやくジャンボ機の巨体がゆっくりとバックし、位置変えをすると、まるで見えない糸にでも曳かれるかのように、飛行機の群れの間を縫い、滑走路へと向かった。だがその時であった。機械部門の故障が見つかり、飛行機は再度ターミナルに引き返した。おかげで三時間も遅れ、ジャンボ機は真夜中の十二時半、ホノルルに向け出発した。出発の遅れをそのまま引きずり、ホノルル空港に到着したのは午後一時半。無事到着したここホノルルで二泊してから、私は再びＪＡＬ便で、アメリカ本土へ向かった。

〈ロスアンジェルス＝カリフォルニア（七月二十八日〜八月二日）〉

午後一時半にホノルルを離陸した飛行機の機内でぐっすりと眠るうち、いつしか夕陽も落ち、機内から見えていた太陽の最後の赤点が消えると、空は扁平となった。刻一刻と闇が迫ったかと思うと、やがてその闇をついて、前方眼下にまるでネオンの灯りが放り出されて散らばっているかのように輝いた夜景が目に飛び込んできた。夜九時半、飛行機がついにロスアンジェルスの空港に入ったのである。百万ドルの夜景と言われる函館山からの眺望とさえ比べようもないほどに、ロス上空から見る光の渦は、さすがカリフォルニアという広大な大地を埋め尽くしていた。

空港からタクシーをとって、ハリウッドのヴァイン通りにあるＹＷＣＡの宿舎に向かった。閑静な住宅地で、風格のあるこのレジデンスに、時折は、俳優を目指し、職を求めて来る若い女性が宿泊することもあるという。しかも往々にして、スカウトされることもあるのだと聞けば、私の大陸横断一周の旅は、とてつもないハリウッドの夢物語を聞かされることで始まった。

翌朝、両親の親友であったウィリス夫妻から連絡があり、早速に娘のビアンカが迎えに来た。実は、母のアメリカ時代の友人であったロレッタはすでに他界し、夫アドリアンはその後、今の夫人オルガと再婚する。面白いことにアドリアンはスイス人で、一九三〇年代にアメリカに移住したが、その妻ロレッタはフランス人、そして今の妻オルガとビアンカはイタリア人と、典型的なアメリカ移民の国籍混交の家族であった。

ビアンカとともにグレンデールにあるウィリス家のアパートを訪ねると、眺望の効く十階のバルコニーから、グレンデールの町が一望に眼下に広がった。弁護士アドリアン・ウィリスはこの快適な住まいの一室で、すでに七十八歳となった今、余り外出することなく、パソコンによる株の取引を楽しんでいた。ロスでも山の手の裕福な家の暮らしぶりが伺えたが、ヨーロッパから移住し、それなりのステータスを築いた典型的なロスアンジェルス住民であるのかもしれない。

　ロスアンジェルスの町の特徴は、何といっても、横に広がる面積の大きさであろう。東部沿岸のニューヨークやボストン、あるいは中西部のシカゴですらもが、上に上にと聳え立つことで都市の膨張があったのに対し、ロスは、たとえ都市特有の高層ビルはあっても、町の広がり自体が横に、横にと発展した。しかも周辺には、太平洋に向け、あるいはシエラネバダ山脈に向けて壮大な自然が保全され、風光明美な土地柄という印象がある。かつて一九世紀初め、ニューヨークを拠点に発展した映画産業は、ロケにも適したこの自然環境に惹かれ、その拠をハリウッドに移している。

　実際、太平洋に面する海岸線沿い一つとっても、美しい絵のような風景がパノラマとなって展開する。国道一〇四号線を南下し、サンホアンへ向かうと、そこにはかつてフランシスコ修道会がメキシコでの宣教の拠点として開いた古い修道院《オールドミッション》、聖カピストラナ修道院が見えてくる。それは、カリフォルニア最古の建造物だが、明るい日差しに見事に映えるスペイン風の建物で、生垣と土塀に囲まれた古い修道院の風情を留めている。修道院に付随する石造りの教会や鐘楼堂などは度重なる地震で破壊と復興を繰り返し、ミッションの原形を留めてはいない。しかし、その瓦礫となった石の教会のアーチには無数の燕の巣があり、そこには毎年、三月十九日の聖ヨゼフの祝日、決まって南西の方角から飛来する燕の一群が、古い巣を新しい巣に造り替えては夏の終わりまで子育てし、やがて何処へともなく飛び立っていくという。

サンホアンからさらに太平洋沿岸に沿って南下すれば、地中海並みの景観を持つと言われるラグナ海岸に出る。ラグナ・ビーチは原生花の美しいことでも知られるが、今でも目を瞑れば、瞼に浮かぶ色彩豊かな原生花の群生ベルトは、昔私たちが住んでいた家近くにあるロングビーチ付近でも眺められた。しかし、それと比べれば、ここラグナで見るワイルドフラワーズは、遥かに色も鮮やかで、優麗で、整然としていた。少なくとも、私の記憶にある野原一面を覆う荒野のワイルドフラワーズのように寂寥感が漂うことはなかった。

幼い日の思い出をいくつか手繰るうち、不思議な体験をしたのは、その翌日、サンマリーノにあるハンティングトン・ライブラリーを訪れた時であった。その名前は懐かしく、確かに以前にも訪れた筈なのに、その建物について具体的に思い描くものはなかった。ところが、その建物に現実に向き合った時、私は息を呑むかの想いで愕然とした。それは、長いこと私の脳裏に、アメリカのイメージといえば決まって現れる一つの風景画像が、突然、眼前に現れたからであった。真っ白なギリシャ様式の柱に支えられたバルコニーと白亜の館、その前に広がるなだらかな芝生のスロープ。その豊かな佇まいは、まるで喪失した記憶にも似て、どこのものとも分からずに、長いこと何ともどかしく私を悩ませてもいた。ところが、目の前に現れた風景は紛れもなく、四歳児の記憶の中にある原風景そのものであった。目の前にある柱の一本、一本が、昔流の写真機で焦点を定めた時のように、私の脳裏に描かれた柱一本、一本と、かちっと音を立てて重なり、フォーカスが定まった。それは一瞬のことであった。だが、記憶と現実が一点に集まるなどといった体験は、おそらく一生に一度のことであろう。単に両親から訊いていた昔話ではなく、私が現実にこの地、ロスに住んでいたのだという、紛れもない私のアリバイであった。

そのハンティングトン・ライブラリーは富豪の商人ヘンリー・ハンティングトンの私邸で一九一七年に築造された。今、その内部には彼が生前に集めた一八世紀～一九世紀初頭の英国絵画のコレクションが展示されている。ゲインズボロー、ターナー、コンスタビルといった教材のような作品が、かつてのハンティングトン家の居間を所狭しと飾っている。一方、その建物の外に出れば、逸材のデザインとして有名な庭園が臨まれ、中でも日本庭園のすばらしさで名を馳せている。ところが、私はこの日本庭園に掛る真っ赤な太鼓橋で、手伝いのものに手を曳かれたまま、ものの見事にてっぺんから下へと滑り落ちた記憶をもっている。それは我が家に残るエピソードだが、私の記憶には、先の建物と庭園が完全に遊離されていたのであった。太鼓橋は、今では歩行が禁じられていて渡れない。はかない子どもの思い出探しを断ち切るかのように、三十年余の歳月が流れていた。

ロスアンジェルスは、むろん、サンマリーノやパサデナなど山の手地区とは対照的に、チャイナタウン、リトル・イタリー、リトル・トーキョーなど様々な人種が混在する下町をも抱え、大都会らしい多様な町の表情を窺わせる。だが、ロスアンジェルスは、カリフォルニア州全体から見れば、州南部の一都市に過ぎず、政治的中心地でもない。ロスよりも北にはサンフランシスコという別の大都市があり、しかも州都はさらに別の都市、サクラメントにあるからである。この三大都市には、同じカリフォルニアでも、それぞれ固有の文化と特徴があるが、一つ大きな共通項は、いずれも町名が、スペイン語風の響きを持っていることであろう。その傾向は、この三つの都市にかぎらず、カリフォルニア全土いたるところで、町名、地名、道路名にいたるまで現れている。サンクレメンテ、サンノゼ、パロアルト、サンタモニカ、エル・カミオ、サンタバーバラと、挙げればきりがない。それは、ここがメキシコと接する南国境《サウスボーダー》であることを示している。

そもそもカリフォルニアは、メキシコ半島の地続きとしてメキシコの支配下にあったものを、一八四五〜四六年の米墨戦争の結果、買収併合されてアメリカの領土となった。ところが、直後四九年に、カリフォルニア一帯で金鉱脈が発見されて俄かに人口が膨らみ、州としては「未熟」なまま翌年、連邦に加盟が認められ、一躍巨大な州として誕生する。しかし、金鉱ブームの浮き沈みに左右されるようなゴーストタウン現象は、近隣州ネバダに比べれば、ここカリフォルニアでは顕著ではない。むしろ、その後もカリフォルニアへの移住が進み、そのせいか、未熟な州誕生にもかかわらず、比較的安定した発展を遂げていった。

カリフォルニアには、起伏に富んだ地形、海陸双方からの恵み、広大な面積、それに豊かな金鉱脈があり、その上、温暖な気候に恵まれていることで人々を魅了した。そのため、比較的裕福なアングロサクソン系の白人たちが東部や中西部から渡ってきた。一方、鉄道開発に従事したアイルランド系移民、同じく鉄道敷設で低賃金労働者として雇用された中国系移民、果樹園の栽培や経営を手掛けた日系人、土着のメキシコ系住民やネイティブ・アメリカンズ、あるいは新たにメキシコから流入する季節労働者、それに南部や東部から移住したアフリカ系黒人やカリブ系のヒスパニック系黒人と、多種多様な人種や民族がここに集まった。これら異なる人種間での融和は容易《たやす》いものではなく、些細な事件や動機で、人種間の対立が表面化することも少なくない。その多様な人たちの絵図を象徴するかのように、カリフォルニアは、新開地であることと、土地資源の豊富さから、自由で開放的な文化を育んだが、反面、やっと手に入れた富や豊かさを手放すまいと保守に走る体質をも根付かせていく。税制度や政治の行方さえをも左右するこの複雑な要素が、一面ではカリフォルニアのヴァイタリティーともなり、また他面では、カリフォルニアの不安定な要素ともなっている。

しかし、カリフォルニアの一番の特徴は、何といっても政治や金融の中心地、東部から最も遠く離れたところに位置しているということであろう。その意味では、西部諸州が持つ根幹的な問題、すなわち反東部資本の意識を共有する。だが、カリフォルニアは他の西部諸州とは違って、最初から決して過疎地帯ではなかった。そして今では米国最大の人口を抱え、選挙の票田として重要なカギを握っている。

今回のアメリカ一周の最後となるのは、同じカリフォルニア州のもう一つの大都会、サンフランシスコである。そこは果たしてどのような素顔をみせてくれるのであろうか。私の約四十日一周の旅は、まだ始まったばかりであった。

〈フェニックス〜グランドキャニオン＝アリゾナ（八月二日〜四日）〉

早朝、ロスアンジェルスを発ち、コンティネンタル機で次の目的地フェニックスに向かう。グランドキャニオンに行くための行程であった。当初の計画では、フェニックスから長距離バスを使うつもりでいたが、事前購入した特別パスは、一度使った後、一定の期間を置いて中断したその先は、有効ではなくなってしまうという。私の長距離バス利用の狙いは、あくまでも東から西へと開拓者たちが移動した軌跡を辿るものであったので、ここでこの特別パスを使うわけにはいかなかった。案内の窓口では、結局、レンタカーを勧め、街中のレンタカー店を教えてくれた。

夏の暑い日、スーツケースを手に、喘ぎながらもやっとレンタカー店に辿り着くと、応対に出た男—実は店主—は、フォードのメイヴリック七二年型の新車で、六気筒のオートマティック三速車なら、用意ができていると言った。カレー粉のような芥子色のセダンであったが、試し乗りをしてみると、ペダルの踏み心地や走りがよく、コンディションは良好の車であった。

店主は地図を見せ、マーカーで印をつけながら、グランドキャニオンまでのルートを丁寧に説明した。途中で是非見たらよいと思うところが二つあると、彼は言う。一つは、プエブロ・インディアンズの古い居住地モンテズーマ城で、今一つは、真っ赤な岩石で知られるココニノ国立公園であった。そして、彼は、途中、気をつけるべき三つの要点をも注意した。その一は、見ず知らずの他人を拾わないこと、その二は、自分に何かあっても、他人の車に乗らないこと、そして第三に、砂漠の道のりは単純で辟易とするドライブになるので、途中、十分の休息をとって動くこと、であった。

アリゾナの夏の暑さは格別だが、その日はまた華氏九〇度を超す猛暑で、クーラーを最大限に効かせても車内は汗ばむほどであった。おまけにメイヴリックの芥子色がまるで熱せられたカレーのように見え、その色合いさえもが暑苦しかった。忠告された通りの休息も取ったが、途中、ラジオをつけると、昨日から富豪の企業家の御曹司が砂漠の中で消息を絶っているという。失踪したとされる場所はアリゾナのツーソンから砂漠に向かう辺りと聞き、ミステリーじみた不安が他人《ひと》事とも思えなかった。ひたすら不安を払拭させながら、フェニックスから真一文字に走る一七号線を北上した。

フェニックスから三〇キロほども行くと、すでに道の両側に広がる風景はいかにも砂漠の地を思わせるようになってくる。先程まであった低い、地を這うような灌木も次第に茂みを薄くし、やがてその合間に喘ぐように腕を伸ばしたカクタス、大サボテンが頻繁に目につくようになった。「かつて、西部の荒くれ者たちはこのカクタスの繁みをよけながら、馬を駆って走ったのであろうか。敵や山賊に追われても身を隠すような木々もないこの荒野で、人々は岩と岩の間に辛うじて身を寄せ、息をこらして時を待ったのであろうか」（拙著『西部アメリカの素顔』より）

このアリゾナでの旅では、行くところどころで、いかにも砂漠の町らしい地名や標識を見かけた。HAPPY VALLEY――幸福の谷。危険こそあれ、単調な砂漠での生活は、その地に住む人々にどんな喜びをもたらしたのだろう。SUNSET POINT――日没の丘。僅かに小高いその丘陵から、人々は暑い砂漠の一日が暮れようとする最後の瞬間を眺めたのであろうか。そのほかにも、HORSE THIEF BASIN――馬泥棒の盆地。BLOODY BASIN――血濡れた盆地。DEADMAN'S WASH――死者の沼地。不気味な言葉の響きが余計な想像をことさらに掻き立てる。そういえば、砂漠で失踪した富豪企業家の息子は一体どうなったのであろうか。行くしかない道程を走るうち、やがてモンテズーマ城を示す標識が見えてきた。

モンテズーマとは、かつて勇を馳せたメキシコ＝アステカ皇帝の名前に由来する。しかし、そこにあるモンテズーマ城は、アステカ王の宮殿ではなく、かつてプエブロ族が農耕を営みながら、自然の岸壁の窪みに、四、五十人の部族民で居住した住居跡であった。内部は、居間として使われたであろう部屋があり、その天井や梁は木材や漆喰で支えられている。一方、外から見ると各部屋となる穴口が横にほぼ等間隔で並び、多少の不揃いはあっても、高さにすれば二、三層あるいは五層にも及び、まるで近代マンションの窓を思わせる。その風格ある佇まいが、いかにも名高い皇帝の威厳を偲ばせ、おそらくはそこにモンテズーマ城の名の由来があるのであろう。

確かにこの辺りには、ホピ族やプエブロ族、シグアナ族など、農耕を営むネイティブ・アメリカンズが群落を作って住んでいた。そこは不毛の地であったため、彼らは集団で居を構え、近くのビーバー川から灌漑の水を引いては、トウモロコシや豆、瓜などを栽培した。しかし、徐々に旱魃が進み生活環境が悪化したため、一三世紀には部族の多くが他の地区へ移り住んだという。荒涼とした岩山を抜ける風に吹かれると、何故か農耕民族の悲哀が伝わってくる。

モンテズーマ城からしばらく行くと、一七号線の道路脇に広がる荒野に、しばし絶景が眺められるようになった。それは真っ赤に染まった岩山の出現で、乾燥した赤土の色が太陽の光に映え、燃えさかる炎のように輝いている。ある山はタワーのように四角い塔を作り、ある山は涅槃の像のようにゆったりと横たわる。そうかと思うと、まるでユーモラスなキャラクターのような形をした赤岩が突然視界に入り、思わず笑いを誘うような表情が見られた。いずれも砂漠のど真ん中で、含有する硫黄分の強い岩石が太陽の灼熱と強風に晒されて生まれた自然の造形アートだが、この一帯がセドナ地方のココニノ国立公園となる。

だが、砂漠の美の圧巻は、何といっても、グランドキャニオンであった。フラッグスタッフの町を過ぎ、一七号線を左折して一八〇号線を斜めに入ると、道は自然とグランドキャニオンに通じる山道へと差し掛かる。そのワインディング・ロードをひたすら登り、グランドキャニオンの南淵、サウス・リムに到達する。峡谷には南と北の両リムがあっていずれからも入れるが、南の方が観光客にはよりポピュラーで、この入口からさらに山道を登ると、やがて眼前にグランドキャニオンの壮観が広がった。

それは、全長二一七マイル（約三四七キロメートル）、広さ四〜一八マイル（六〜二八キロ）、深さ一マイル（約一・六キロ）の膨大な面積を占めている。その谷底真下には、細い青色をした帯状の筋が見られた。その帯は上から見る限りは何の動きもないのに、実はそれこそが、滔々と流れる大河コロラド川であった。そしてその川が、何百万年の間に川周辺の岸壁を侵食し、今あるグランドキャニオンの景観を作り上げてきたのである。

夕刻四時をすぎ、陽はすでに傾きつつあったが、見晴らしスポットとなる広場には、大勢の人が腰を下ろし、じっと広大な峡谷を見つめている。その人々が見遣る先には、峡谷を囲む岩山が幾重にも峰をつくって広がり、その壁面のそれぞれに無数に層を成す横襞が刻まれていた。その幾万条もの筋は、気の遠くなるほどの長い年月をかけ徐々に進んだ浸食の痕跡一つ一つを、岩肌に刻み残したものであった。そして、今、落日の陽の光が、刻一刻と色を変え、その壁襞の一つ一つを染め抜いていく。最初はうっすらとしたピンク色に、やがて濃厚な紅色《くれないいろ》に、そして次第に紫から濃紺にと変わる色合いは、壁の深さによって色の段差を作り、幾万層ものグラデーションを作りだす。無限大に広がるグランドキャニオンの夕映えは、圧倒するような自然美を惜しげもなく晒し、やがて闇に溶け込んでいった。辺りは静まりかえり、ねぐらへと急ぐ鳥の声を除けば、もの音一つしない静寂につつまれていた。

自然の大パノラマ・ショーはかくて終焉し、ほとんどの人々はものも言わずに三々五々引き上げた。気づいて見れば時は五時半を回り、私も急ぎ予約していたホテルに向かったが、ホテルでは、私の到着が遅いという理由で、すでに予約がキャンセルされていた。誰を恨むでもなく、ただただ必死になって代替の手当を求めたところ、少し離れたロッジに辛うじてキャンセルされた部屋が一つあるという。ラッキーだったね、と不貞腐れていた私に、ホテルマンは優しく言った。予約してあった部屋よりは、いささかグレードの低そうな部屋で、私は深い眠りに就き、ついに翌朝の日の出を見る機会を失ってしまった。

朝食を済ませ、グランドキャニオンを出発してからは、来た道を一路フェニックスへと向かった。出発時に受けた忠告通り、適当な休息をとりはしたものの、さすがに長い道のりでの帰路は時間がかかり、夕刻五時過ぎになって無事、レンタカーを返すことができた。私を宿まで送ってくれるという店主の好意を受け、彼の車でフェニックスのダウンタウンへ向かった。

フェニックスでの宿は、ＹＷＣＡの元スタッフで、閉鎖したＹＷＣＡの施設に代わり、一夜の宿を世話してくれるという個人の家であった。しかし、町名とハウスナンバーを頼りに行けば、それと思しき家だけがハウスナンバーがなく、六時を回ったというのに、灯り一つ灯らず、掛ける電話も通じない。折しも荒れ気味の強風が吹き始め、不安だけが募った。

だが、レンタカー店主を何時までも足止めするわけにはいかなかった。一人で待つから引き取ってほしいと言ったが、彼は、「外国人を、見ず知らずの場所に一人、おいて行くわけにはいかない」と、強く私の提案を断った。やがて六時半を回った頃、今度は彼が提案した。「今夜は食事に行く予定で、妻と、それに近隣の友人も一緒だが、良ければ一緒に食事をし、あとでまたここに戻るというのは、どうであろう?」思いもかけない提案に、私は、決断をためらった。だが、いずれにしても迷惑をかけるのであればと、その提案を受けることにした。

やがて、フェニックスの町から西方の郊外へと車で走り出してからほぼ三十分。砂漠を抜け、ラクダの形をした山、通称、キャメルの山と言うのだそうだが、ここを過ぎると、少しずつ家々の灯りが見え、街並みが広がった。砂漠の真ん中にこれほど瀟洒な家があるのかと思うほどの家が並ぶ中、車は止まり、その屋並みの一郭にある車庫の前に彼は車を止めた。正直、もし途中で何事か危険なことが身に及んだならば、どうやって車外に飛び出ようかと、ドアのハンドルに手をかけ、それを握りしめて緊張し切っていた私に、彼は「どうぞ中へ」と招じ入れた。

すでに連絡が入っていたかもしれない。だが、中庭から突然姿を現した見も知らずの外国人の私を見て、彼の妻と思しき女性は、旧知の中とも思える笑顔と和やかさで静かに私を迎え入れた。家の中に招じられると、そこには一組の若い夫婦がいて、これまた気取らず、構えず私を仲間に入れてくれた。しばらくは談笑し、「これから私たちは、近くのレストランにステーキを食べに行くところ。嫌いでなければ、ご一緒に」と誘う。この二組の夫婦は、毎週一回はこうした近所づき合いをしているという。

だが、レストランに入り、いよいよステーキが出されると、その肉片のヴォリュームに圧倒され、思わず唸り声をあげそうになった。アメリカでステーキをはじめて見たわけではなかった。だが、少なくともワシントンでは、これほどのヴォリュームに出合ったことはなかった。「ここは、西部だからね」と彼らは笑って言った。

彼らのホスピタリティーのお陰もあって、やがて打ち解け、楽しい夕食となった。こんなに親切にしていただいて、お礼の言葉もない、と私は言い、どうしてお返ししていいかもわからない、と言った。すると、レンタカーの店主、つまり改めて紹介されたところによると、ジム・ヌーナンとメアリー夫妻には、何人かの子どもがいて、その子どもたちもまたヨーロッパ旅行の際、大勢の方々に世話になり、これはお互いさまなのだから気にするなと言った。

食事を終え、スーツケースも預けてあったので、とりあえずはヌーナン家に戻ると、ジムは私に尋ねた。これからあのダウンタウンの家に戻るか、それとも良ければ、自分の家に泊まらないか、と。予約がとれている宿に泊まるのが正解だとは分かってはいたが、この遅い時間に再びあの三〇分の道のりを、彼に往復させなければならないことを考えると、結論は出しにくかった。その想いを察したかのように、側からメアリーが言った。結婚して家を出た娘のベッドが空いているし、泊って頂いても一向に構わない。よろしければ是非、そうして欲しいのだけれども、と言ってくれた。

私は感謝して、その申し出でを受け、先程の宿には電話をかけて事情を説明し、キャンセルを告げた。先方は、今度は連絡が取れ、私が到着する時間が分からなかったので行き違いになり、失礼したと言い訳をし、そういうことならばキャンセル代は明日空港に取りに出向くという返事であった。私としては、むしろ運命のいたずらに感謝し、その夜は結局ヌーナン家の珍客となった。

メアリー・ヌーナンは、かつてはミネソタに住んでいたのだが、二九年の大恐慌期に、止むを得ずして家を挙げてここに移り住んだと、フェニックスに住むようになった事情を何げなく話してくれた。その時の苦難は筆にも尽くせぬものであったが、現在の生活に本当に満足しているとも語った。今は上の二人の娘のうち一人が結婚し、一人が独立して働き、末娘とその下に息子がいる。今夜は突然のことだが、用意されたベッドがその末娘の部屋にあるので、娘と同室して欲しいという。それと、今夜は息子が初デートで、自分が起きていると根ほり葉ほり様子を聞きたくなるので、帰りを待たずに床に就くが、そんな息子が帰ってきても、びっくりしないでほしい、と言って笑った。びっくりするのは、息子の方で、自分の家に帰った途端、見ず知らずの東洋人が家の中にいるのを見た息子の顔を思うと、私もおかしくなって笑ってしまった。

私は特に何も持ち合わせていなかったので、「一宿一飯」のお礼にと、母手作りの七宝のペンダントを、自分のものだが、と断ってメアリーに渡した。しばらくしてメアリーは自室から、私も自分の手作りなのだが、貴方のお母さまへのプレゼントにと、ドライフラワーをあしらった小さなカードが額縁に収められたものを手渡してくれた。彼女は水彩画も趣味とし、部屋にはいくつかの自作の作品が飾られてあった。

メアリーは、明日はあなたが出発するのが早いので失礼するが、ジムが貴方を飛行場まで送るといっているのでご心配なく、と言って別れた。翌朝、ジムは私に朝食を用意してくれ、メアリーが言った通り、私を飛行場へと送ってくれた。この不思議ですばらしいヌーナン家の人々との出会いは、後日談にはなるが、実はこの別れが最後ではなく、後々まで縁として繋がった。その後の手紙のやり取りは当然としても、それより十七年後、南西部に旅するついでがあった私は、あの時のお礼にと再びヌーナン家を訪れ、彼らと再会した。だが、お礼のつもりが、今度もまた三晩も泊めて貰い、結局お礼どころではなかった。想い出話をしながら、あの十七年前の出会いの夜、私が車のドアノッブを握りしめていた心のうちを明かすと、ジムは大笑いをし、「メアリー、聞いたか、今の話?」と大喜びであった。そして、この十七年の間には、たまたま日本で出会ったアリゾナ州知事に、ヌーナン家との出会いを話したこともあった。知事は彼の家の住所と電話番号を訊き、帰国後早々に、ヌーナン家に電話をしたという。「知事がじきじきに、電話をしてきてくれたんだ」と、ジムは感慨深げに言った。人と人との出会いには、こんなこともあるのだと、ヌーナン家との出会いは、つくづく不思議にして、なおかつ私にとっては、またとない貴重な体験を与えるものとなった。

〈エルパソ〜サンアントニオ＝テキサス(八月四日〜六日)〉

フェニックスを後に、再びコンティネンタル・エアで、次の目的地であるテキサス州のエルパソへと飛んだ。エルパソはテキサスといってもほとんどニューメキシコの州境に近く、北の全てと西の一部をニューメキシコに接し、さらに西の他の部分をメキシコと接している。ニューメキシコもテキサスも、カリフォルニアと同じく、一八四五〜四六年のメキシコ戦争の結果、アメリカがメキシコから得た領土であった。しかし、購入されたカリフォルニアのケースとは違い、ニューメキシコは、いわば戦に勝利した結果、占領、合併された土地であった。さらにテキサスは今少し事情が違い、アメリカに併合される前、テキサスに住みついたアメリカ人を中心として、単独にテキサスの独立を目指したこともあった。

カリフォルニアに金鉱脈が発見されても、アメリカの東部から西へと渡るルートは主として山脈越えをすることが多く、ニューメキシコの峠周辺にあるサンタフェや、今少し南下したところにあるアルバカーキーの町の方が早くから発展した。しかし、ニューメキシコからも、またヒューストンなどテキサスの中央部からも遠く離れているエルパソは、アメリカ文化と融合するよりも、むしろ隣接するメキシコの文化から離脱できずにいたというべきかもしれない。

実際、この町に居てラジオやテレビをつければ、スペイン語の番組の方がはるかに多く、いざ、英語の番組を探そうとすれば一苦労となる。それはフロリダでも同じことで、果たしてこの国の公用語は英語ではなくスペイン語であったのか、と勘違いをしてしまいそうである。その上、外に出て町中を歩けば、店頭に"English Spoken"――うちの店では、英語も話せます、という看板がやたらに多く、ますます混乱してしまう。このヒスパニック系の人たちのため、一時、南国境《サウスボーダー》の州では英語とスペイン語両方を学校教育の中で義務付け、いわゆるバイリンガル教育を実施した時期もあった。

言語に限らず、エルパソの風景もまた、アメリカというよりはスペイン風、あるいはメキシコ風といった家の構えが多く、今まで私が見たアメリカの何処とも違う風情がここエルパソにはあった。現に、メキシコとの国境までは、私の宿泊していたホテルから僅か一マイル先の橋を渡れば行きついてしまう。だが実際には、すでにエルパソから、メキシコは始まっていると言うべきかもしれない。

異郷の風景と、余りにも近くにある国境につられ、思わず私も国境を渡ってみたくなった。国境を渡るまで、車で約三分。すでにエルパソからメキシコは始まっていると思った私の予想どおり、橋を渡ってのメキシコは、国境を越えたところで何らエルパソと変わりはなかった。あえて言えば、そこでは一段と貧しさが増し、街の乱雑さが余計に目に入った。朝も早いというのに、土産物屋は所狭しと軒を並べ、呼び声高く客を誘う。そしてチリの匂いがそこいら中に漂っていたが、陽気なメキシコ人という風評にはそぐわない無表情な顔の人々が行き交っていた。

アメリカからメキシコに入る国境での検問はほとんどルーズであったのに、逆にメキシコからアメリカへの国境越えは、厳しく制限されていた。バイクも車も橋のたもとで止められ、検問を受けている。むろん、メキシコ人以外の外国人は、旅券を見せるだけで何ら問題はなかった。だが聞けば、毎日この道を往復し、アメリカでの出稼ぎ日雇い労働の職を求めるメキシコ人の数は余りにも多いという。ホテルに戻り、夜になってもまだ賑やかな町の喧騒が響くエルパソで、私は今、アメリカに居るのか、それともメキシコに居るのか、思い定まらぬまま、明日の旅に備えて早々に眠りに就いた。

翌朝五日の日曜日、十一時近くに、テキサス行きのコンティネンタル・エア機に乗り、三時間半ほどして、サンアントニオに到着した。サンアントニオは、エルパソとは比較にならないほど、格違いに大きな都市であった。メキシコやアメリカとの戦いで強固な砦となったアラモの要塞、あるいは、かつてこの土地を収めたスペイン総督の官邸などの史跡もあり、一人歩きをしながらの見学は興味をそそられることも多かった。

テキサスの特徴をおそらく最も象徴的に表しているのは、テキサスの州旗であろう。そこには、星一個だけが描かれていて、テキサンたちは誇りを持って「ローン・スター」と呼ぶ。その誇りとは、言うまでもなく、かつてテキサスが単独の独立を企て、しかもそれをたった一日だけだが成功、実現させた「史実」としての彼らの過去を物語っている。むろん、一つ星の州旗は、星条旗が連邦五十州の星の数を象徴することを意識してのデザインであった。

独特な歴史を持つテキサスでの滞在がたった二泊であったことを惜しみながら、翌朝、イースターン・エアラインズの早朝便で、私はニューオーリンズに入った。その間の飛行は僅か、一時間。大河ミシシッピ川を越えれば、同じ南国境《サウスボーダー》でありながら、そこからはアメリカの深南部となる。

〈ニューオーリンズ＝ルイジアナ（六日〜八日）〉

ニューオーリンズ、それは、マーク・トウェインを初め、多くのアメリカの作家が好んで描いた大河ミシシッピ川の河口にある町であった。だが同時にニューオーリンズは、アメリカの中でも最もヨーロッパ的な風景が残るところで、フレンチ・クオーターなど、かつてフランスの植民地であった名残を留めている。そして今一つ、この町の特色を説明する時、決まって引き合いに出されるのは、この地がアメリカのジャズ発祥の地だということであろう。

ニューオーリンズの町は、フランスの植民地時代から、大河が海に注ぐ河口を持つことで、アメリカ内陸部と海外に向けての交易が潤滑に進んで発展した。かつてこの地域周辺はスペイン、フランスの間でその領有権が行き来し、一八〇二年には密約により、ニューオーリンズ周辺の広大な領土が、スペインからフランスに譲渡されることになった。その領土とは実に、横幅で測ればほぼアメリカ大陸全幅の三分の一を占めるほどの広大な領域に及び、東西ではミシシッピからロッキー山脈、南北ではカナダからメキシコ湾に跨るもので、通称ルイジアナ領土として知られている。アメリカは、この密約により単にニューオーリンズに留まらず、ミシシッピ川の航海権もすべてフランスに移ることを恐れ、フランスとの交渉を進めることになった。アメリカは、できればルイジアナ領土、できなければミシシッピ川河口の貿易権、それも不可能であればせめてミシシッピ川での航海権を得たいと、フランスとの交渉に臨んだ。時の大統領はジェファスン、そして全権大使としてフランスとの交渉に当たったのが、モンローであった。しかし、フランスは、折からナポレオンの度重なる遠征で経済的に疲弊し、もはや本国から遠く離れたルイジアナを管理することが負担となっていたのであった。

交渉には紆余曲折はあったものの、結果としてアメリカに入った朗報では、ナポレオンがルイジアナ領土全域を一五〇〇万ドルでアメリカに譲渡することに同意した。この意外な交渉の展開に、アメリカ議会は驚愕し、大統領が議会に諮らずにこの交渉と決定に至ったことは越権行為であると非難した。しかし、ジェファスンはこの急を要する案件への理解と追認を議会からとりつけ、ここにアメリカ合衆国は、一気に広大な農地を呑み込むことになった。このルイジアナ領土からは、のちにルイジアナ、アーカンソー、オクラホマ、カンザス、ミズーリ、ネブラスカ、アイオワ、南ダコタ、北ダコタ、モンタナ州が誕生し、加えて一部がその領土内にあったため、ミネソタ、コロラド、ワイオミングの発展も助長させるなど、アメリカ発展の鍵を握ったとも言えるものであった。

街中を散策すると、裁判所や銀行や教会など古い石作りの公共の建物がローヤル通りやチャータ－ズ通りなどにいくつか見られ、またセント・ピーターズ通りには劇場もあった。そしてバーボン通りには博物館となっているラフカディオ・ハーンの生家もある。そこには、木造二階建てのクレオール建築、つまり、フランス風コロニアル・ハウスが軒を連ね、二階のバルコニーにはベコニアやパンジーなど鉢ものの花が咲き揃っていた。バルコニーの下はアーケードになっていて、ショップがあるかと思うと、古くからの住民の住まいが並んでいた。悠長に、アーケードの下を歩いていたその時、急に頭上に勢いよく水がかかって来た。雨かと思えば、さにあらず、バルコニーの花に鑵水をしている女性の姿が見えたので、私も花と同じく水を注いで貰ったらしい。バルコニーの花が頭上の覆いになり、そのバルコニーの床がスノコ状になっているとは気がつかなかった。彼女は、失礼とも言わず、下を通る方が悪いと言わんばかりに、悠然と鑵水を続けていた。

さらに、歩いて川沿いの船着き場に着いたころ、どんよりと曇った空から、突然、今度は本物の雨が落ちてきた。垂れこめた雲や空気が、十分に吸い込んだ湿気を思い切り吐きだすかのように、雨はしばらくの間、轟然と降り続いた。この地特有の天候で、午後になると決まってスコール、つまり突然のシャワーが町を洗っていくのである。

短い間の雨と聞いていたので、しばらくの間、雨宿りをし、二時になって出航する観光用の蒸気船マーク・トウェイン号で、湾内を回るクルーズに出ることにする。広大なミシシッピ川は、上流に登れば澄んだ水が滔々と流れるのに、ニューオーリンズの河口で見る流れは、思いもよらないほど濁り、淀んでいた。チョコレート色ともいえるその色の原因は、河口に点在するビール工場や繊維工場、石油貯蔵タンクなどから流れる廃液であった。

本来は、もっとミシシッピ川上流にと遡る長旅に出たかったのだが、時間が許さず、湾内一周の短い旅となった。クラシックな形状の船体に丸い大きな舵をつけ、二双のプロペラが、実はディーゼルエンジンで回転させられながら、船はゆっくりと湾内を走り始めた。このニューオーリンズ港はアメリカの湾のなかでも最大級のもので、数え切れないほどの外国船が巨体を並べ碇泊している。ギリシャ船、スウェーデン船、中国船、イギリス船などに混じって、日本製のイベリア・タンカーも浮かんでいた。また、それとは別に、船体にJapan Lineといささか消えかかった文字ではあったが、辛うじて国籍が読める船も見かけた。目を転じふと陸地を見れば、ニューオーリンズの古い欧州風の街並みがところどころに顔をのぞかせている。片や反対側の対岸には、広い湿地帯が広がり、あたかもハックルベリー・フィンの舞台を彷彿とさせていた。

ニューオーリンズでは、ミシシッピ川を除けば、あまり、アメリカ深南部というイメージは窺えなかった。実際、このニューオーリンズも、また、この先、次に回るフロリダのマイアミも、それぞれ深南部にあるものの、二つの街の特性は、メキシコ湾岸にあるためか、または、余りにも観光地化され過ぎていたためか、アメリカ深南部の個性を伺わせるところはなかった。明日はまたこのメキシコ湾をさらに東へと進み、南国境最後《サウスボーダー》の旅、フロリダへと向かう。

〈マイアミ＝フロリダ（八日八日〜十日）〉

朝九時三〇分にニューオーリンズを発ったナショナル航空は、ちょうど、昼を回った頃、マイアミに到着した。マイアミでは、ニューオーリンズと同じく、修道院での宿泊が予定されていた。

飛行場を出て、熱帯植物の茂みを抜けると、やがてお伽話にあるお城かと見まがうようなピンク色をした邸宅が現れた。それが今夜、私の宿泊する修道院付属学校の宿舎であった。鉄の門を入ると、色タイルを敷き詰めた中庭があり、庭はスペイン風の回廊に囲まれ、噴水もあった。だが頭上を見ると庭一杯を覆うネットが張られている。蚊よけのネットであった。中庭の向こうには広大なリビングルームがあり、その彼方、バルコニーの先にはプールがあった。周辺には、広々とした芝生が続き、その芝生はそのまま湾の岬へと伸びている。岬の方をみれば、小舟が一艘、揺蕩《たゆと》うように浮かんでいた。そこは、この家占有のプライベート・ビーチであった。浜まで出て岬の淵に腰をかけ、水に届かんばかりに足をぶらつかせて、思う存分南国の空気を吸い込んだ。振り返れば、ヤシの木立を背景に、ピンクの豪邸が穏やかに午後の日ざしを浴びて立っていた。この豪邸の由来は、かつては個人の持ち家であったものが、遺産相続の際に学校法人に寄贈されたものだということが分かった。アメリカではよくあることだが、膨大な相続税に代えて、公共の施設に寄付することで社会貢献をする。かつて在学した生徒の親が、世話になった学校に寄贈するケースが多かった。フロリダの金持ちは、こんなところでその金持ちの片鱗を窺わせるのだった。

マイアミは交通の便が悪く、しかも広い距離をあちこち回るには車を使うほかはなく、市内のレンタカーショップで手配して貰うと、真っ赤なトヨタのセリカ、二〇〇〇ＧＴが用意された。その車で、熱帯植物園フェアチャイルド・ガーデンと熱帯鳥類園パロット・ジャングルなど、亜熱帯のフロリダならではの見学箇所を回ったが、その蒸し暑さには辟易とするほどであった。市内観光を終え、後はキー・ビスケインへと渡り、フロリダ岬まで足を伸ばした。カリブ海を前に砂浜に腰をおろせば、アメリカとカリブの関係、キューバ革命とキューバ人の亡命など、思い起こされる史実が次から次へと脳裏をかすめていく。

思えば今私がいるこのフロリダは、かつて一八一六年、アメリカがスペインから購入して以来、多様な歴史の渦の中に翻弄されてきた。小説や映画で知られた『仔鹿物語《イヤリング》』の舞台も、ここフロリダの開拓時代が背景となっていた。古い植民地の人たちと同じく、ここに住んだ人たちの開拓の労苦が壮絶たるものであったことを偲ばせる。やがてフロリダは、地理上の成り行きから、アメリカ深南部にと組み入れられ、南部とその悲哀をともにした。しかし、時経ち、二〇世紀になると、その風光明媚な景色と温暖な気候が、北部の富裕層の人たちの憧れの地となり、一九二〇年代には別荘地としてフロリダ・ブームを一躍展開した。しかし、一九二六年にはそれも一転、激しいハリケーンに襲われ、ブームは急激に後退してフロリダは繁栄からは遠のいてしまった。ところが、第二次大戦後、再び町に賑わいが戻った。それはフロリダが、ケープカナベラルを中心にロケット発射や宇宙開発の基地となったからであった。そして同時に、キューバ革命後は、キューバからの亡命者や、その亡命キューバ人によるキューバ侵攻の前線となるなど、きな臭い外交の矢面にも立たされた。

しかし、問題はこうした表面的な出来事に留まらない。より深刻な問題は、フロリダが他の南国境《サウスボーダー》諸州と同じく、メキシコやラテンアメリカ諸国と近隣にあることから、人種問題や外国からの不法侵入、不法労働者の流入など、アメリカの社会問題を浮き彫りにする問題にいつも晒されていることであった。

今回、西から東へのルートとなった南国境《サウスボーダー》の町々は、それぞれが州の一部として、メキシコやメキシコ湾に接している。そのため、ヒスパニック文化の影響を色濃く受けたという共通点はあるが、その影響の濃度は場所によって異なっている。おそらくはメキシコと地続きのカリフォルニアやテキサスが最も顕著にその影響をとどめ、同じ地続きでも、フェニックスのあるアリゾナ州では、サボテンや乾燥した赤土の風土を除けば、むしろアメリカ西部開拓の文化と共通するものを持っている。一方、メキシコと地続きではなく、メキシコ湾に面するニューオーリンズのように、フランス的なクレオール文化を留めているところもある。しかし、同じ湾岸に面するマイアミの場合は、むしろカリブ海沿岸諸国との交流が強く、同じヒスパニック圏でも、メキシコというよりも西インド諸島からの影響が強く、その文化も風土も気候も亜熱帯的な雰囲気が窺われ、メキシコ文化の影響とはいささか異なるように思われた。

だが、もう一歩、この湾岸の町々、ニューオーリンズやマイアミを起点に、もっと州北部に足を踏み入れてれば、それぞれの州は、古い英国植民地と大農園の体制が色濃い深南部の農園風景と生活様式を留め、ニューオーリンズやマイアミとは異質のものを目にするであろう。ちなみにニューオーリンズのあるルイジアナ州もマイアミのあるフロリダ州も、共に南北戦争時には南部大連合に与して連邦への反旗を翻した。祖国への忠誠を誓い、南部大連合を結集したその情念からは、ニューオーリンズの洒落たクレオール文化も、フロリダ半島の開放的な情熱も伝わらない。結局、カリフォルニア、アリゾナ、テキサス、ルイジアナ、フロリダと回った南国境《サウスボーダー》は、それぞれに共通する特徴が見つかるようで、見つからない。それは、州単位というよりも、私が訪れた町を中心に見ていったからかもしれないし、あるいはそれぞれが州としても、町としても多様な要素を持っているからかもしれない。それでいて、興味あることには、いずれもがアメリカであるという一体性、つまり異質感の間で不思議なバランスと統一が保たれているように思えたことである。

アメリカ南国境《サウスボーダー》の旅は、このフロリダで終わり、明日はいよいよワシントンに、十二年ぶりに戻って行く。そしてそのワシントンから、今回の旅の本命、「東から西へ」の旅が始まるのである。

7　いざ西部へ——遠いアメリカの心臓部

〈中西部の旅への序走〜ワシントンから〉

八月十日、マイアミでの搭乗予定の飛行機は出発が遅れ、目的地ワシントン・ナショナル・エアポートには三十分遅れで午後二時半過ぎに到着した。すでに上空からは、アーリントン墓地、リンカーン記念堂、ワシントン・モニュメント、ジェファスン記念館、そしてポトマック川の悠然とした流れが見え、再びワシントンに帰ってきたのだという実感が沸々と湧く。

飛行場で出迎えてくれた友人は、町に向かう道すがら、私が去った一九六一年以後、新しく建設されたケネディセンターやウォーターゲート・ビル、それにキャナル・ロードに造られた新しいショッピング・モールに至るまで、こと細かに案内をしてくれた。母校ジョージタウン大学の周辺も通ったが、ここには大した変化はなく、ただ、大学の人たちと行ったことのある近くのバー・ラウンジZORОは、もはや急勾配の坂の上には見当たらなかった。のちに八〇年代頃になると町には大きな様変わりが起こるが、あるいはすでにその前触れの変化であったのかもしれない。そういえば、一六番通りのデュポン・サークルには、懸案の地下鉄が通ることになり、すでに掘り返しての工事が始まっていた。

ワシントンでの今回の滞在先は、案内をしてくれていた友人の家であったが、彼らが新しく買った家を見るのは今回が初めてであった。郊外にあるその家は木々に囲まれ、庭に走り回るリスや飛び交うカーディナルの姿が、何でもないワシントンの日常風景を蘇らせた。翌朝、いささか長逗留となるこの友人宅で、溜めた洗濯に専念していると、そこの家主である友人ジュディは、笑って言った。「だからこの町は〝ウォッシングトン〟と言うの」

この古巣の町に滞在中、私には行きたい懐かしいところが山ほどあったが、友人の案内では収まらず、結局は一人バスに乗り、覚え知った大使館まで行き、そこからはタクシーに乗って、懐かしいロッククリーク・ドライブを隈なく走って貰った。動物園への入り口でせせらぎを渡るコースはもはや閉鎖されて入れなかったが、それでもせせらぎを見ると、慰められる想いがした。人の良さそうな運転手はトルコ人で、ここに来て一五年になるという。それはちょうど私たちがワシントンにいた頃と同じで、彼もまた、そのせせらぎに魅せられた一人であった。彼によれば、もはやこの辺りでは六〇年代頃のヒッピーの姿はみられないが、黒人の人口が以前よりもはるかに増えたという。私も今回この国に来て、数の問題ではなく、黒人の姿そのものが活き活きとして見え、自信に満ちているようにさえ思えた。何よりもそれは、一九六五年の公民権法成立の効能であったのかもしれない。移りゆく町の変化は、実は開発や建物の模様替えだけではなく、そこに住む人たちのモチベーションがどのように変化するのかが重要な鍵であり、そのことをこの町は語っているように思えた。

四日間のワシントンでの滞在を終え、十四日の朝九時、私は市の南東部にあるバス・ターミナルから長距離バスに乗り、いよいよ念願であった東から西への旅を始めることになった。懐かしいアップタウンのメイン通り一六番通りを走り、かつて夏のコンサートを聴いた野外劇場を左に見て、バスは一路北進する。そして、私にとってのセンチメンタルジャーニーの地点ワシントンは足早に過ぎ去って行った。

〈中西部への旅（クリーブランド＝オハイオ→デトロイト＝ミシガン→シカゴ＝イリノイ→デモイン＝アイオワ、八月十四日〜二十日）〉

ワシントンを出発したバスは、メリーランド郊外のシルヴァー・スプリングを抜け、さらに、フレデリックからヘイガースタウンへと疾駆する。ハイウェイでの時速は、大型バスでさえもが、オイルショック以前であった当時は一〇〇マイル（一六〇キロ）で、まさに高速バスの威力を発揮した。そして夕方、バスはオハイオ州の大都市クリーブランドに到着する。あいにくの雨。濡れるほどではなかったが、陽気がぐっと下がり、夏だというのに室内ではエアコンを切って休むほどの寒さとなった。

クリーブランドは中西部のエリー湖に面したオハイオ州の州都で、静かで落ち着いた町であった。五大湖の最東の湖、エリー湖の真南に位置したオハイオ州は、ペンシルヴァニア州との自然境界線を成すオハイオ川を西に越えると、広大な平原地帯となって広がって行く。さらにこのオハイオ州の北にはミシガン州、西にはインディアナ州とイリノイ州、北にはウィスコンシン州が並び、この五州の地域を総じて中西部（あるいは建国時代には北西部領地）と呼んでいる。

この広い中西部一帯が何となくまとまりを持っているのは、何といっても、その地形による。中西部全体が先ず五大湖を天井とし、その下に逆三角形をつくるオハイオ川とミシシッピ川に挟まれての自然境界線に囲まれているからである。さらに、この地帯一帯には平原が続き、この三角地帯にある五州のいずれもがそれぞれ似た環境にあることから、中西部一帯が、揃って穀物など農作物の宝庫となっているからでもある。

かつてアメリカ十三の植民地が一本化されて独立、統一を図った頃、まだその独立国の西に広がる大地では、まとまって開拓が進んでいたわけではなかった。したがって、独立後のアメリカの課題はこの西部をどのように開拓していくかということにあった。特に、アレギニー山脈によって西への進出を阻まれていたアメリカ東部では、西部の開発、治安、統治などが、政治的、経済的課題として大きくのしかかっていた。

建国当初のアメリカにとって、「東部」に対する「西部」とは、まさにこの五大湖周辺の地域であった。のちに開拓がさらに西にと及ぶと、そのさらなる西の地域がまた新たなる「西部」となった。したがって、当初の「西部」は絶えず移動し、範囲の定まらないものであったが、その中で、オハイオを含む「中西部」は、先に述べたように開拓するには比較的まとまりのよいこともあって、ここに家族単位の自営農業が定着し、アメリカにとって安定した新開地を提供したのであった。

中でもオハイオは、オハイオ川へのアクセスが直接的であることから内陸部での水路による交通の便が良かったこと、また、ニューヨークやペンシルヴァニアの近くにあることで、生産物の市場が確保されやすいことなど、多くの利点を持っていた。そのため、東部の経済力、殊に産業化に押され、流通路が早くから整備されるようになった。水路を使っての運河交通はニューヨークのハドソン河とエリー湖を結んでのエリー運河が一八二四年に開通し、その六年後には、東部メリーランドのボルティモアと、オハイオを結んで、ボルティモア＝オハイオ鉄道が敷設され、陸路の流通網も確保された。このことにより、オハイオで生産された穀物が一気に、東部や海外の市場へと流れて行く。このオハイオでの活発な農産物生産と出荷は、やがて中西部全体に一挙に広がり、大麦生産地フィートベルトやトウモロコシ生産地コーンベルトなど巨大な農業地帯を形成するようになったのである。

この農業地オハイオ州は、政治活動も活発で、グラント他七名の大統領を輩出しているが、ハーディング大統領もまたその一人であった。ハーディングは出身地マリオンで新聞発行を家業としたが、やがて州政治に進出する。記録によれば、目立った政治発言をすることもなかったが、美貌で穏やかな人柄が人々を魅了した。たまたま第一次大戦後、強権ウィルソン政権が終焉し、二大政党の民主、共和のいずれもが適材候補に欠けていた中で、一九二〇年、共和党は調停役としても最も無難な候補者ハーディングを選出したのだと、当時の識者たちは分析した。

そのハーディング政権は、財界や政界でも有望視されていた人たちを多く閣僚に呼び込み、大戦後の平和期に未曽有の経済繁栄を国家にもたらした。しかし反面、閣内にはハーディングのオハイオ時代の私的な知人をも抱え込み、通称オハイオ・ギャングと呼ばれた彼らが関わったとされる汚職事件が次々と発覚する。大統領は失意の中、一九二三年、遊説中に頓死した。このドラマティックなハーディングの生涯に対して、オハイオ人にはむしろ特異な思い入れもあったのか、国の中央では軽んじられた彼の名声が、郷土オハイオでは強く生き、ハーディングの史料館などが今も彼への尊敬を表す象徴となっている。

一方、オハイオ州に隣接するミシガン州は、州南では広大な農業地帯が広がるものの、州北部では自動車の町デトロイトを抱え、政治的な影響力というよりも、むしろ産業や経済力が州の活力を引き出して来たところがあった。クリーブランドからデトロイトまでの行程は、エリー湖の淵を僅かに回るようにして移動する。道中で見たオハイオは、延々と平原地が広がり、野菜や穀物畑の他は、慰め程度の茂みが小さな陰影を地面に落としていた。ところが、この平坦なオハイオ州を抜け、その西北にあるミシガン州に入ると、「湖の都」と言われるだけあって、ここかしこに湖水、沼地、湿地の点在する風景がみられるようになった。その変化のある長さの分だけ、バスに揺られていたように思えたが、実際には三時間ほどで、午後四時半、バスはデトロイトに到着した。八月一五日のことである。

デトロイトの中心部ダウンタウンは、静寂なクリーブランドに比べ、喧騒と人混みに包まれていて、活気もあったが落ち着きもなく、治安も決して良くはなかった。しかし、ダウンタウンを離れれば、イメージは変わり、より静かでごく平凡な町の佇まいがあった。

デトロイトでは、知人の友人という初対面のアニータが私を市内観光に誘ってくれた。次いで、私たちは、自動車の町ディアボーンにあるフォード博物館グリーン・ヴィレッジを見学した。広大な面積の敷地にはコロニアル・スタイルの家が数々並び、例えばエイブラハム・リンカーンが務めたことのある裁判所とか、音楽家ジョン・フォスターの生家であるとか、様々な家のレプリカが再現されている。その上、フォスター家のそばにはスワニー川まで流れるという枠の凝らし様であったが、自動車王フォードの生い立ちにちなんでは、彼が学んだ学校や教師の生家に至るまで過剰なほどの演出がなされている。

しかし、植民地時代に起こった鍛冶屋、製鉄業、製粉業、印刷業や製紙工場のレプリカであるとか、あるいは一九世紀の産業革命期に起こった近代的な工場や機械の陳列は、さながら歴史博物館の体をなしていて興味深い。家具、銀器製品、各種電話機などがコロニアル・ハウス内に調度品として備えられている。むろん、自動車生産の拠点とあって、敷地内にある自動車博物館には、機関車の各種モデルや、エンジンが並び、テーマパークとしての充実さを誇っている。

余りにも広大な敷地で、各展示場を回るのに、ついに乗り降り自在の馬車に乗ることとした。屋根つきの二頭立て四輪馬車で、かなりの速度で邸内を回る。道路脇にはレールが敷かれ、大音響で汽笛を鳴らしながら、鉄道も走っていた。そこは、およそ、午前、午後と一日掛りで回る大遊園地であった。

グリーン・ヴィレッジを出てから、郊外のグロス・ポイントに向かうと、そこにはフォード夫人の生家などいくつかの住宅が並んでいる。さらに町から離れ、ヨットハーバーに出ると、静かな川面のセント・クレア湖が臨まれた。それを挟み、左にヒューロン湖、右にエリー湖が眺められ、まさに五大湖ならではの醍醐味であった。

一日の最後は、知人の姉妹が自宅に招待してくれ、今日一日の案内役アニータに、その夫も加わり賑やかな夕食となった。夫妻はこの夏、教育者の国際交流プログラムで日本に渡り、大の親日家であった。アニータは静かな話しぶりではあるが無口ではない。ところが夫が加わるや、ほとんど夫が話題を独占し、彼女の出る幕もなかった。アニータの話が聞かれないと、ついに私がアニータを会話に誘導したが、アニータは「私は日本婦人を見習っているまで」と笑っている。日本女性である私が今日はしゃべりすぎたのかもしれない。私一人が日本人なのに、皆、日本に関わりのある人同士、あけすけにものを言いながらの楽しい一夜であった。

八月十七日、朝十時十五分、再びバスに乗り、シカゴへと向かった。デトロイトからは、エリー湖の西岸を南下して再びオハイオ州に入り、トレドで交差する国道八〇号線を西に折れれば、やがてインディアナ州へと入って行く。バスはそのままインディアナ州北端を、ミシガン州との州境線ぎりぎりに走って西に向かい、イリノイ州シカゴへと入る。

シカゴの町は初めてであったが、案内役はシカゴ在住の日本女性で、いかにも長年その土地を知っている人らしく、実に要領よくシカゴの町を見せてくれた。シカゴで一番高いビルだと、当時は話題になっていたハンコック・ビルに登り、屋上からミシガン湖を一望する。あいにく、霞んで湖の遠景は望めなかったが、シカゴの町の繁栄ぶりが、幾層にも綾なして聳える摩天楼の群列に窺われた。

次いで市内の美術館を訪れる。シカゴにはいくつかの有名な美術館があるが、時間の関係でそう多くを見ることは叶わなかった。最初に一九世紀のアメリカ絵画や日本の浮世絵を収蔵するシカゴ美術館、次いで近代美術館の中にあるミニチュア・ハウスを見学した。このミニチュア・ハウスは、八十歳の女性による手作り手工芸品を展示したものであった。

　手で抱えるほどの大きさであろうか、よくヨーロッパやイギリスの王室博物館でも見られるが、ウインドーの中に、ミニチュアの家や部屋の模型が飾られている。だが、ここにある展示は、徹底的にアメリカ固有の家づくりを紹介する。たとえば、アメリカ植民地時代の家では、玄関ホールから居間、食堂、寝室、階段にと繋がる戸建て一軒の家全体像を作り上げた模型で、すべてが手作りで仕上げられている。むろん、屋根、壁、床の絨毯、窓、そしてカーテンとリアルな家の内容がまるで写真のように描写され、しかもシャンデリア、テーブル、ベッドなどの家具、さらには食器棚の中の食器類に至るまで、細部にわたっての調度品も、日常生活そのものの表現として、部屋の各所に収められている。細かいレースやキャンドルまで、これらすべてのものが全くの手作りであるという。さらに、そこにある何十軒もの家々が、あるものはニューイングランドの家らしく勾配の深い屋根と小ぶりの窓をもち、あるものは南部貴族の趣向を紛々とさせる広壮なジョージア建築といった具合に、古典的な建築様式を正確に描写しているのには、驚かされるばかりである。しかもそれらは、植民地時代における清教徒的文化圏の北部と、南部大農園の生活様式の違いを調度品を通して鮮明に浮き彫りにしている上で、秀逸な教材そのものであった。

　シカゴの町は、ニューヨークと並ぶ大都会だと言われている。一九世紀末に工場や金融業が活気のある発展を遂げ、高層ビルも競って建てられた。農業、機械工業、重工業、鉄鉱石、牧畜、精肉業と多彩な産業に恵まれ、町は多くの人口を引きつけた。そのため、移民や貧民の問題も多く、貧民を救済するために建てられた「ハル・ハウス」など、福祉活動に先鞭を付けた町であった。移民を日雇い労働者として雇用したシカゴの精肉工場を描いたアプトン・シンクレア・ルイスの小説『ジャングル』は、不衛生な環境での食品加工の現状に加え、その背後にある企業と政治の癒着を暴いて、一九世紀から二〇世紀初頭にかけての革新運動を刺激した。そういった意味では、多分に前衛的な感覚もあるシカゴであった。だが、外の者から見れば、何故かシカゴは同じ都会でも、ニューヨークと比べると生活のテンポがゆっくりで、のびやかである。さすがは広大な草原の地、中西部に育った大都会なのであろうか。

だが、このゆっくりテンポの大都会で、私は、迂闊な余り、思わぬ事件に巻き込まれた。それは、バスがシカゴに着いた時である。さすが大都会シカゴのバス・ターミナルは、まるで飛行場並みに大きく、大勢の乗降客で賑わっていた。私は、迎えの人を待つ間、ラウンジで化粧室を使うことにした。

スーツケースに目配りをしていたつもりが、ふと手荷物の整理に気をとられていた一瞬、スーツケースは消えていた。置き引きにあったのである。ラウンジの外にあるベンチで時間待ちをしていた中年の女性に、もしやそれらしき事を目撃しなかったかと尋ねた。彼女は、ティーンエイジャーの女の子が二人、手にストラップを握りしめ、スーツケースをまるで犬を散歩させるかのように曳いていたのを見たという。当時、私のスーツケースにはキャスターはついていたが、ハンドルにストラップがあり、それを引っ張って動かす仕組みになっていた。そう遠くに行った筈はない。あわてて周辺を見て回ったが、すでに混雑し切ったターミナルでは、荷物も人も呑みこまれたかのように跡形なく消えていた。

公安局が地階にあると聞き、私はその女性に、同行して状況説明をしてもらえないか、と頼んでみた。彼女は、バスの待ち時間があるからと、快く引き受けてくれた。公安室に行くと、この女性は、スーツケースを置き引きした少女たちにつき、その風采、服装、髪形、年齢に至るまで、克明、詳細に描写し、状況を証言した。年齢は十七〜十八歳、一人は橙色をしたハート型のアップリケがついた白いブラウスにブルージーンズ、今一人は…と説明してくれた。そのお陰で、公安官は、想い当たる節がある、それはここに屯《たむろ》す不良グループの手先に使われている女の子たちだと言った。

荷物と犯人はこちらが洗い出すが、三時間は掛るだろう。ひとまずは家に帰って待つようにと公安官は言った。それにしても、あの女性の証言がなければ、とてもここまではいかなかっただろう。彼女の記憶力の正確さ、そして何にもまして、人のために労をいとわぬ親切さに改めて驚嘆した。

その夜、宿泊予定の修道院から迎えに来てくれていたシスターは、もう一度出直さなければならないのを承知で、私を修院へと案内してくれた。恐縮している私を乗せ、車は闇に包まれたミシガン湖の長い湖畔を延々と走った。だが、着くや否や、私たちはバス・ターミナルの公安室から、盗難にあった荷物はすでに回収されているとの伝言を受けとった。話によると、スーツケースは壊されており、その中身は古い空き家のアパートの床に散乱していたという。

公安室に着くと、先程調書を取った若いオフィサーが、私をうず高く積んだボール箱の陰に潜ませた。尋問中の少女たちを陰から見分して欲しいと言う。彼女らには確かに見覚えがあった。しかも二人とも、あの中年女性が淀みなく描写した通りの服装を身に着けていた。オフィサーによれば、一人が十六歳、一人が十八歳。うち一人は妊娠していると言う。

取り調べた若いオフィサーは、「あなたにお願いがある」と最後に言った。是非貴方の手で、彼女たちを告訴して欲しい。この国では、裁判にかけなければ、罪に問われることもなく、今日一日の拘留で釈放されてしまう。被害にあった者が告訴しなければ、今日のような犯罪は何時までも蔓延り、悪の根を断つことはできない、と真剣に私を説得した。

告訴がどういう手続きを要するのか、裁判がどういうものなのかを、よくは知らぬまま、若いオフィサーの正義感に打たれ、私は同意した。だが、その時、脇で制帽を阿弥陀に被った年配の警官が、ちょっと、と私を手招きした。「お前は本気で、告訴するのか？ 告訴した限り、どういうことが待っているか、お前は知っているのか？」と低い声で囁くように訊いた。「見ればお前は旅行者。裁判になれば何週間かかるかわからない。旅行の日程も崩れる。その間の宿泊費は賄えるのか。裁判の費用を持たされるかもしれないことを覚悟しているのか。お前の語学力で、本当に勝負できると思っているのか。」そして彼は言った。「私なら、告訴はしない。あなたのために言っているのだ」と。

まるで、テレビの刑事ものにあるようなシーンであった。年配の刑事は、本当に善意で私を助けようとしているのだろうか。理屈は合っている。だがここはシカゴだ。アル・カポネの時代とまではいかなくとも、彼は、正義心も失い、制服と棍棒だけをもつ悪徳警官なのか。複雑な状況判断を迫られながら、私は低きに流れる水のように、正義とは対照的に安易な結論を選んだ。「ごめんなさい。私、やはり告訴はしませんから」と若いオフィサーに言った。「そう、だめですか。残念です。これでまたシカゴの犯罪は増えるのです」と彼は悲しげに言い、私もひどく悲しくなった。

公安官が拾って来てくれたスーツケースは、金属製の外枠がへし曲げられ、もはや使い物にはならないが、中の持ち物のほとんどは返って来た。フェニックスの手製のドライフラワーを収めた額も、無事、返って来た。若いオフィサーは、告訴を諦めた「裏切り者」の私をドアまで見送り、「そうそう、荷物は不潔な床に散乱していたから、着るものなど、必ず洗濯をするように」と言った。事件の顚末は、いささかほろ苦かったが、それでも小難であったことに感謝したい。それにしても、長い一日であった。

シカゴ最後の日、ミシガン湖を背にした修道院の庭で、シスターたちとのんびり話をしていると、一人のシスターが、ズック製だがこれで役に立てば、とタータンチェック模様の特大スーツケースを物置から見つけて来てくれた。昔、寮生が置いていったものだという。壊れた古いケースは処分してくれると言うので、保険のために破損個所を写真に収め、中の荷物を詰め替えた。さすが大型で、荷物が入らないということはなかった。だが持ち上げてみると、中味がスーツケースの片隅に偏ってしまい、やけに重たかった。大が小を兼ねる、というのはどんなケースにも当てはまるものではないとつくづく思い知らされた。大きな不注意と小さな悪が災いはしたが、それでも多くの善意と暖かさに送られて、翌朝一〇時半、再びバスでの長旅が始まった。

〈大平原への旅（アイオワ→オマハ＝ネブラスカ、八月二十日〜二十二日）〉

次の目的地オマハに到着するのは、夜九時の予定。いよいよ、中西部の大平原を横切って走る強行軍の旅となる。途中、昼食と夕食のため、ハイウェイから入った街道筋のレストランに寄るほかは、ほとんど走り続ける行程であった。シカゴを出ると、バスはインディアナから引き続き真っ直ぐ西に伸びる国道八〇号線を再び進み、イリノイ州北部を横断し切ったところで、いよいよアメリカの大河ミシシッピ川を越え、アイオワ州に入っていく。

今まで、中西部の五大湖南岸を走って来たため、州にとってはそれぞれ北の端となる地域を抜けてきたが、アイオワ州では、ミシシッピ川周辺のダヴェントポートから州都デモインへと、直線的に州の中心部を抜け、そこから更なる西へと向けての道が続いていた。そしてそのアイオワ州を抜ければ、ようやくにしてネブラスカ州オマハに辿りつく。そこで、もう一つの大河ミズーリ川と出合うのである。

ミシシッピ川を渡ったところでは、今まで見慣れた中西部の穀倉地帯と同じ大平原が見られ、川を跨ぎ、突然にその風景が変わるものではなかった。ただ、走っている道路に関していえば、川を越えアイオワに入ると、ハイウェイは立派でも、その路肩は未舗装で赤土が剝き出しになっていた。まるで開発途上地を行くように、一度《ひとたび》車を路肩に寄せれば、赤い砂埃がもうもうと舞い、ハイウェイの先にある農道と変わらなかった。その同じ景色はアイオワを抜け、ネブラスカに入っても続き、この地の土壌が乾燥し、農耕に適さなかった過去の歴史を思い起こさせてしまう。

夜九時をまわり、バスはネブラスカ州オマハのバス・ターミナルに入った。ここでも修道院の世話になることになり、遅い時間にもかかわらず、オマハにある修院のシスターたちが、私を出迎えてくれた。

翌朝になると、修道院がアレンジしてくれた中年女性が現れ、私をオールドタウンに連れて行った。古き時代、そこはオマハの中心地で、農作物や家畜の売り買いが一手に捌《さば》かれ、中西部きっての賑わいをみせていた。中でも、その象徴的存在であるオールドマーケットは、今も正面の壁にその看板を掲げ、昔日の名残をとどめている。むろん、その市場も、今ではすっかり様変わりし、現代的なフリーマーケットへと転身してしまった。しかし、くすんで見える古い赤レンガが昔の姿を偲ばせて、そのレンガの壁を通し、どこからか聞こえてくるやもしれぬ競りの声に、ふと耳を傾けてしまう。思えばここは、東西をつなぐ大陸横断鉄道が行き来した交通の要所で、地元の農民グレンジャーたちは、畜農業に賭ける熱い想いを出荷に託し、走る列車の汽笛を聞いたに違いない。

オマハで今一つ有名なのは、その郊外にあるボーイズ・タウンであろう。創設者の名をとり「フラナガン神父のボーイズ・タウン」とも呼ばれている。一九一七年の開設当初、施設は街中にあったが、より広い敷地を求めて四年後には西の郊外に移った。一六二エーカーもある農地を譲り受けたその場所には、小、中、高の学校、宿舎、職業訓練所、図書館、音楽堂、病院、郵便局などがあり、事情があって家を離れ、時には身寄りをなくして預けられた子どもたちが、ここで育ち、成人する。敷地内には、農業訓練用の畑もあり、ネブラスカの主要生産物トウモロコシも生産されていた。

そういえばこの町では、トウモロコシの茂みが、ここかしこに見られた。その風景は、通り過ぎたアイオワでも同じことだった。だがここでは、そのトウモロコシが畑だけではなく、街の街路樹代わりにもなり、ガソリンスタンドの脇にも茂っている。スタンド脇のトウモロコシは、あるいは鳥が運んだ実生《みしょう》のものかもしれない。だが、多くのトウモロコシは、かつて西部に入植した開拓者たちが、乾燥して荒れきった土地を耕し、灌漑の水を引き、自分たちの手だけを頼りに作付し、やがてその一つ一つが、時を経て繁殖していったものであった。

だが、この味気もない単調な畑の広がりや、砂ぼこり立つ赤土の農道とは対照的に、一度、市内に入れば、整然とした小綺麗な街並みが続く。それは、デモインでも同じであった。一般的に言って、中西部や大平原の州では、生活の基盤が整備され、住みやすい町の環境が作られていて、教育の普及率も高い。一見、田舎に見えても粗野ではなく、エリートではなくとも決して無教養ではない。荒れ地を剥き出しにした大地に向き合いながら、安定した生活基盤を持つ街づくりをする。この「見た目」でのギャップは一体何なのであろうか。

おそらくは長い年月をかけて築かれてきたであろうこの町に、人々は愛着と誇りを持っている。彼らはこの荒れ地を、コーンベルトと呼ばれるほどの大規模なトウモロコシ農園にものの見事に作り変え、同時に、生活に豊かさを持つ工夫を重ねてきた。それは、新開地での苦悩の体験があったからこそ、この土地や町が豊かにされたのであり、自分たちの努力なくして、西部の町づくりはないという、西部の気負いと自信があるからだろう。

この町を訪れた最初の時に、実は、私にはどうしてもこの町について知りたいことが一つあった。それは大平原の住民、ネイティブ・アメリカンズのことである。あるいはこの辺りは、狩猟民族と農耕民族が入り乱れて住んでいるのかもしれない。ミシガン湖周辺には、湖で漁に出た部族もいて、彼らは、その猟場について、彼ら特有の地図に、彼らの宇宙観とともに画き記している。一体、この地にはどのような部族の人たちがどのような生活をしているのだろうか。私は、その日案内をしてくれた人に会うなり早々に、そのことを訊いた。しかし、それに対する答えは返ってこなかった。代わりに、彼女は、「ミシシッピ以東から来た人は、どうしてアメリカ・インディアンのことばかり訊くの？」と私に尋ねた。そして、続けて彼女は言った。「ここには、インディアン以外の人々も、沢山住んでいるのに」

地元の人ならではの情報があるかもしれない、そう思って訊いた私の質問は、初対面から不躾であったかもしれない。そうしたことは、書物に当たれば分かることでもあった。私は改めてこの土地の人たちが大事にしている名産品について尋ねた。すると、彼女は、手作りの壺、土器、陶器、かご、バッグ、それにレースやビーズなどを挙げたが、みな、ネイティブ・アメリカンズの伝統的な民芸品ばかりであった。どれも美しい、と彼女は私に教えてくれた。和んだその顔に、先程の気色張った表情は伺われなかった。

考えてみるに、彼女が「ここに住む人たちは、インディアンばかりではない」と言ったのは、決して差別的に言ったのではないのかもしれない。この町に住む人たちが、恰も原住民だけが住む、民族文化の保護地であるかのように、奇異な目でこの地を見て欲しくない、そういう想いがあったのではないか。その言葉には、この町が荒野のままに打ち捨てられてきたのではなく、自分たちこそが作ってきた町なのだという強い自負心が漲っているかに思えた。

ミシシッピ川を渡って、こと改めての変化は直ぐにはないと、私は思っていた。しかし、大平原の奥に進めば進むほど、次第に伝わってくるミシシッピ以西の何か特別なものが、ここにはあるのだと感ずるようになった。それは通り過ぎてきたアイオワでも同じことだった。無から有を生み出す、その努力は初期アメリカ開拓民と同じものであった。だが、西部の自然環境、生活環境は、不毛の地と言われた乾ききった大地との絶えざる戦いであり、それは初期開拓以上に過酷なものであった。そして、一旦、その苛酷さと戦った上で築いた生活の基盤は決して失ってはならないという保全の気持ちも育てたに違いない。艱難の度合いが大きければ大きいほど、自負心も、保全の思いも、増していったのであろう。

そのオマハも、一九六〇年代頃から、急速に近代化の波に押され、産業の誘致や起業の出現も見られるようになった。ウエスティングハウス社の工場や、全米に大組織を持つ保険会社が進出して多くの人々を雇用し、かつてはオマハの人口の九〇%を農民が占めていた人口分布を大きく塗り替えてしまった。この現象は、廃《すた》れたオールドマーケットの景気も、今風に取り戻していくのであろうか。

〈ノース・プラット＝ネブラスカ→デンバー＝コロラド（八月二十二日）〉

早朝七時十五分にバスが出るというので、朝まだきに、今日もまた、新たな一日がかりのバス旅行に臨んだ。今日の最終目的地コロラド州デンバーには、夜十時ちょっと前に到着する。オマハはネブラスカの東端にあり、一方、ネブラスカの西端で国道八〇号線が南下してデンバーに入るため、今日の旅は、一日中ネブラスカ州を横断する旅となる。逆にいえば、一つ州を抜けるのに何と一日は優に掛るというものであった。

ネブラスカはもともとネブラスカ準州《テリトリー》として、現在のカンザスをも含む広大な開発予備軍の地域であった。しかも、アメリカ大陸の中央部に位置し、ネブラスカの発展が、のちのアメリカ全般の発展への鍵を握る地域であった。開拓を急ぐがために、鉄道路線の誘致を進めた一方、発展へのギア入れにと、ネブラスカ領地を二分し、カンザス、ネブラスカそれぞれの州を誕生させた。明らかな政治的施策であった。しかし、それは結果として、西部をそれぞれの陣営に取り込もうとした北部と南部にとっての新たな政争の地となり、血生臭い事件をも誘発した。この地域もまた、順調な発展経過には恵まれなかった。

カンザス、ネブラスカを二分し、そこからネブラスカだけを切り取ってもなお、東西に伸びる地域の広がりに圧倒されながら、私は、変化のない景色を車窓から眺めていた。相変わらず、トウモロコシ畑が延々と続き、所々、放牧された家畜の群れが見られたが、その畑や牧場の至るところに、張り巡らされた鉄条網のフェンスを多く見かけるようになった。それは放牧された牛やヒツジ、馬などを囲い込むため、あるいは自分の農場を隣の農場と仕切るためのフェンスであった。この鉄条網のフェンスは東部ではほとんど見かけることがない。それは東部には豊富な森林があって大量の木材を提供し、木を組んでは囲いや塀とすることができたからであった。しかし、雨量の少ない中西部や大平原では、それは絶望的なほどに望めぬ条件であった。

南北戦争以前、ミシシッピ川以東で急速に進んできた開拓の波が、ミシシッピ川でハタと止まり、以後、ミシシッピを越えての開拓は遅々として進まなくなった。その理由は、そこに横たわる広大な大地が乾燥地であったからである。その乾燥地帯で農業への見込みが立ったのは、戦後の産業革命の成果であった。鉄や鋼の工場生産が著しく進み、鉄条網のフェンスを生みだした。同じく産業革命の進展により、科学・化学技術の進歩で乾燥農業や、農作業を助ける耕作機械の導入が進んだ。さらに、鉄道のエンジンや貨車・客車の質の向上、長距離輸送への耐久力など、産業革命が後押しして、大陸横断鉄道の敷設を促進させた。それにより移住者も地域住民も、足の確保と生産物資の輸送を約束され、過疎地での不安が和らげられるようになった。加えて、大平原から西部山岳地帯にかけての大地が、豊富な天然資源を埋蔵していたことから、その開発や資源活用を目指し、産業の発展にいっそうの拍車がかけられて行った。だが、開発への魅力が高まってもなお、一般移住者たちが現場で直面した現実は、危険の多い過酷なものであった。

かつて昔、西に広がる未開の地に定着して生計を立てたいと、その夢を叶えるために、人々は、東部での生活を精算し、幌馬車を駆って西部へと移住した。友達と別れ、住みなれた土地を離れ、都市から田舎へ、生活の不自由も覚悟し、そして成功するかしないかの保証もなく、新天地へと移住する。その寂しさ、その厳しさ、しかし遠くにぼんやりと見える灯りを頼りに、人々は希望を将来へとつないだ。その思いはどんなであったのだろう。快適なバスの車内とは異なり、炎天下を進む疲労はどんなものであったのか。

以前、西部への移住の旅を、もし、色で表すとすれば何色になるのか、という研究分析があった。男たちと若い未婚の女性たちは、それをバラ色だと答えたが、結婚して子供のある女性たちは、灰色だと答えた。移住によって得られる成果よりも、移住の行く先々で合う困難は、過労、飢え、不安、家族の病、そして子供の死、と夢よりも現実が先行したからであった。

『いざ、西部へ』と夢は掻き立てられ、「アメリカン・ドリーム」への期待が膨らんだ。だが待ち受ける現実の厳しさが人々に本当の夢を実現させるまで、どれだけの歳月が重ねられたのであろう。茫漠とした大平原は、南西部の大砂漠と同じく、最初は期待ではなく、よりどころのない不安を先行させたに違いない。東部から西部へ。それは距離の問題ではなく、生活が一八〇度変わるという、人生を賭けての勝負であったに違いない。そして私も今、彼らの通った道のりを後追いしている。

やがて旅の半日が過ぎ、いつしか、トウモロコシ畑も車窓から消え、代わって牧草や原生花の茂る平原が見られるようになった。そこでは放牧された家畜の群れが草を食み、ネブラスカが実は牧畜の中心地「キャトル・キングドム」であることを思わせる。平原のそこかしこに刈り草が山積みされ、その刈り草は時には丸い小屋《ハッチ》のように、時には細長くレンガを切ったように積み重ねられて、大平原《グレートプレーンズ》の造形美となる。しかし、周囲の余りの広さと、その中にポツネンと積まれた刈り草の山は、寂寞感意外の何物をも感じさせなかった。

州の東側ではほとんど平坦であった土地が、西に近づくにつれ、少しずつ起伏を見せ始め、やがてその丘陵が徐々に高さを増していく。丘の表面を牧草が覆い、その牧草が次第に疎らになってくると、丘は急にごつごつとした岩肌を露わにする。しかし、その岩肌の丘陵がしばらく続いたかと思うと、再び平原が現れ、そうかと思うとまた丘陵が、といった具合に、目まぐるしく景色が変わるようになった。
道の周辺には灌木の茂みを見るようになり、やがてその灌木の合間あいまに、ごつごつした大小の石の群れが小山を作り、さらに岩肌となって左右の視界を塞ぐようになった。もはや見晴らしのよい広野の眺望は遥か遠いものとなり、辺りは次第に山岳地帯に分け入る気配を漂わせていった。覆われてきた視界のせいもあってか、徐々に迫る夕暮れが、実際の時間よりも早くに時を闇に誘《いざな》うかのようであった。やがて、夜の帳に包まれて、バスは定刻通りデンバーに着いた。その夜は久々にホテルでの宿泊となる。

〈ロッキー山岳地帯（デンバー＝コロラド→シャイアンヌ＝ワイオミング→ソルトレイクシティ＝ユタ→ウェスト・イエローストーン＝ワイオミング→ビュート＝モンタナ、八月二十二日〜二十八日）〉

デンバーのホテル・ヒルトンは、その向かいにあるデパート、メイ・カンパニーと二階の回廊で繋がり、その回廊は、コート・プレイスと言う路地をアーチ状に跨いで渡されていた。そのパッセージから下を眺めると、行き来する車や人の流れも見え、急に都会に出てきたような華やぎを感じた。
この日は、丸々一日がフリーであったので、中部ロッキー山脈に連なるコロラド連山を見に、レンタカーを借りることにした。早速にデンバーの町から国道二五号線を南下する。約八〇マイル程も走ると、一時間半ほどで、コロラド・スプリングスへと出る。そこはスキーのメッカとしても知られ、冬季オリンピックの開催地候補にも挙げられたが、自然環境を守りたいとした住民の反対に押し切られ、開催には至らなかった。

このコロラド・スプリングスの手前には、絶景として知られるパイクス・ピークスがあり、このあたり一帯がそうであるように、中部ロッキー山脈の懐に抱かれて、パイクス・ピークスの頂きは夏でも白く雪に覆われている。またその麓には、硬質の赤い岩山が様々な形と高さを成して連なり、時折、たなびく霞に覆われる。おそらくは現地に住む原住民が名付けたのであろう、この地帯を称して「神々の庭《ガーデンズ・オブ・ゴッズ》」という。思いなしか神聖な雰囲気が漂うが、神々が集い来たる様を想像すれば、日本の神話にも似た親しみがこみ上げ、思わず神々の饗宴に想いを馳せてみたくなる。

帰り道、余りにこまごまと道を曲がりすぎたせいか、思いもかけず、ホテルへの帰路は時間がかかり過ぎた。疲れも出たのであろうが、遅い時間の食事は余り食が進まなかった。それでもキャトル・キングドムへの想いもあって、ホテルのダイニングで、小ぶりのステーキを注文したが、やはりせめてこれでと、色取り良い絵をあしらったマッチ箱をくれた。東欧から来たというウェイターは、コロラドは自分にとっても住みやすい、という。どこがどう住みやすいかは訊かなかったが、戦後移住者を多く受け容れるようになったというこの地で、外国人のウェイターは、自らを適応させる生活を送っているのであろうか。

翌日、昼過ぎに出発するまでの時間があったので、向かいのデパート、メイ・カンパニーで、帰りの飛行機の搭乗に備え、ハードなスーツケースを求めることにした。セールで値段も割安になっており、使い勝手も良い上に、もはや中の荷物も偏ることなく、バランス良く収まった。

午後一時のホテルのチェックアウトから、夕方五時のバス出発までには、かなりの時間が残されていた。私は、州の議事堂に立ち寄り、その後、向かいの歴史博物館に出向いた。その二階には特別展示室があり、そこではその期間、写真展が開かれていた。その写真展の対象は、第二次大戦中、アメリカへの忠誠を疑われた日系市民が強制収容されたコロラドの収容所を舞台とし、そこで生活を余儀なくされた人々の姿が写されていた。あどけない子どもの顔が、不安におびえる皺だらけの老人の顔が、そして一生懸命アメリカに忠誠を誓う人々の顔が、容赦なく向けられたカメラのレンズに収まっている。

砂漠の中に隔離されて建つ強制収容所は、鉄条網に囲まれ、その鉄条網は越えてはならない一線を象徴する。同じアメリカ国民でありながら、日系人を集団で拘束し、物質的にも、生活面でも、不条理なほどに自由を奪い、不便を強制した「囲いの中」のスペースが、そこにあった。戦争という非常時の中で、捉われた人々への疑いや侮蔑は、この収容者を外から見る側の人々の表情に窺える。そこには、強制収容は当然の報い、といった声や眼差しが、展示場に貼られたＪＡＰ ＪＡＰ ＪＡＰの文字の効果的なレイアウトの中に踊り、展示を見る者に、迫る恐怖感と、いたたまれない胸苦しさを与えて止まない。ヒステリックなまでに高揚する愛国心と、非アメリカ的なものへの不信感は、明らかな差別と偏見を生み出していった。

だが、激しい排日論に混じって、同じコーナーに貼られたケアリー・マックウィリアムズの論評の一文が、通り行く人々の足を一瞬にして釘づけにしてしまう。「戦争は過酷な手段を作りだす。

……しかし、いかに戦いのための手段であれ、この立ち退きは、正当視できない。同じ敵国民であるドイツ人やイタリア人には取られなかった処置だからである」。この評論は一九四四年、まだ太平洋戦争が戦われている最中に、「偏見、人種的不寛容」という題で新聞に掲載された。マックウィリアムズはジャーナリストであったが、それ以前には、カリフォルニアの州政府職員として、この強制連行を目撃している。最初は、「胸のすく想い」と政府の対応に賛同していたが、やがて、収容所の非人道的な扱いを検分するうち、彼の差別への怒りは、国家政策に対する鋭い批判となり、彼の正義と良心をもはや隠蔽することはできなくなった。

戦時中という非常事態の中で、自国の政策をあえて批判し、敵の幇助者として非難されている渦中の日系人を、人権を剥奪された被害者として擁護する。それは誰にでも、そしてどこの国の人にでもできるものではない。さらに注意すべきは、この写された数々の映像を、今、展示する企画そのものの勇敢さである。しかも、州立の博物館で、それも実際に強制収容所のあったコロラドの地で公開する。後日、アメリカ政府は、強制収容された日系人に謝罪し、賠償も行っている。だが、この展示は、それ以前のことであった。アリゾナにあるマンザナ収容所と同じく、最も過酷な環境の中で行われたコロラドの強制収容。この重い課題が、今、より大きな重さとなって、強制執行した自国民の良心に、問いかけている。あなたは正しかったのか、と。

以前は日本人を見かけたこともなかったデンバーに、かつて収容された日系人やその子孫が留まって、今住んでいる。山深い町のスーパーマーケットを覗けば、醤油、豆腐、かまぼこ、インスタントラーメンに至るまで、日本食が棚を埋めていた。元来、フランス、オランダ、スコットランド、ポーランド系の移住者が多いこの町で、日本食品は日本人以外の間でも食されているのであろうか。ヒルトンのウェイターがこの地は住みやすい、と言った。そのデンバーに、新しい風が吹いているのであろうか。

夕方五時、デンバーを出発したバスは、わずか一時間半という短い行程で、国道七〇号線を北上し、次の目的地シャイアンヌへと、私を運ぶ。実は、目的地と言っても、シャイアンヌへは、その夜一夜の宿を取るだけで、翌朝七時には出発し、いったん、ルート八〇号線に戻ってから、次の目的地ソルトレイク・シティに向かうことになる。この複雑な仕組みをとる理由は、地図を見れば明快なのだが、ソルトレイク・シティのあるユタ州は、地理的にはデンバーのあるコロラド州の西隣りにあるのに、その間には中部ロッキー山脈があるため、ハイウェイはあえて山越えを避け、回り道でワイオミング州を通過する路線をとっているのである。その八〇号線は、コロラドとの州境線をギリギリに走り、途中斜めにロッキー山脈を突き切って行く。お陰で、私は、人里離れた放牧の地、ワイオミング州を、車中からとはいえ、垣間見ることができた。

いろいろな人が乗降するバスの車内で、ふと気づいて見れば、中西部や大平原、あるいは山岳地帯に入ってこの方、ほとんど黒人の乗客を見かけることがなくなった。代わって、ネイティブ・アメリカンズの乗客を多く見るようになる。なるほど、この土地には、多数のネイティブ・アメリカンズの集落があり、その集落の広がりは、オクラホマ、カンザス、ネブラスカ、サウス・ダコタ、ノース・ダコタから太平洋沿岸に至るまでの地域に広く分布する。

もともとアメリカ内陸部や東部沿岸地帯にしても、多彩で異なる集団を作るネイティブ・アメリカンズがそれぞれ縄張りを築いて生活をしていた。東部沿岸地帯では、友好的な部族が初期開拓者を迎え、その生活を支えることもあった。しかし、白人による開拓が奥地に進み、開拓者と原住民との間で利害関係の衝突が深まると、西部での治安を維持することが困難になる。少なくとも当時の施政者たちはそのように判断し、一八三〇年、アメリカ連邦議会は、ミシシッピ以東に住むネイティブ・アメリカンズをミシシッピ以西の地に強制移住させ、彼らを保護する名目で、そこに居留地を制定することを可決した。その対象となったのは、チェロキー、チョクトー、クリーク、チカソー、セミノール五部族をはじめとする約六万人のネイティブ・アメリカンズであった。彼らは農耕民族で、定住型のライフスタイルを持ち、部族内での統制ある秩序を維持していた。しかし、東南部の温暖で肥沃な土地を追われた彼らは、丘陵地の痩せた土地での農耕に期待するものもなく、この強制移住に抵抗するものもあった。

そこで時の政府は、ついに連邦軍隊の監視のもとで、予定された代替地へと彼らを強制的に追い立てることになった。移住者たちはこの行程を徒歩で進み、途次、疲労と飢え、寒さ、疫病に襲われて、命を落とすものも少なくなかった。そのため、この過酷な強制移住は「涙の旅」として語り継がれ、ネイティブ・アメリカンズに対する謂れもない差別政策の象徴とされている。その「涙の旅」の行程は現在のオクラホマ周辺に通じる道で、今、私がバスで辿っている地域の南に当たる。その後、南北戦争以後に、対ネイティブ・アメリカンズ政策はいくらか見直され、彼らに教育と住まいを提供してアメリカ社会への同化を促し、しかも向こう二十五年、その土地で耕作することを条件に、土地の譲渡をも約束した。しかし、かつて白人移住者を開拓へと促した時の土地定着条件が僅か五年であったことを思うと、政策の根底に違いが見られよう。

茂みの間をバスが抜け、やがて少しずつ開けた街並みの風情が見られるようになった時、高い尖塔をもつ真っ白な石の建物が木々の間に見え隠れするようになった。すると突然、バスに乗っていた三歳くらいの男の子が、甲高い驚嘆の声を上げて叫んだ。「マー、見て！　すごい、すっごーい摩天楼！」と子どもの興奮は治まりそうにもなかった。その叫びに笑い声を上げたバスの乗客たちも、つられて一斉に車窓を見れば、そこには聳え立つゴシック建築の教会と鐘楼の塔があった。いよいよモルモン教のメッカ、ソルトレイク・シティの街中にと入って来たのである。夕方、五時二十五分、無事、バスはターミナルに到着した。

ソルトレイク・シティが特殊な町だという印象は、もちろん、モルモン教徒の聖地としての先入観から来ることもある。彼らの持つ特異な信条と、それに対する迫害から逃れての旅は、苦難に満ち、最後に辿りついたソルトレイク・シティは、彼らに安らぎを与えるとともに、その地を征服したという勝利のシンボルともなった。もともと、原始キリスト教を信条としながら、教団を率いるブリガム・ヤング以下、一夫多妻主義を奉じて教団の統一を図ったことから、アメリカの他のキリスト教宗派から異端視され、それゆえの迫害が続いていたのであった。小高い所に立つモニュメント・パークには、壮大な石のモニュメントがあり、そこに、「ここぞ、我らの地」と刻み込まれている。その地こそ、モルモン教徒の一団が、アメリカ東部を出てからの長い流浪と迫害の末、旅の終わりを告げた終着点であった。石碑は、単なる文字を刻んだに過ぎないのに、何故か山間《やまあい》に響く流浪の民の息遣いを感じさせるようであった。

ソルトレイク・シティは山に囲まれた美しい町だが、市内観光の最大の目玉は、テンプル・スクウェアに建てられたモルモン教の総本山、タバナクル寺院であった。壮麗なゴシック建築の外観に誘い入れられるように会堂内に入れば、圧倒されるような壮大なパイプオルガンが後部の壁を覆い尽くして備え付けられている。よく、アメリカ極東アジア放送FENが日曜日となると決まってここからパイプオルガンの演奏を中継放送していたことを思い出す。

隣接する博物館を訪れると、モルモンたちの初期移住の苦悩を描いた彫刻がある。なかでも、厳冬の雪の中、マントにくるまりながらよろけそうな身を辛うじて夫に支えられている妻と夫の夫婦像は、リアルで身につまされ、胸打つほどの感動を与える。同じような彫刻は、建物の外にもあり、そこでは、夫婦が二人で荷車を曳き、荷台の上には小さな女の子が、そして荷台の後ろにはそれを押す男の子が、一つの家族像として描かれている。荷台を曳く女性の顔には凛々しさが表れ、戸内の彫刻とは対照的に開拓者の逞しさを表現するが、それはなおいっそう、開拓の厳しさを顕わにする。それと同時に、彼らは、信じた神に導かれてここまで来たのだという、一種の選民意識も窺わせる。

そういえば、今朝この町を歩いていた時、一つ見掛けた風景があった。四、五歳の男の子であろうか、大きな木に登り、盛んに枝を揺すっている。すると、通り掛った女学生風の子が、「そんなに揺すって枝が折れたら、どうするの？　あなたのおじいちゃんやおばあちゃんたちが植えた木でしょう」と諭している。「この枝が折れて、木がダメになったら、坊やも坊やの子も、もうこの木は見られなくなるの。暑い日の木陰もなくなってしまうのよ」その穏やかな口調に、子どもは木ゆすりをやめてしまった。

　そうだ、ここ、ソルトレイク・シティの木は一本、一本が手植えであったことを思い出す。彼ら初期モルモン教徒たちがこの地に入った時、山の谷合いには木があっても、開拓して住む平地は乾燥し、塩分の強い湖は、飲み水はおろか、灌漑の水にも役立たなかった。そこで彼らは、春の雪解けを待って流れ出る水を峡谷に貯水した。都合、七つの貯水池となって、それが住民の飲み水や灌漑用水に当てられていった。ちなみにソルトレイク・シティは、アメリカ国内で水の消費量が最も多く、その水のほとんどは自分たちで作り出した水であった。その水を使って、彼らは丁寧に植林し、見事な街路樹に育てあげてきた。今住む人たちは、その先祖が植えた木の恩恵を享受し、だからこそ、その恩恵を次の世代に譲り継いでいかなければならない。

　この粘り強い意志の固さがモルモン教の人々をこの荒れ地に定住させることに成功したのだが、やがてその教団も、アメリカ社会で生き続けるために、一夫多妻主義を返上し、アメリカ人としての市民権獲得の道を作っていった。しかし、教会信者の団結は堅く、教団の経済力も揺るぎない。実際、この町の金融機関をはじめ、教団が所有、管理する財は巨額のものと言われている。その意味でも、やはりソルトレイク・シティは特異な町と言えるのであろう。

　朝七時四五分、またもや早朝の出発で、バスはソルトレイク・シティを離れ、州道一九一号線と二〇号線の交錯する道を北上し、アイダホ州の東部を抜け、一路ワイオミング州にあるウェスト・イエローストーンへと向かう。途中、アイダホでは、アイダホ・スプリングスを経てから州道を離れ、山道へと入って行く。午後四時三十分の到着を目指しての行程である。しかし、バスはこのウェスト・イエローストーンに到着すると、それから先、イエローストーン国立公園に入ることはできず、ここで、長距離バスを降りなければならない。公園内専用の循環バスを利用する代わりに、私はここウェスト・イエローストーンで車を借り、公園内最大の観光地、オールド・フェイスフルに向かうことにした。

イエローストーンの地名は、もともと、この地域に住むネイティブ・アメリカンズが、そこに流れていた川を「黄色い岩の川」と呼んだのが語源であるとされている。この地の存在は、かつてネイティブ・アメリカンズの情報で白人探検隊の知るところとはなっていたが、実際に開拓の対象となったのは、この周辺に金鉱脈が発見されてからのことであった。百年ごとに刊行されるという、おそらくは観光向けのタブロイド、『イエローストーン・ガゼット』によると、一八七一年の調査の結果、イエローストーン一帯の地では、金鉱の発掘ブームで天然資源が乱開発されることをおそれ、連邦議会が一八七二年三月一日、二二三〇万余エーカーの周辺地をイエローストーン国立公園として保全することを制定した、とある。この記録はもちろん史実であって、これによりイエローストーンは、世界で初めての国立公園となった。

この貴重な環境保全政策を持続するため、イエローストーンでは公園管理を一括してイエローストーン・パーク会社に委託し、敷地内のホテル、飲食店はもとより、道路に至るまで、確固とした厳しい規制を布いている。チャーターバスを除き、大型の長距離バスが公園内に入ることができないのもそのためである。

公園内のホテルは僅か三軒、そしてモーターカー用のロッジ、キャビンが四、五軒。その三軒のホテルは、園内の四か所の観光スポットのうち三か所にそれぞれ一軒ずつあるのみで、間歇泉のあるオールド・フェイスフルでは、広い敷地を持つその同じ場所に、オールド・フェイスフル・イン以外、他のホテルは一軒もなかった。また、二三〇平方マイル以上もあるイエローストーン国立公園の敷地では、南北へと走る主要道路は基本的には一本しかない。東西についても同じことがいえる。後は、僅かに枝葉の道が要所々々に走っているだけである。

イエローストーンへの入り口は、東西南北と四か所にあるが、ユタ州からは、ウェスト・イエローストーンの町へと抜けるので、その町のある西口が必然的に入り口となる。この西口から入って、間歇泉のある観光スポット、オールド・フェイスフルに行くには、少々南下しなければならない。その南下する一本道を取れば、はや、周辺には松や杉など針葉樹の樹木が群生し、時折、陽光を遮るような影が頭上を覆うようになった。標高は七一一二フィート（約二一六八メートル）もあるが、すでに深山に踏み入った感が強く、行く先々で、真っ白に朽ちた大木が横倒しになり、その倒木の下を縫って小さなせせらぎの流れる様子が葉隠れに見てとれた。澄み切った水は、その川底までも見えるほどであり、心洗われるような清涼感と、自然の営みの神秘さに、思わず速度を落とし徐行する。それでもなお、真っ青な水に直接触れてみたくなり、流れに近寄って見れば、水の底はエメラルド色に輝いて一点の濁りも見られなかった。水は小砂利に当たるところでは細やかな漣を立て、その波が夕陽に映えてキラキラと光っている。瀬の流れには、水に腰までつかって、魚を釣る人の姿があった。

やがてオールド・フェイスフルに近づくと、何処からともなく真っ白な湯けむりの立つのが見えてきた。それは間歇温泉の湯けむりで、吹きあげ始めた間歇泉は一か所にとどまらず、ここかしこで吹きあげている。一時間おきに約十分間、数百フィートもの高さで吹きあげては、辺り一面に立ち込めた湯けむりで、周囲は真っ白くなるほどであった。何時とはなく、高く弾んだ声や叫びが聞こえ、見る人々の興奮が伝わってくる。

湯の吹きあげた後の地表は、吹きあげた水量の多い所では、緑色の水の底にぶつぶつとした穴が空いていて、その痘痕《あばた》状の模様が薄茶色に見えている。水気の引いたところでは、湯柱から流された湯の道筋がくっきりと幾何学的な模様を作っていた。湯の持つ熱の高さ、流れる水の持つ力の大きさが、つくづくと推量され、自然の脅威を感ずるばかりであった。ふと、前方に広がる草原を見ると、遠くに見えた番いのエルク、そしてバイソン、すばしっこく走っては、耳を立てて注意深く辺りを窺うアンティロープ。少なくとも私のカメラに収まった野生動物は、リスなどの小動物を除いて、普段は見られない凄者《すごもの》たちであった。

これだけのスケールのアトラクションを大自然が展開するその妙味に誘われて、ここイエローストーンには、大勢の観光客が訪れる。その多くが、二週間、三週間と長期の休暇をここで過ごし、散策したり、乗馬を楽しんだり、魚釣りに明け暮れたりする。だが私は、僅か一日と一夜を過ごしたのみで、次の町、ビュートに向かっていた。

公園を抜けたところでモンタナ州との州境に出る。その道はそのままリビングストンの町で国道七〇号線と交わるので、私はそれを左折して七〇号線を走り、モンタナ州のビュートまで出ることにした。モンタナ州はアメリカ合衆国が位置する北端の州で、カナダと国境を接している。その州都はヘレナだが、州都のほかに三つの都市があり、その一つがビュートであった。オールドフェイスフルから走って三〇〇マイル余（約四八〇キロメートル余）。そこから先は久々に、空路でシアトルまでいくことになる。

ビュートは世界一良質な石炭産出を誇る炭鉱の町だが、モンタナ州西部にはロッキー山脈の尾根が走り、州内には、ビュート以外にも、金、鉛、石炭などを産出する地域がある。モンタナ州全体を見れば、アメリカでも四番目に大きな面積を持つ州だが、逆に州の人口は著しく少なく、その人口の多くは畜産農家と炭鉱労働者であった。そのビュートに、何故私が興味を持ったかと言えば、私の研究対象であったニューヨーク州知事アルフレッド・スミスが、一九二八年、民主党大統領候補となって、選挙のための遊説旅行に赴いた際、西部の地で最も冷遇されたのがここ、ビュートであったからである。何故、ビュートなのか、何故、ここで彼が嫌われたのか、何故彼は、この町でアピールできなかったのか、尽きぬ興味がそのことにあった。

アルフレッド・スミスは元来ニューヨーク州知事を二期務め、ニューヨークに限らず、都市層で絶大な人気があった。しかし、彼の政治家としての背景は、異例ずくめで、祖父母からイタリア系とアイルランド系移民の両方の血筋を引き、その上、貧しい家庭に育って正規の義務教育も未了であった。しかも、新教徒の多いアメリカで、スミスがカトリック教徒であったことなど、いずれの条件を取っても、アメリカでの政治活動の上では、マイナス面のみを負うものであった。

しかし、当時、アメリカ都市部に起こりつつあったリベラルな革新運動の動きは、ニューヨークでも高まり、スミスが求めた福祉政策や都市労働者の生活改善策への取り組みが功を奏し、スミスの人気はいっそう高まって行った。また、人種的マイノリティーが多く住むニューヨークの都市部では、スミス自身が持つ異例な家庭環境やマイノリティーの要素が、かえって多様性のある人生の価値観を生み出すとして、スミスへの支持層が膨らんでいった。

その人気の中で、なお、支持を巡っては予断を許さないスミスの事情が他にもあった。それは、民主党の政治的支持団体である大組織、タマニーホールがスミスの選挙勢力を支えていると指摘されていたことであった。政治的支持団体は往々にして党の資金源を握って党活動を左右し、それにより党や政治の中枢に政治団体のために功を立てた関係者を報償として送りこむなど、人事を動かすまでの腐敗した人脈のシステムを作り上げていると、とかく国民の間では不評であった。しかもその背後には、支援団体のボスが君臨し、腐敗政治の温床を作り出しているとして、批判を浴びていた。

スミスはボス政治との関連を否定したが、噂は消えず、折角、州レベルでの革新政治の成果を誇りながらも、政治の浄化という今一つの革新運動の基軸を確立できないでいた。その上、スミスは、憲法修正条項第一八条に制定された禁酒条項を、ザル法で制定の効果はないと批判し、一八条の撤回を求める意見を明らかにしていた。そのため、禁酒法支持者からは、彼の政治姿勢はアメリカの道徳観に逆行するものだとして、大いに非難を受けることになった。この禁酒法支持とボス政治一掃を求める声は、特に中西部以西の農村部に強く、堅い結束力がこの地域の言論にも表れている。

西部では、すでにスミスに対する先入観もあって、禁酒法に反対するスミスを、アルコールで酔いしれる呑んだくれの悪徳政治家としてのイメージを固め、似顔絵や漫画《カリカチュア》に不良で教養もなく、手に負えないスミスの政治家像を描いては、笑い物としていた。モンタナ州は、スミスにとり、そのようなイメージを払拭させるための遊説先であった。だが、このモンタナ州で、彼は州都へレナをヘリーナと発音し、挙句の果てに、この炭鉱の町ビュートでは、「ここに来るまで聞いたこともない地名」と無神経に放言し、地元の人々の不要な反発をさえ招いている。炭鉱労働者の中にはアイルランド系移民も多く、スミスにとっては、支持層を挽回できる唯一の可能性を秘めたこの土地で、自らの不用意な発言により、取り返しのつかない失敗を演じたのであった。スミスの最大の判断ミスは、ニューヨークの、しかもそのなかでも、マンハッタンのような都市部での支持を過大評価し、逆に反都市部の侮りがたい感情を読み切れなかったという致命的な失敗であった。評論家ヘンリー・メンケンは、このスミスを評して、「ニューヨークしか見ていない地域主義者《プロヴィンシャリスト》」と呼んだ。

ビュートの町は、いかにも鉱山地域らしく起伏に富んだ広がりを見せていた。丘の斜面に沿って見える家並みは、鄙びた小さな山村の風景で、町の賑わいを感じさせるものは何一つない。見てからに地味で、はしゃぐことのない町の佇まいは、なるほど、「呑んだくれて酔いしれる悪徳政治家」のイメージを描く限り、スミスなど受け容れる素振りすら窺えない。泥臭さのある田舎であっても、粗野ではなく、エリートでなくとも無教養ではない、という西部人のプライドに賭けても、受け入れられない頑なな想いがあったのだろう。

ここビュートから、私はさらに西北の町、シアトルへと久々に空路をとる。そのビュートの飛行場はと探せば、野原の中に、ヘリポートかと見間違うような小さな空港があった。果たしてこの飛行場から、旅客機が飛び立つのであろうか。一抹の不安を覚えながら、夕闇迫る中、六時一一分発、シアトル行きのナショナル航空で、山岳地帯をあとにした。

〈太平洋沿岸地帯へ（シアトル＝ワシントン→ポートランド＝オレゴン→ユーリーカ、サンフランシスコ＝カリフォルニア、八月二十八日〜九月三日）〉

七時二十二分、定刻に到着したシアトルの空港は、さすがビュートの飛行場よりは桁外れに大きく、離発着の客で賑わっていた。だが、その賑わいとは対照的に、シアトルでの宿を供された修道院は、郊外の一郭にある小高い丘の頂上に広がる新興住宅街にあり、その深閑とした丘には清涼とした空気が流れて、肌も引き締まるかのようであった。その上、ここシアトルでは、一段と陽気も冷え、夏だと言うのに、昼夜を問わずヒーターが入れられ、戸外では、セーターやジャンパーを重ね着してもなお、寒いくらいであった。

シアトルでは、懐かしいゼミの卒業生と再会し、その案内を受けることになった。かつて万博の開催地となった跡地の施設や、湾に掛る巨大な浮き橋《フローティング・ブリッジ》ジョージ・ワシントン橋などを見て回ると、久しく見なかった海の景色に触れ、いよいよ大陸の西端にやって来たのだという実感を深くする。シアトルは人口の半数がスカンジナビア人の移住者というが、日本人の居住者も多く、また韓国人や中国人など、他のアジア系の人たちも居住する。また、アフリカ系の人たちやネイティブ・アメリカンズも町の人口を形成し、人種が混交する街でもある。聞いた話では、これらの人種間に対立もあり、纏まって小ぢんまりとした町にも、複雑な社会問題があるという。

しかし、シアトルは何と言っても、アメリカ大陸の西のはずれにあり、大陸横断鉄道の終着点でもあった。一八五〇年代、オレゴン周辺での金鉱脈発見に沸き立つこともあったが、東から西へと向かった鉄道の敷設に伴い、人口の動きもそれに続いた。その上、流れをさかさに見れば、西海岸の玄関口として、外洋からの人口の流入、さらには北のカナダとの国境からの移住者もあり、多くの人種が混交することも当然のことであったかもしれない。ただ、シアトルは大陸の北端にあることから、同じ西部沿岸でも、サンフランシスコやロスアンジェルスほどに人口を留め置くことはなく、あえて言えば、過疎の都会といえるかもしれない。

このワシントン州にあるシアトルから、西海岸沿いに一路南下する私の旅は、ほぼ四十日間のアメリカ一周の旅をいよいよ締めくくる最後のもので、路程は、再びグレイハウンドでのバス旅行となる。七月三十一日、十一時四十五分発。バスは次の目的地オレゴン州ポートランドへと向かう。残念ながら、ハイウェイは海岸線を眺めながらの旅ではなく、カリフォルニア州のサンディエゴまで一気に下る国道五号線を通る行程であった。それでも、そのルートには、赤松で知られる松の並木が続く所があり、車窓からの景観はなかなかのものであった。

ポートランドの町はワシントン州からオレゴン州に入る州境を過ぎたところにあり、オレゴン州の中では、その一端にすぎない。もともとオレゴン州は、かつてワシントン州も含めたオレゴン準州の南領であり、州全体をとってみれば、ワシントン州と変わるところのない、海岸山脈の走る丘陵地帯である。しかし、赤松の並木道に見る通り、植物の生育は良好で、カスケード山脈の中腹には豊かな森林地帯が広がり豊富な木材を産出する。

ポートランドを出てからその後の行程としては、翌日九月一日の早朝、七時半に出発するバスに乗り、次の町ユーリーカへと向かう。ユーリーカは太平洋沿岸の町であるため、バスはオレゴンのグランツ・パスを過ぎたところで、国道5号線を離れ、いよいよ待望の沿岸コースを走る一〇一号線へと合流する。そして、ユーリーカに来れば、この旅最後にして、しかも最初に訪れている州、カリフォルニアへと、旅の振り出しに戻ってくるのだ。ユーリーカには夜八時四十分に到着し、ポートランドを出てから約十三時間の長旅となる。ここに一泊し、朝八時にユーリーカを出発すれば、後は終着駅サンフランシスコまで約八時間。そしてサンフランシスコでは、空港のホテルに最後の一泊をするというスケジュールを残すばかりとなった。

その最後の町、サンフランシスコは、私にとっては子供時代も入れれば、これで三度目の訪問となる。最初にこのサンフランシスコの町を訪れたのは、まだ六歳。日本に帰る途次、ロスを出港した船が、最初に寄港した町がこのサンフランシスコであった。あの時、すでに兄は中学に入るために帰国し、父は単身ロスに残ることになっていたので、港で父に見送られたあとは、母と私と手伝いの者の三人がサンフランシスコに寄った。この年、たまたまサンフランシスコでは万国博覧会が開かれていて、父母の友人であったウィリス夫妻が車でサンフランシスコに駆けつけて合流した。子どものこととて、博覧会場の賑わいをぼんやりと記憶する程度で、あまりよくは覚えていない。船の出港に合わせての短時間、たった一日の訪問であった。

二度目にこの町を訪れたのは、ワシントン滞在を終えての帰り道、今度は、両親との三人旅であった。二日間の滞在ではあったが、ゴールデン・ブリッジをはじめ、市内観光をして、月並みのコースとはいえ、それなりに町の様相を駆け足で見聞した。そして、三度目の今回は、帰り便を待つための調整地点ということになる。

何故か、サンフランシスコはいつも急ぎ足での旅に終わる、と思っていたが、この四十日間一周の旅のあとで、実は幾度か私はこのサンフランシスコを訪れる機会に恵まれた。また、サンフランシスコに近いメンロー・パークやパロアルトなどにしばらく滞在し、スタンフォード大学の図書館通いをする長期の日々を一回ならずとも、繰り返している。当然のこと、その時の体験の方がいささかなりとも豊富であったので、今回の四十日間一周の領域外ではあるが、これらすべて断片的な記憶を貼り合わせてみると、サンフランシスコ特有のイメージが浮かび上がる。

例えば、この町で最も印象に残るのは何かと聞かれれば、ありきたりだが、霧の町と、急勾配の坂道の町というイメージかもしれない。サンフランシスコの町は、遠くから見れば町の上空がそこだけ雲に覆われていることが分かる不思議な地形をもっている。その上、サンフランシスコは、たとえ周辺の町々が真夏の炎天下に晒されて汗ばむほどになっても、夏の気温が上がらずに、寒いほどである。太平洋を巡る潮流が、この低温と霧をもたらしているのであろう。

だが、奇妙なことに、サンフランシスコとロスを比べると、ロスの方が幾分、湿気が強いことに気がついた。さらに、同じカリフォルニアでも、サンフランシスコは、ロスアンジェルスよりも多彩な背景の人たちを吸収してきただけあって、ロスに比べれば開かれた町というイメージが強い。どんよりと霧で覆われながらも、開放的な町。奇妙な取り合わせという点では、ロスについても言えることで、ロスは、明るい陽光の下、どことなく保守的で、気取っていて、型に嵌ったきらいがある。つまり、この二つの町には、似通った共通点もありながら、意外と対照的な要素があるのである。

しかし、注意しなければならないのは、一口にサンフランシスコといっても、実はその広がりは意外と広く、いわゆるベイエリアと呼ばれているサンフランシスコ周辺の地域が、広大なサン・パブロ湾からサンフランシスコ湾にかけての湾岸地帯に広がり、ここには海運業、金融業その他の業界を仕切るほどの富裕層が居住する。なかでも、パロアルトの北にあるメンロー・パークは、瀟洒で美しく、もし世界のどこかに住みたい理想郷があるとすれば、メンロー・パークは、その条件を叶える三本の指に入るとまで言われている。このベイエリアの富裕層は、したがって、ロスの富裕層よりも、もっと豊かな生活を楽しんでいるかもしれない。そしてその富裕層は、ロスのそれよりもはるかに閉鎖的な社会体質を持っているとも言われている。

したがって、霧の町サンフランシスコ、坂の町サンフランシスコ、そして開放的なサンフランシスコは、湾岸地帯にではなく、その反対の外洋に面した、ごく限られた町のことなのである。その限られたスペースのサンフランシスコが、都会的繁栄を見せたのは、一つには外洋に向いた港町であるために、移民の出入りが闊達であったことや、海運業をはじめとする港湾産業その他の労働者が居住するようになったほか、景色と町の気風に魅せられて多くの芸術家たちが移住するようになったからであろう。バレーやクラシック音楽をはじめ、前衛的なポップス音楽、さらには、画壇の人までをも吸収するようになった。短絡的な言いようだが、この多彩な顔触れの人々が、自由な意思表現によって開かれた町という印象を作っていったのかもしれない。

それにしても、Discover America！と、銘打って推奨した一周旅行により、私は一体、何を発見できたのであろうか。（1）アメリカの広さが極端にして、とてつもないものであること、（2）地域による格差―ことに、ミシシッピ以東と以西の違いが想像以上に激しいものであること、（3）公用語が英語であるはずのアメリカが、実は多彩な言語を有する国であること、（4）それとも関連することだが、アメリカに移住してくる人たちが、昔よりもさらにヴァラエティーに富んで来ていること、（5）町が年々変わり、たかが十年、二十年の間に、まだまだ知らぬアメリカが、もっと、もっと知らない国へと変化していること、（6）アメリカがこの時代の変化と地域の広がりを持ちながら、それでも変わらぬアメリカ的気質を持ち続けていること。だが、果たして私は、アメリカの真なるものを本当に発見したのであろうか。結局は、分かっていること以外、何も発見してはいないのではないか。

解けぬ謎を紐解こうと焦りながらも、いよいよ、九月三日昼、十二時三十五分発のパンナム機で羽田に向かう。帰国は九月四日。そして、アメリカ一周の四十日間――正確には三十九日間が終わる。羽田まではノンストップのフライト便。私にとっては、太平洋を越える北米航路では、これが初めての長時間フライトとなる。そしてそれ以後のアメリカ本土行きは、すべて直行便となったので、途中ハワイに寄港することもなくなった。

今回の四十日間一周の旅に限らず、アメリカは何度旅しても、その場所、その時、それぞれに、触れる度、いつも新鮮な発見をする。それはアメリカが絶えず変化しつづけ、絶えず新しい面を露呈しているからなのか、それともそう単純にこの国のことは分からないのだという暗示を送っているからなのか、よくは分からない。だが、そうシニカルに考えることもなかろう。どこの国にでもあるように、人の住むかぎり、そこは息づき、だからこそ変化する。アメリカは、その変化が時に早すぎ、時に遅すぎるだけのことなのかもしれない。そして、それは、もしかすると、四〇日間という時間は終わっても、暗に、アメリカ発見に終わりはないことを示唆しているのかもしれない。

8　ニューヨークの秋——アメリカにして、アメリカでない街角で

一九九二年と一九九三年の二回、秋の十月初めごろから十二月中ごろまで、それぞれ、ほぼ二ヶ月間余、私はニューヨークに滞在することになった。それはニューヨークにある国際連合本部で毎年開かれる国連総会に出席するためであった。イースト・リバーに沿って立つ国連本部のビルは、マンハッタンの一番街に面し、横道を挟んで隣に位置する日本代表部とは、僅かな距離ではあるが、往き来する道すがら、次第に色づき始める街路樹が秋の気配を漂わせる。そして、この時期には、ニューヨークというアメリカのシンボル・シティーに、いつにもまして、世界各国の代表者たちの姿が多く見られるようにもなる。

ニューヨークは、世界的に影響力の強い金融業の中心地として、国内外の経済を牽引する活力を持っている。そのせいか、政治の町というよりもビジネスの町といった印象を与えることが多いかもしれない。そのシンボル的存在はウォール街だが、その活力がまた、人を呼び、新聞社に放送局、ショービジネスの劇場や、シンフォニーホール、あるいは多くの美術館がひしめきあう町ともなる。そのことがなおさら、ニューヨーク市の商業的発展を促し、スタイリッシュなファッション・ビジネスの店舗をはじめ、グレードからいえばピンからキリまである様々なレストランの出店

をもたらしている。そして、その商業的メッカともいえるニューヨーク・シティの一郭に、世界政治を動かす国連本部があることで、ニューヨークは、決して政治と縁遠い町ということにはならない。結局ニューヨークは「何でもあり」の町となっている。

だが、ここで言うニューヨーク市というのは、大方は、マンハッタン島にある町のことを指していて、実はニューヨーク州のほんの一部にすぎないことは、往々にして忘れられている。つまり、大西洋岸に僅かに突き出ているマンハッタン島の母体は、独立後のアメリカを支えたニューヨーク州の一部であり、そのニューヨーク州はといえば、マンハッタンのある大西洋岸から北に、あるいは西にと、五大湖やカナダ国境にまで至る広大な領土を持っている。国内での規模からすれば、五十州のうち三十番目の大きさで、大して大きくはないのだが、中部大西洋沿岸地帯では、最大の大きさとなる。現在のニューヨーク州は、ハイテク産業や光学精密機器、その他製粉、ガラス、プラスティック産業、それに自動車や飛行機などの生産も抱えるが、本来は州の大半に田園地帯の広がる農業地域であり、アパラチア山系の山岳地帯、中部湖水地帯などと併せ、変化に富む地形を持っている。観光名所ナイアガラの滝もまたこの州の一部となる。

しかし、田園地帯の広がる州としては、異例なことに、ニューヨーク州は、群を抜いて人口が多い。今では全米最大の人口を持つのはカリフォルニアだが、ニューヨーク州は長いこと人口最多であったため、選挙の際には重要な票田となるばかりでなく、時には、キャスティング・ボートを握って選挙の行方さえをも左右してきた。その巨大な人口を創出するのは、言うまでもなく、マンハッタンやその周辺にある金融と商業の町ニューヨーク市に人口が集中するためであった。ちなみに、ニューヨーク州全体の人口のうち、半分近くがニューヨーク市の人口で占められている。一方、ニューヨーク州最大の悩みは財政難であるが、ニューヨーク市が膨大な金融の流れを作って財政を支えている半面、都市に住みつく貧困層を救済する意味での福祉にかかる費用も莫大で、市の危機的な財政の立て直しが絶えず施政の課題であることも否めない。ニューヨーク市は、ニューヨーク州にとってのドル箱であると同時に「金喰い虫」でもあり、それを象徴するかのように、豪勢な富裕層の邸宅があるかと思えば、スラムとそれに絡む犯罪も絶えることがなく、財政面でも社会面でもまた、「何でもあり」の町ということになる。

ニューヨーク市は、マンハッタンのほか、ブロンクス、ブルックリン、クイーンズ、リッチモンド、（スターテン・アイランド）と、計五つの行政区から成り立っているが、ブロンクスを除けば、いずれもニューヨーク州本土とは陸続きではなく、橋やトンネルで結ばれている。むろん、連絡路は複数あり、なかでもマンハッタンには数多くの連絡路が交錯するが、それでも、これらの橋やトンネルがネックとなり、ラッシュアワーには大渋滞を引き起こす。というのも、ニューヨーク市内で仕事を持つ人たちが、街の喧騒を逃れ、静かな郊外に住宅を構えるからであった。もちろんこの渋滞を嫌って、公共の交通機関を使って通勤する人たちも少なくはないが、いずれにせよ、朝夕の移動の形態がマンハッタンを気忙しく駆りたてているのは、ごく日常の風景でもある。

このニューヨーク市の人口の膨らみに、いささかなりとも貢献しているのが、国連の職員と国連加盟国の各国代表であろう。多くの加盟国が、その代表部を国連ビルに近い所、つまりマンハッタン内に持っているのだが、これとは別に、それぞれが国連大使公邸を構えている場合、人事の移動はあっても、これらの人々が、市に常駐する。ただ、そこに勤務する館員や従業員の中には、近郊に居を構える者もあり、ニューヨークの昼と夜の人口には、自ずと開きがある。

その上、国連で開かれる折々の会議によっては、会期も異なれば、会議を構成するメンバー国の数も違うため、必ずしも加盟国のすべてが、一定した数の国家代表を絶えず国連に常駐させているわけではない。ちなみに、秋に開かれる国連総会は、国連加盟国のすべてが総会メンバーであること、また、議題が多岐にわたるため、それぞれをカバーする専門官が逐次出席するケースもあり、総会の出席者は、入れ替わり立ち替わりで、延べ人数としては、国連関係の会議のうちでも最多となる。したがって、秋のニューヨークは、国連に関して言う限り、最も出入りの多いシーズンとなるのである。

国連自身がもっている機構は複雑である上に機関の数も多く、全てがここ、ニューヨークの国連本部にあるわけではない。たとえば、ジュネーブやパリ、ウイーンにも数多くの国連関連機関が常駐のオフィスをもっている。それでもニューヨークの本部では、先に触れた秋の総会が開かれるほか、安全保障理事会や経済社会理事会など、重要で、ニュースヴァリューのある理事会や委員会が定期的に会議を開いている。

そもそもこの国連本部の設置場所を、世界の中でも、ここニューヨークにするという決まりは、国際連合の骨組みが構想として打ち出されてきたいくつかの会談に由来する。一九四一年のローズヴェルト＝チャーチル間の大西洋会談、あるいは、事実上の国際連合の出発点となった一九四四年のダンバートン・オークス会談、さらには国連の設立と国連憲章の採択が最終確認された一九四五年のサンフランシスコ会議と、いくつかのステップを踏む中で、最終的には、一九四六年にロンドンで開催された第一回国連総会がアメリカの提案を受諾し、二月十四日の決議で正式に国連本部設置の場所をニューヨークとすることを決定している。その結果、一九四九年十月二十四日にニューヨークで礎石が築かれ、一九五一年には事務局ビル、翌五二年には総会用の建物が建設を終わり、同年、十月には、この新しい建物で国連総会が開かれた。

アメリカ合衆国議会はすでに一九四五年十二月、ニューヨークに国連本部を設置する決議を満場一致で採択したが、国連関係の資料によれば、建造物のための敷地六四〇〇〇平方メートルが購買されることについては、ロックフェラー二世が寄付した八五〇万ドルで購入されたとあり、その隣接地と河岸の使用権はニューヨーク市から提供され、ビル建設のための費用六七〇〇万ドルのうち、国連予算から支出されたものは二〇〇万ドルで、残額はすべてアメリカ政府発行の無利子公債で調達されたと記されている。言うまでもなく、国連ビル創設には、アメリカの財力と尽力に多大に負うところがあった。その後、半世紀近くもしてアメリカ経済に陰りが見え始め、国内での余剰金も逼迫し始めた頃、国連機関への分担金支出で出し渋るアメリカ政府の胸の内には、一体何時までアメリカが丸抱えで国連の面倒をみなければならないのだ、という想いが横切ったのかもしれない。

このアメリカによる出し渋りの分担金のせいだけではないが、国連自体にも経済的負担が増大し、費用の節減や機構の見直しなど、いろいろな工夫が迫られるようになった。経費節減のためには、夜を徹して会議をすることを避け、あるいは休日には入館を制限するなど、国連決議に基づき地道な努力が重ねられた。いくつもの委員会設置が、時には重複して仕事量や経費を増やしていることもあり、果たして経費に見合う仕事ができているのか、つまり、機構そのものの改革もまた、急務となった。今回創設された新機関UN Womenも、長期の討論の末、四部門を統廃合させ、より機能的に活動できることを意図している。

しかし、国連の支出は、加盟国が増えれば増えるほど増加することもあり、少なくとも印刷配布される資料だけでも、増大する一方である。それは、一つには、国連の公用語が、英、仏、スペイン、ロシア、アラビア、中国語の六カ国語であることを公認しており、いざ、決議に修正が出れば、その都度、配布し直される資料もまた、新たに六通りの言語で用意されなければならない。資料が足りなければ、会議は停滞し、余裕を見れば、無用な資料が山積する。国連ビルの地下スペースには連日、ごみ収集の大きなトラックが入って、不要となった紙類の束を回収していく。その紙の山にはただただ驚かされるばかりである。

それに加え、世界各地で起こる紛争やテロへの対応、自然災害での救援、新種の伝染病への対策など問題が山積し、国連は基金や寄付や加盟国の支出がいくらあっても足りない状態が慢性的になってしまった。金銭的な面のみでなく紛争の地で、ＰＫＯはどれだけの貢献ができるのか、蔓延するエイズや果てしれぬ流行をもたらす新型のウイルスから、ＷＨＯはどれだけの命が救えるのか、貧困にあえぐ子どもたちに対して、ＵＮＩＣＥＦはどれだけの支援ができるのか。現場で対応を迫られる国連機関の努力は、果たして報われる日が来るのであろうか。

国連での会議は、安全保障理事会のように緊迫した事態に即し、急を要する討議と決断を迫られる会議がある一方で、経済社会理事会のような将来的構想をもって、社会がいかに持続的発展を遂げられるか、いかに社会における不平等が是正されるか、そのためにはどのような社会的指針が必要かなど、往々にして長期的課題を負っている会議もある。それら理事会での審議は、その目的に向けて国連を機能させるべく、邁進する。いや、少なくとも、国連が創設されたときには、邁進するようにと世界が期待したのであった。その期待に応えられるか否かは、その時々の世界情勢、あるいは事務総長の能力や加盟国の意識如何にも関わってはいるのだが、組織としての最終決断は、国連総会の決議が果たすことになっている。

この国連総会は、毎年九月、その会期明けとともに、各国代表が所信表明をすることが習わしであり、そのセレモニー的様相は各国メディアが自国に向け華々しく報道する。だが、総会の実務は、むしろこのセレモニーに続く地道で綿密なプロセスが担っている。そのプロセスとは、総会を支える七つの主要委員会が、裏方仕事によって最終的な決議案を加盟国間であらかじめ纏め、総会決議へと運んでいくというものである。この七つの主要委員会は、第一委員会、特別政治委員会、第二委員会から第六委員会までのもので、それぞれ分野を特化して専門的委員会の役割を果たしている。第一委員会は政治、安全保障、軍縮等の問題を扱い、特別委員会はこの第一委員会の仕事を分担する。第二委員会は、経済・財政、第三委員会が社会・人道及び文化、第四委員会は、信託統治及び非自治地域、第五委員会が行政および予算、そして最後に第六委員会が法律の分野を担当する。ちなみに、私が総会開催中に出席したのは、第三委員会であった。

民間人である私が、何故このような任に就くことになったかといえば、それは、一九五六年に日本が国連に加盟するに当り、政府代表団には官僚だけでなく、民間人をも登用すべきだと提言した市川房枝氏らの要望が入れられて、翌五七年から毎年実現されてきたシステムに由来する。それは、国連がたとえ加盟各国の政治集団であるとはいえ、国連憲章に謳われる人道的な見地から世界平和に貢献する目的を担う機関である限り、国連は、政治や軍事を越え、民間人からの幅広い人材を登用するよう規定しているからであった。その意味で、市川氏らの要望は、国連の特性をよく捉え、その後の活動を見据えたかのように、先見の明を持つものであった。

この制度に従い、毎年、民間団体の国連NGO国内婦人委員会が、そこに加盟する国際的なNGO団体から推薦されてきた候補者を役員会を経て選定し、それを外務省に提案推薦する。それが認められれば、被推薦者は閣議決定されて、代表団の一員に加えられる。一九九二年の時点で、私は十五人目の民間代表となるが、諸先輩の中には、弁護士、医師、学者など、様々な分野で活躍した人たちがあり、その中には、初代代表を務めた元労働省婦人少年局長で、のちに津田塾大学学長となる藤田たき氏、憲法学者の久保田きぬ子氏、国際政治学者で、のちに国連難民高等弁務官となる緒方貞子氏などがあった。

民間代表の任期は原則として一年であるが、それぞれ民間人がもつ勤務事情により、ある者は一年、ある者は二年、ある者は三年務めることもあり、必ずしも一定していない。また、任務としての役割も、その時々の日本代表部の判断、つまり大使の判断や担当官の専門領域によって決まるため、常時パターン化されているわけではない。しかし、主たる任務は、会期中、総会の専門委員会に出席して代表を務め、時には、日本政府として発表するステートメントを読み上げげ、あるいは決議文の採決に加わり、またそれらの結果を定期的に本省に報告する。さらに帰国してからも様々な機会に総会報告を行うことで、国連ならびに日本外交の広報の任をも果たしている。民間代表としては、専門委員会での最終決議がなされるプロセスまで参加するが、このあと、専門委員会での意見は集約されて本会議に上程されるため、総会全体の仕組みのなかでは、その一端を担うことになる。

国連総会に民間人が代表として出席しているケースは、他の加盟国の中にも多く見られるが、多くは、テーマによって別々の専門家が出席するため、国連総会の会期中、一貫して一人の民間人が会議に参加するというシステムは、日本独自のものといえよう。そのため、NGO活動を重視する国連からも、また他国のNGO団体からも、日本のシステムは、貴重で重要なものとして注目されている。何故、会期を通して主要委員会の全行程に参加することが重要かといえば、まず、それにより、部分的な参加では見えない全体像が把握され、その年度に、総会あるいは主要委員会が掲げるテーマの流れを摑むことができ、各国政府の要請しているものが見えてくることがあるからである。第二に、一見まちまちに見えるそれぞれのテーマが実は、かなり類似、あるいは緊密に連携されている課題であることが了解され、翻ってそれぞれのテーマの根源的問題が明らかとなることがある。第三に、国際会議ではよくあることだが、往々にして横断テーマを掲げ、課題を単独にではなく、他と関連性を持たせることで、課題の浸透や徹底的取り組みを強調させることがあり、それを単独のテーマとしてだけ見ていたのでは、却って課題を絞り込めないことがあるからである。

例えば私の出席した九二年と九三年に、第三委員会がどのような課題を扱ったかといえば、人種差別と民族自決、社会開発、犯罪防止、麻薬取締り、難民、女性の地位向上、人権の諸項目であり、大方、これらの項目は第三委員会では常時主流の課題となる。一見すれば、これらの課題は直接には繋がらないように見えるが、仮に、私が女性団体を代表するとして、女性の地位向上のテーマのところだけをカバーするべく出席をしても、社会開発をはじめ、多くの議題の中で扱われてくる女性の地位向上に関する問題は素通りしてしまうことになろう。さらに、これらの課題はボーダーレスに討議されなければならないものであり、一つの課題だけを取り上げても、相互に関わり合う根底的な問題や、時宜に照らして映し出される各国政府の対応は見えにくいものとなる。その意味で、総会の全容が見られる方法で出席できる効力は計り知れない。もっとも、総会の全行程といっても、民間からの代表者は、冒頭に行われる各国代表演説や総会での最終決議には出席せず、実務的な討議にのみ参加する。そのため、私のニューヨーク滞在は、九月から十二月末まではなく、十月から十二月初めまでと約二カ月となるのである。

会議は通常、午前、午後と開かれ、必要に応じて臨時の会議や部会を別途設けることはあっても、原則として土曜、日曜は休日となる。主要委員会の場合、多くは議題順に討議を進め、その議題の中で、各国代表が、時には一国単独で、時にはEUなどグループ単位でステートメントを発表する。ステートメントは一回十五分以内とされ、大体は、午前、午後それぞれに、通常十カ国から十五カ国程度が行う。ステートメントの中で、例えばある国が名指しで批難や抗議を受けた場合、その国はその日の討論の最後に、三分以内での答弁権を行使することができる。

これらの意見表明を聞きながら、課題に対する大方の評価が推論されてくるので、それを参考としながら、決議の際に国としてどのような表決をするべきか判断する。もちろん、議題によっては国として最初から結論の出ている場合もあるが、決議の提案国は、往々にしてこれらのステートメントが読まれている間に、代表席を回って意見の取りまとめをしたり、賛成票を獲得しようと他国を説得したりして、いわゆるロビー活動も行われる。多くは、議席に近づいて行うロビー活動だが、議場の片隅でひそひそと話を進めている人たちもいる。

元来、ロビー活動は、議場内で意見表明のできない圧力団体や市民グループが、ロビーにいる議員を捕まえては説得工作をするので、ロビー活動の名称が生まれたのだが、この国連総会の主要委員会では、議場内で堂々とロビー活動が行われ、そのため、結構やかましいこともあって議長が静粛を要請することもある。代表席に座っていると、このようなロビー活動を実際に受けることもあり、民間人としては、外交上の駆け引きを目撃したり体験したりすることも少なくなかった。

午前中の会議は大体が、十二時半から一時近くとなり、午後三時に開会する会議までが昼時間となる。国連の食堂は、一般のカフェテリアから代表団ラウンジなどがあるが、かなり豊富なメニューを揃えて、各国代表の来店を待つことになる。むろん、代表の中には、コーヒーショップなどでパンや飲み物をとって簡単に済ませる人たちもあるが、どこにいっても、会議の続きのように、自国の人同士、あるいは各国の代表の間で、賑やかな論争に明け暮れている。どうやら、仕事の虫には国境の壁はないようである。

私も、往々にしてこのカフェテリアや代表団ラウンジ、そして一人の時は度々、コーヒーショップを利用したが、他国のＮＧＯのメンバーとの交流にはカフェテリアやラウンジが最も便利であり、値段も手頃であった。しかし、これとは別に、他国の政府代表者との交流を図るため、時には数人を昼食に招いて会食する機会を、日本政府代表部が設営してくれることもあった。例えば、会議では、アルファベット順に着席するため、絶えず近隣でコンタクトの多いジャマイカ、ヨルダン、イタリアなどの代表とは、時にはインフォーマルな形での情報交換が必要であり、そのためのランチョンが設営された。一種のワーキング・ランチであったが、ある時は別のグループで、やがて開催される北京会議に向けての議題の整理や問題点を話し合ったりもした。ランチョンとはいえ、国籍の別なく共通の課題にのめり込むと、まさにそこはニューヨークではなく、国際村となってしまう。

こうしたランチやディナーがもっとフォーマルな形式で、大使主催ともなると、むろん、雰囲気はもっと威を正したものとなる。プロトコールに則った席次が配され、大使の招待スピーチに始まる席では、思いなしか国連外交の綾なすタクティクスが垣間見られるのではないかと、私は招待された身でありながら、密かに興味をそそられた。実は、もしや、外交史家ハロルド・ニコルソンが描く『外交』の舞台を、まるで地で行くようなやり取りでもみられるのではないかと想像していたのだが、そこはプロの外交官たちの集まり、さすがにそつなく会話を進め、和やかな雰囲気を作り出す。とはいえ、安保理の錚々たるメンバーである国連大使たちから、時には隠れた個人的なエピソードや本音が聞かれれば、やはり活字からは読めない生きた教材を見るようで、胸もときめく貴重な体験ではあった。

一九九二年と九三年という年は、時代背景を受けて、国連での討議にも変化がみられるいくつかの事情があった。一つには、一九八九年のベルリンの壁崩壊により、一挙にソ連邦の東欧やバルト三国への君臨が解け、力の組織図の変化が顕著であった。まず、かつての国連では、多くのソ連の衛星国が用いる公式言語はロシア語であったのに、もはやバルト三国をはじめ、ベラルーシなどの代表が、英語で演説をしている風景は、ソ連の支配力の後退を目の当たりにする現実感があった。言語だけではなく、決議に向けての姿勢も、かつてのようにソ連代表の顔色を窺う様子もなく、追従するようなそぶりもない。この様相は、一、二年前から現れてきている兆候であったと聞くが、すでに定着を見て来た頃がこの九二年であったのかもしれない。

時代の変化の中で、この時期、取り立てて国連で話題となったのは、旧ユーゴスラビアの解体と、それに伴う東欧の内紛であった。ことにボスニア、ヘルツェゴヴィナ、コソボでの紛争は激化する一方で、宗教や民族を異にすることはあっても、長いこと同胞として、あるいは隣人として生活してきた住民たちが内紛で分裂し、今や互いに憎み合い、殺し合う現実は、淡々と語る政府代表のステートメントに報告されても、なお耳を疑い、容易に信じがたい話であった。

その中で、九三年にコソボの代表が切々と訴えた状況は、戦場と化した内紛の最中《さなか》、民族浄化の名のもとに、女性に対する集団暴力が横行し、女性がおぞましい現状で最大の犠牲者になっているというものであった。公然と辱められた犠牲者たちの中には、家族のもとでも、親族のもとでも、心から迎い入れられることもなく、挙句は、故郷への想いも断ち切り、自分の過去からも決別して自己を滅却しようとするこれらの犠牲者たちのことを、貴方がたはどう思うのか、と議場の代表者に向かって詰問したのは、女性の政府高官であった。この時ばかりは、第三委員会の議場も森閑と静まりかえり、囁く声の微音だに聞かれなかった。

対立する内紛の中での政府の立場はもちろん複雑で、真実を訴えようとするパーフォーマンスが時には戦略であったり、政争の具となることも少なくはない。カシミール問題を巡るパキスタンとインドの果てしない対立のしがらみの中で、何度、インドの兵士によるパキスタン女性への暴力、あるいはその逆を、それぞれ事細かに件数を挙げて、相互攻撃の素材としたことであろう。そして、一九九三年、私が出席していたこの第三委員会で、慰安婦問題をめぐる日本政府への激しい非難が、国連総会では初めて北朝鮮代表によってなされたのであった。

女性に対する暴力の問題は、明らかに人権の侵害であり、社会問題を扱う第三委員会としては、重要な関心事であった。折から、一九九三年の人権委員会で、また、当第三委員会や経済社会理事会でも「女性に対するあらゆる暴力の撤廃宣言」が採択された。それは、一九九五年に予定されていた「第四回国連女性会議」いわゆる「北京会議」に向けての大きなうねりを作り、「北京会議」が、「女性の権利は、人権」と謳っていくこととも大きく連動した。

国連が女性の地位向上に実質的な力を注ぐようになったのは、もともとは開発途上国への経済的支援と関わりがあった。それは、一九六〇年代、国連が手がけていた経済開発が、途上国の人々の生活を豊かにして自立を促し、他国に依存することなく国が安定することを求めていたにもかかわらず、援助や開発で得られた富や豊かさは、結局は土地や富を支配する家長、概して男性に集約され、途上国の女性の生活を潤すことには繋がらない。土地や富の所有権が男性や家を単位としてある限り、途上国での女性の地位は果てしなく従属的なものになり、このような性差のある不均衡な発展は、たとえ、国やコミュニティーが富を得ても、人々の真の豊かさと向上には繋がらないとの合意が国連の中で高まっていった。

ところがこの問題に合わせ、今一つ浮上してきた事実は、女性の地位向上を図れないのは、実は途上国だけではなく、先進国についても同じではないかという疑問であった。例えば、国連本部のある地元アメリカでも、女性が起業しようと銀行に融資を依頼しても、夫の承諾がなければ融資できないという実態が二〇世紀も終わろうとする時代に現存した。つまり長いこと、法律や慣習や部族・宗教の掟が縛って来た性差による差別は、途上国、先進国を問わず世界に慢性的にあるのであり、その意識を変え、慣習を変えない限り、女性が社会的にも経済的にも自立できるような環境は育成できないのではないか、という主張が定着していく。さもなければ、女性の権利はおろか、尊厳ある自己を女性は確立させることもできない。

経済的自立よりもさらに深刻なことは、因習と偏見のため、女性の命が「合法的に」危険に晒されていることであった。国連でのステートメントは、結婚の際の持参金制度を挙げ、女性の持参金が少ないからと、嫁いだばかりの花嫁が生きたまま焼死させられたという事件も報じられた。さらに古い因習により、女児の体に傷を残すような性器切除の問題も人権侵害のケースとして、改善を求める要求がなされている。生命に関わる重大事は、部族の因習や、古い戒律、宗教上の掟、長く根付いた偏見、そして時には法令さえもが女性の人権を脅かしている事実から生ずるのであり、このことに対し、先に触れた北京会議では、「女性の権利は人権」という標語を掲げたのであった。

女性の地位向上の問題は、現在も全てが解決されたというものでは決してない。しかし、国連が決議として加盟国に実行を求めたことのいくつかが、今まで実現を見なかった国内法の改正を各国で促し、加盟国内での社会的性差による不平等を取り除く成果が生まれていることは事実である。女性の地位向上を普遍的な課題として国連が取り上げた功績は大きく、おそらく、国連の事業の中でも、最も成果を挙げた実績は、この女性の地位向上の課題であったかもしれない。

思えば、女性の問題にかかわらず、人権に関するテーマは、国連の長い歴史の中で、絶えず主軸となる論点であった。古くは、米ソが対立し冷戦構造を国連の場に持ち込んでいた頃から、ソ連を封じるためのアメリカ外交の手立ては、いつもソ連の人権侵害への非難に徹していた。その第一人者が、国連総会第三委員会の初代アメリカ代表を務めていたエレノア・ローズヴェルト（フランクリン・ローズヴェルト大統領夫人）であり、彼女は人権侵害を盾に、ソ連代表ヴィシンスキーに攻撃の矢を緩めることはなかった。

一方、冷戦構造が瓦解してからは、今度は全く別の形で、人権問題が再び国連の討議で浮上する。それは、世界で産業化が進み、温暖化や環境汚染が危機的な地球環境を生み出していると、先進国側が産業規制に動き出し、これに対して、途上国側が発展の権利を損ねるものだと反発することで、両者の利害関係が対立し始めたことに関連する。途上国から見れば、過去に散々大気汚染を生み出して著しい発展を遂げた先進国が、今になって環境基準を設けて途上国の発展を妨害しようとするのは、先進国のエゴに過ぎないと、途上国の権利主張を強めていった。

しかし、その陰では、途上国側のリーダーたちが、得てして独裁体制を堅持し、民主主義的な政治体制をとらない事への強い反発が先進国側にあり、先進国側は、事あるごとにそれらの国々に対し、独裁政治による人権侵害を攻撃した。これに対抗し、独裁制を批判された側は、先の産業規制こそが途上国の権利を侵害しているのだと、反発する。中でも、中国は率先して途上国側の利益を代弁したが、なるほど、国連で繰り返し人権侵害の批判を受けるのは、スーダン、シリア、イラク、ミャンマー、中国など、何らかの形で独裁体制を堅持する国々であり、しかもそれらの国々は、中国代表の指摘を待つまでもなく、いずれもが開発途上国であった。

これら人権問題のほか、第三委員会が取り上げた幾つかの課題の中で、特段に目を引くような討議があったのは、エイズ蔓延といった健康上の深刻な課題や、麻薬とそれを巡る犯罪など、一国では処理できない国際的な社会問題であった。ことに、麻薬を巡る国際犯罪は、九二年、九三年と一段と横行し、麻薬を生産する国、それを売買するルートを提供している国、さらには、それを買い入れている国と、麻薬の密売ルートを絶つ努力は、あらゆる国で尽くされなければならない、と演説したのは、当時のコロンビアの法務大臣であった。「自分は、今も、麻薬の犯罪集団から命を狙われている。その命を賭けて、自分はこの国連総会にことの重要性を訴えるため、出向いている」とのステートメントは、身に迫る危険を各国代表団に感じさせた。

こうした様々なステートメントは、国連では日々、要約されて「ニューズ・リリース」としてプリントアウトされ、代表団の人々がこれを受け取れるように棚に積んで配布される。その配布資料は、各主要委員会のみならず、安全保障理事会や経済社会理事会など、配布可能な限りは、代表団やプレスに提供されている。「家庭内暴力が、夫婦間のみならず、それを目の当たりにする子どもたちにもどれほど深刻な影響を後々まで残すことか」と、私が読んだステートメントも、ある日、このニューズ・リリースのトップに掲載された。

だが、深刻な社会問題のいくつもが、この第三委員会で扱われているにもかかわらず、国連で扱われる社会問題は、国連の所在地であるニューヨーク市民はもとより、関係者以外にはほとんど知られずに終わってしまう。それは、主としてメディアの視点に関わることではあるが、安保理のニュースには、素早くメディアが走り、絶えず代表団の出てくるドアや階段で列をなしてインタビューを求めるのに、第三委員会でニュースになるのは、少なくとも私のいた間、「女性に対するあらゆる暴力撤廃宣言」が採択された時と、ノーベル平和賞を受賞したグアテマラの原住民リゴヴェルダ・メンチュウ氏が「国際先住民年」とも合わせ、演説をした時だけであった。

さすがに地元だけあって『ニューヨークタイムズ』は社会欄で比較的大きなコラムを当て、この二つの記事を報じた。ニューヨークにありながらニューヨークではない国連につき、『ニューヨークタイムズ』紙がこの地味な課題をとりあげたことは、まさに特記すべき事柄であった。一方、日本の新聞は、「女性に対するあらゆる暴力の撤廃宣言」について、僅か数行の記事を当てたにすぎなかった。もっとも、一度だけ、日本短波放送が私へのインタビューを企画し、国連総会に臨んだ経験を問うという二〇分番組を、生放送で報道してくれたことがあった。私の体験は第三委員会に限られたものであったが、おそらく国連総会にとっても、一国のメディアが日常的な社会・人道面での事柄をクローズアップして報じた事例は、他に見ないことであったかもしれない。

第三委員会での討議が、新聞報道や、国連の「ニューズ・リリース」に載る、載らないに関わらず、毎日、各国代表が読み上げるステートメントをある程度纏め、テーマごとに何が討議の中心課題となるか、また、各国のステートメントに対する反応がどのようなものであったかなどを、本省に報告することが、私の仕事の一つであった。纏め方に一定のルールはなかったので、私はどちらかといえば克明に記した方かもしれないが、会議の無い時間に代表部の一室でこの報告書を書いたり、時には、宿泊していたホテルに持ち帰って纏めることもあった。まだ、小型のパソコンが普及していなかったこともあって、ほとんどワードプロセッサー代わりのものを日本から持参していたので、代表部とホテルの間をパソコンを抱えて往復した。

ある日のこと、つい、仕事に気を取られ、気づいて見ると、すでに夜中の一時半を回っていたことがあった。代表部の中はかなり明るく、しかも私の部屋は奥まったところにあったこともあり、すでにそれほど遅い時間になっていた気配も感じられなかった。どうやら仕事の切りもついたので、急ぎ、代表部を出てホテルへと向かった。ニューヨークの町は、真夜中でも明るく、酔いどれた人の姿もなく、真昼間と同じ感覚で帰宅した。だが、翌日、その事実を知った代表部の人たちに、真夜中に一人で歩くことは慎むようにと、重々注意された。私自身、観光旅行では決してしない夜間の一人歩きを、ついつい気も張っていた仕事の中で、平然としてやってのけた、というところであろうか。

ニューヨークの治安は、確かに決して上々というわけではなかった。ことに繁華街では、ブロックごとに要注意の区域があり、例えば、この道では安全でも、その道一つを越した向こう側の道では、十分に注意するように、と言われたこともあった。ある日、新聞を見ていると、地下鉄の出口のところで、警察官によるピストルの誤射事件があった。朝早く、パトロールに出ていた二人づれの警官が、地下鉄出口を足早に駆け抜けようとする男女二人を、ホームレス風の男がピストルを片手に追っているのをみて、「動くな！」《Freeze!》と声をかけた。ところがその男が振り向きざま、ピストルをこちらに向けるかに見てとったパトロールの警官が、咄嗟に銃口を男に向けて発射したという。だがこの事件は、実は地下鉄の無賃乗車をする常習犯の男女を、私服の刑事が変装して追っていたということが判明した。通常、警官は私服であっても、“Freeze”と言われた場合、一切反応をしないのが警官の間でのきまりごとであったのを、思わず振り向いた刑事に、パトロール警官が発砲したという。撃たれた男は同じ所轄の刑事で、ピストルを向ける同僚を見て、「ルーシー、撃つな、僕だ！」と叫んだが、その声も、十七発の銃声の音にかき消され、ルーシーなる人物の耳には届かなかった、と新聞は報じた。まるで映画もどきのこんな事件が、実は私も通る地下鉄の出口で起こったかと知れば、これがニューヨークなのだと思うようなショッキングな事件であった。

そういえば、ニューヨークの街中には、誰もが知る広大な公園、セントラル・パークがあるが、この公園でも、早朝ジョギングに出た女性が襲われ、一命を落としたという事件が報じられた。私もよく、ここを散策したが、一人歩きの時は、昼間でさえ、人影のまばらな場所や、森の奥深い所には立ち寄らないことにした。

しかし、もともとこのセントラル・パークは、一九世紀末期に町の緑化を維持するため、八四〇エーカー（約三・四平方キロ）の土地が公園として区画され、それにより殺風景な町の美化と風紀の改善が図られたことが、公園誕生の始まりであった。その面積は、実に市の総面積の約一七％を占め、その中には広い屋外スケートリンクをはじめ、公園案内のセンターなどもあり、その他サイクリングなどにも多目的に使われて、市民の憩いの場所として親しまれている。そして何よりも、ビッグアップル・ニューヨークのまさにシンボル的な存在でもあった。

このセントラル・パークの北側アパー・イーストには、ニューヨーク最高の住宅地とされる地域があり、セントラル・パークの沿道には豪壮な邸宅が散見される。その一つ、かつて富豪の商人が集めた一八～一九世紀絵画のコレクションを収めるフリッツ美術館があった。十一月の週末、木曜日の感謝祭の後を受けて休日となった金曜日に、私は、国連の議場では席が隣となるヨルダンの代表で、若い女性外交官とこの美術館を訪ねた。

マンハッタンには、このフリッツ美術館をはじめ、古典的なものから近代的なものまで、様々な様式の作品を並べる美術館が連立する。出品の数は少ないが、古代遺跡で発掘された門柱のかけらや後世のイコンを展示するのがクロイスター美術館。また、私のホテルにも近い五番街からパーク街に向かい五十三丁目を入ったところには、ニューヨーク市立近代美術館（MOMA）があり、そこではちょうどマチスの展覧会が開催中であった。今までにない規模で世界中から集められた絵が全館を飾り、中でもエルミタージュからの特別出展は初めてとのこと、圧倒されるような企画による展示であった。むろん、マンハッタンには、そのほかにも世界に冠たるメトロポリタン美術館やグーゲンハイム美術館などが並び、連日鑑賞者の足を運ばせている。

こうした街の中の美術館を見たり、公園を散策できるのは、会議のない日や時間帯に限るのだが、週末や祭日は、まとまった時間がとれる貴重な時間であったので、時には、ワシントンやボストンなど、ニューヨークを離れての一泊旅行に当てたりもした。それでも、折からワシントンで開かれていた環境会議に出席するとか、あるいはボストンで開催される学会関係の会議に出席するなど、旅はいつも半ば公務と抱き合わせの日程であって、その合間を縫っては、ついでに古い友人にも会うという駆け足旅行であった。

この過密なスケジュールのなかで、さながらニューヨークならではという体験は、話題のミュージカルやオペラ、音楽会に出かける機会を得たことであった。むろん、これは全くの私的な時間に、自費で楽しむプライベートな余暇であったが、ニューヨークの劇場のほとんどが、マチネーを除く公演時間を夜の八時としていたため、ウィークデイならば代表部で七時半頃の開幕直前まで仕事をし、そのあと慌ててタクシーに乗っては、ブロードウェイやカーネギー・ホール、メトロポリタン劇場に駆けつけるという、一日二十五時間の時間が流れていた。

ニューヨークが、小回りのきく町であったお陰で、ウィークデイにもかかわらず、日中の仕事を終えてから、なお、プライベートな時間を夜に持てるということもあったが、さすがに郊外に出て、シティーとは異なる別な空間で、食事をしたり、友人を訪ねたりするには、やはり週末や休日を使うほかなかった。それは、遠出の一泊旅行ではなく、ほんの一日の行程の中で、ふっと安らぐ心の安息が得られるひと時であった。

そのような週末、十一月最初の週であったが、前々から、ハドソン川に浮かぶエリス島に行ってみたいと思っていたところ、会議などで顔を合わせていた緒方貞子さん、代表部公使を務める堀内光子さん、そして私の三人で、念願叶い、当地を訪ねることになった。エリス島には、船着き場のバッテリー・パークから遊覧船をかねた定期便フェリーを利用する。マンハッタン島を出港すると、船は最初に「自由の女神像《スタチュー・オブ・リバティー》」に寄港し、次いでエリス島に入港する。その間、僅か三〇分。それでも湾を渡る風に吹かれれば、さながら洋上を行く気分の船旅であった。

かつてアメリカが、急増する移民を世界各国から受け入れていた頃、エリス島は移民にとっては、アメリカへの一つの玄関口であった。長い船旅を終え、やっとアメリカに辿りついた移民たちは、先ずこの島に上陸して検疫を受け、移住先や移住目的についての聞き取り調査が行われる。そこでは、長い行列を組んでの順番待ちの挙句に、アメリカに受け入れられる者、拒否されるものが瞬時に選別される。言ってみれば、エリス島は、これら移民の悲喜交々《こもごも》を丸ごと背負い込んで来たのであった。一八九二年に入国管理の施設として開設され、一九五四年に閉鎖されるまでの六十二年間に、この島を経由してアメリカに入った移民は、およそ一二〇〇万人。その最盛期には、一日当たり最高で五〇〇〇人を超えた。それは、二〇世紀末におけるアメリカ総人口の約四〇パーセント強が、これらエリス島経由の移住者を祖先とすることになる。

その後、エリス島は一九九二年に歴史博物館にと改築され、そこでは、かつての移民の入国体験を再現する。パネルに収められた移民の群れは、入国するに適した人物かどうかをまず、身体検査により分けられる。基本的検査として、眼に栄養失調や疾患があれば、服の胸に白墨でE文字（Eyes）を記される。それにより、さらに精密な検査が必要とされたものはH印（Health）を、決定的に不合格であると判断されれば、X印がつけられる。俊敏に、しかもほとんど機械的に、かつ無情に処理されていくこの選別法は、さもなければ多数の移住者の適格審査が捌けない状況を物語っている。それにより、時には家族が引き裂かれ、思いのままにならぬ移住の苦悩はいつの時代も変わらなかった。

これらエリス島から入った移住者の全てがそのままニューヨークに落ち着いたわけでもなく、また、現在のニューヨーク人口を形成する移民がすべて「エリス島時代」にアメリカに移住したわけでもない。その後、第二次大戦時に亡命したユダヤ系移民、ベトナム戦争によりアメリカに亡命あるいは移住してきたベトナム人、IT産業の普及によりアメリカで職を求めるようになったインド系移民、冷戦の終結で、新たな転機を海外に求めたロシア系移住者など、今、様々な国籍、あるいは故郷を海外に持つ人々がニューヨークでの成功を求めて集まっている。そのもっとも典型的な例が、ニューヨークで乗るタクシー運転手に見られよう。無線機に向かって、スワヒリ語やロシア語で連絡を取り合うドライバーたち、時には全く英語の通じない運転手もいて、これが本当に英語圏アメリカなのかと疑ってしまう。

急成長するフードストアのオーナーで、多く見かけるようになったのが、韓国人。グロサリー・ストアのレジで対応するアラビア系の店員。マンハッタンでは、ストリート一本おきぐらいの割合で見かけるという日本料理店。さらにはベトナム料理、レバノン料理、トルコ料理など、いわゆるエスニック料理店も軒を並べている。そして近年、二一世紀に入ると、マンハッタンの五番街やパーク・アヴェニューなどの一等地には、ヨーロッパのブランド店が優雅に立ち並び、その実、熾烈に競い合っている。それはロンドンでも、銀座でも同じことなのだが、ビッグアップル・ニューヨークでも、ここぞ、ニューヨークというアメリカの個性は失われてしまった。

とはいっても、ニューヨークは、アメリカ人にとってもやはり魅力の町であることは疑いない。

それは、何といっても、様々な仕事のチャンスがあること、しかもそれが成功や出世の道につながることが多いからである。中でも、ショービジネスなど興業面では、ハリウッドを除けば、やはり、ニューヨークに限るというのが、人々の思いなのであろう。ある日、街で拾ったタクシーでは、その日、たまたま私の行先がカーネギー・ホールであったこともあり、自分も実は音楽家なのだというドライバーに出会った。ジャズ音楽を専門とする管楽器の奏者で、ここニューヨークのブルーノートにも出演していると言う。家族は、フロリダに住んでいるが、あそこでは自分の活躍できる仕事もチャンスもない。やっぱり、ニューヨークなのだと、彼は言った。

十一月に入ると、その年、ニューヨークでは、早々とクリスマス・セールや感謝祭へと動き出し、今まで、あまり景気のよくなかったアメリカで、メディアは久々に活気づいたデパートの様子を中継するようになった。手一杯に買い物袋を抱えた人たちが、目を輝かせ、声をときめかせる。"Lots of shopping! Shopping! Shopping!" と笑う主婦の顔を、テレビは何度も何度も放映した。確かに、感謝祭とクリスマス、それはいかにもアメリカらしい年末を飾る一大イベントであるのかもしれない。

十一月末の木曜日、その感謝祭の休日は、国連での会議も休みとなる。そして、その日、ニューヨークでは、恒例のパレードが老舗メイシー・デパートから繰り出される。私の二度目となるニューヨークでの秋、十一月二十五日には、快晴に恵まれての青空の下、震えあがるほどの極寒に耐えながら、人々は幾重にも人垣を作って、パレードが行きすぎるのを眺め、歓声を上げげた。私もホテルから歩いて、歩いて、やっと四〇番街のブロードウェイの角まで出ると、その人垣の列の一番外側に立った。

朝九時にスタートするパレードは、やがて目前を錬って行くのだが、幾重にも造られた人垣に阻まれ、伸びあがっても、伸びあがってもなかなかにパレードの全貌は見られなかった。それでも頭上には、人気のキャラクターをあしらった色とりどりの巨大なフローティングが揺らぎ、すっかり祭りの雰囲気に包まれていた。映画『ベートーヴェン』の「主人公」セントバーナードのキャラクターがビニールのフローティングとなって巨体を揺らして通り過ぎると、期せずして子どもたちの間から可愛い歓声が上がった。やがてパレードが進むにつれ、楽隊のラッパが勢いづいたころ、寒さに震える観衆はそれに合わせて足踏みをし始める。その揺れる人並みのお陰で、パレードはますます見えにくくなった。その時、ひときわ高く歓声が上がり、精一杯に伸びあがると、人気歌手マライア・ケアリーが手を振っている。パレードは最高潮に達し、やがて十一時半ごろ、最後の車がサンタクロースを乗せて行きすぎると、華やかなパレードは終わった。急に人々の群れがばらけ、三々五々街中に散ると、彼らはただの通行人となって各方向へと消えていった。

感謝祭が終わると、ニューヨークでは本格的な冬の到来と、クリスマスの賑わいを迎えることになる。街路樹を飾る豆電球のイルミネーションは、ニューヨークではほとんどシーズン感覚がないほど、始終眼を楽しませてはくれるが、クリスマスを前に、ロックフェラー・センターの中庭では大きなクリスマスツリーが飾られ、その点灯式は、コーラスの歌声を響かせて、冬のイベントを展開する。そしてこのブルーと赤の電球がツリーに灯される頃、私のニューヨークでの秋の滞在も終わりを告げるのであった。

かつてワシントン滞在中、通りすがりに見たニューヨークは、たしかに東京にも似た都会の郷愁を感じさせたが、このニューヨークに短期間とはいえ、しばし滞在してみると、また異なった懐かしさが感じられる。ニューヨークという町は、総じて見れば、一体どんな顔をした街なのであろうか。様々な人種、様々な文化、様々な味覚、そしてスラムも豪邸も抱き合わせる町。包容力がある一方で、絶えず変貌する。そこにはニューヨーク特有の大都会の頼りなさ、懐の深さ、そして、他にはない都会としてのプライドが芬々とする。それは、必ずしもニューヨークだけではなく、ロンドンでも東京でも同じことなのだが、おかしな共通点は、ロンドンでも東京でも、そしてニューヨークでも、新しく来た人も、古くからいる人も、皆、大都会はここしかない、と町の人たちが思い込んでいることである。

おわりに

小著『私の中のアメリカ@us/nippon.com』は、一九五〇年代から一九九〇年代という二〇世紀後半のアメリカが舞台となっている。それは、第二次世界大戦以後、国威の上でも、経済的な豊かさの上でも、世界制覇をかけるアメリカの力強さが漲り、世界中に大きな影響力を及ぼした時代であった。ことに五〇年代は、アメリカの消費社会の豊かさがアメリカ製品を世界市場に溢れさせ、たまたま全盛期にあったハリウッド映画は、富める国のイメージを増幅させた。そこでは、《豊かな国アメリカ》と《民主主義の国アメリカ》が表裏一体をなし、《陽気なアメリカ人》とアメリカ人の代名詞である《善人サム》が印象付けられていった。アメリカこそが、物質的にも精神的にも一等国なのだと、アメリカ人自身が自負するところがあった。だが、一方で、その時代は、第二次大戦終結とともに急速に世界を二分化させた冷戦期の渦中にもあり、アメリカは神経質なまでに、国家への忠誠心を駆り立てていった時代でもあった。

やがて六〇年代に入ると、依然として米ソの対立と抗争の時代は続いたが、五〇年代に極端に右傾化していった社会に疑念と恐れを抱き、振り子の先を戻すかのように、アメリカには寛容と多様な価値観を求める傾向が横溢する。アメリカはその多様な価値観に揺れ、その中で、既成の価値観への反発や見直しが叫ばれていった。従来、社会的マイノリティと見做されてきた人種や女性や移民に対する偏見は、アメリカが奉じる民主主義にもとるのではないかと自責自問し、社会的差別の撤廃を求めていった。既成の権力や既成の価値観に反発する動きは、常識的な生活スタイルを打ち破ったヒッピー現象を生じたかと思うと、大学の管理と抑制に反発した若者たちを結集させ、学園紛争へと発展させた。この混乱にも似た社会現象は、やがてベトナム戦争の泥沼化により、いっそうに既成の国家権力に対し反発を強めるが、それに追い打ちをかけるかのように露見されたウォーターゲート事件は、奇しくも権威主義を象徴する事件となり、国民の意識を疲弊させ、アメリカには閉塞した国民感情が燻っていった。

この閉塞感を打破するように、再度アメリカに自信を取り戻させたのは、アメリカの経済的再起であった。老朽化したインフラ整備を立て直し、いくつかの経済危機を乗り越えながら、アメリカ経済は八〇年代頃から徐々に景気をあげて行った。それを背後から押し上げて行ったのは、巨大な軍事産業や宇宙産業の発展であり、さらに画期的なエレクトロニックス産業や気鋭のＩＴ産業もまた、国の経済力を誘引する。ベルリンの壁崩壊により瓦解した冷戦後の世界は、気がついて見れば、アメリカのみが世界に誇る経済力と軍事力を維持していた。

この「アメリカの勢力」が、もはや力だけで世界を制覇出来ない事を見せつけたのが、二〇〇一年のツインタワー崩壊という同時テロの発生であった。これを契機に、アメリカは大きく変わったといわれている。それは、アメリカ社会にとって微塵の猶予も許さないほど、不条理な事件への怒りとなって、却ってアメリカの心を結束させ、一時は、「強いアメリカ・正義のアメリカへの復帰」

を求める熱気を煽るようになった。アメリカ社会にとって、同時テロは、衝撃のターニングポイントとなっていく。

だが、小著は、あえて、このターニングポイントには触れずに、アメリカ世界を見分する。二〇〇一年という時代に踏み込まなかった大きな理由は、第一に、このアメリカが直面した最大級の危機以後、私は、アメリカをこの目でつぶさに見てはいないからである。一つには、その頃、用務の関係でむしろヨーロッパやそれ以外の国に出かけることが多かったこともある。むろん、その間、単発的にはアメリカを訪れ、この小論が扱ってきた一九九三年以降にも、ニューヨーク、ワシントン、フィラデルフィア、プロヴィデンスにも出かけていった。その中には、テロの一ヶ月後に、ワシントンからニューヨークへと、一週間ほど出向いた経験も含まれている。だが、じっくりアメリカに腰を落ち着かせる余裕のある旅行をしていない。殺伐として熱気だったアメリカがどこかで怖かったこともある。空港で乗りかえるたびに繰り返される慎重な検査にも疲れきっていた。そして、今一つの大きな理由は、余りにも衝撃的にアメリカを襲ったテロのインパクトが強すぎ、それに振り回されて、本来のアメリカの姿を見失うのではないかと思ったからでもある。

アメリカはすでに過去、幾度か大きな変革の時を経験した。建国時から徐々に整備されていった政治体制や経済体制は、時代の要請や暮らしの変化に合わせ、すでに一九世紀から変革を余儀なくされてきた。南北戦争、産業革命が、アメリカ社会やアメリカ経済の変容に拍車をかけ、次第にアメリカを産業国家へと変身させていく。その変化は、新世紀に入ると、アメリカが第一次世界大戦に参戦し、しかも勝利する原動力となったことで、いよいよ本格化した。そこでは、経済や国家体制だけではなく、もっと広く目に見えるもの、見えないものの変化が起こり、それは時には徐々に、時には大胆に進んでいった。なかでも、農村社会《アグラリアン・ソサエティ》からの脱皮と物質文化の台頭により、世界がこれぞアメリカの象徴だと現在見做しているような要素のほとんどは、この時代を中心に顕在化していった。それは経済恐慌を乗り越えながら、実は、一九五〇年代まで続くアメリカ社会の繁栄と豊かさにもつながっている。

これら激変する社会的変容の中で、従来、植民時代から根付いてきたアメリカ本来の姿、精神、本質として私たちの目に写っていたものは、全く姿を消してしまったのであろうか。答えは至極簡単に片付ければ、否であり、変化に揺蕩いながら、アメリカが古来アメリカ自身に求めて来た芯なるものへの回帰は、結果としては喪失することなく、二〇世紀のアメリカを支えてきた。それは、人々の日常生活の中に、人々との触れ合いの中で、たとえテロの衝撃を受けた後であっても残るであろうと確信する。その想いが私に、アメリカ暮らしの体験を通じ、心に残るものを書き留めたいという意欲を駆り立てた。

私は、長期にわたる滞在でなくとも、つまり、ここで綴る体験以外にも、何回かアメリカを訪れた。そのたびに万華鏡のように変わるアメリカの様々な景色と生活様式を目の当たりにした。そこには、広さ、時間の推移を辿って国造りがなされた所ならではの多様性があった。さらには多くの移民を受け入れた国ならではの人種、言語、宗教、文化の多様性が渦巻いている。そして広さや多様性故に柔軟で、可変性や流動性を育んだ。それはどこか、グランド・キャニオンに見る四季や時間が編みだす変化にも似ている。だが、その多様性の一方で、多様性故に求められる統一への思いと頑迷さが、保身に走ることもあった。

こうしてみると、アメリカの真の変化とは、実は第一次世界大戦とか、ベトナム戦争とか、テロだとかといった事件の要因が齎す変化ではなく、むしろこのアメリカが持つ豊かな多面性や、一方では相反する二面性の面白さが、変化の綾を綴っているのではないかと思う。

アメリカを実際に旅しない今も、電話やスカイプ、メール、手紙のやり取り、あるいはアメリカの土地以外で再会する友人を通し、アメリカの動向につき、タイムリーな実情を見聞きする。案の定、アメリカ社会が依然として変化に富んでいることを知らされる一方、テロの衝撃から少しは落ち着きを取り戻しているような気もする。外因的激変ではなく、内なる変化の要因が、アメリカを今後も変えて行くことであろう。

これから先、アメリカはどこに行くのであろうか。それは、日本がどこに行くのかと質問するのと同じく未知数の世界であることに違いはない。とはいえ、日本よりもはるかに変化の要素が多いアメリカの行きつく先はどこであろうか。結論的に言えば、たとえどう変化しようと、他の国と同じく、アメリカが編み、生み出してきた歴史の土台を根こそぎ失うことはあるまい。ここに綴るアメリカの世界は、たとえ今はセピア色に見えようとも、それは時空が刻んだ歴史の証であり、それ故に、私たちの心に残せるアメリカのイメージであると、私は信じている。

この描き文の上梓に当たり、実に多くの方々のお世話になった。出版への道筋をつけて下さった仏文学者で、(財)地域社会研究所理事の加藤恭子さん、出版実現に向けご足労と助言を惜しまずに下さった「工房ノナカ」の野中文江さん、そして編集に当たり細心の注意を傾け、適切なアドバイスをくださった論創社の松永裕衣子さんに厚く御礼を申し上げたい。また、個人的にではあるが、執筆ということに向け、かねてより飽かず私を激励し続けながら今は故人となった三人の男性、K氏、S氏、そして父に、さらに加えて小論の冒頭に何度か登場する母に、この書を捧げたい。母は、かつて活字となった私の拙文を読むたびに「あなたは本当に親孝行。一行読めば、すぐ眠れる」とよく言った。何でもいい。今一度、親孝行ができればと願っている。

執筆者紹介

青木怜子（あおき・れいこ）

1935年横浜に生まれる。聖心女子大学文学部英文科卒。ジョージタウン大学院史学部修士課程終了。聖心女子大学文学部教授などを経て、現在、同大学名誉教授。大学女性協会会長。第47回・第48回国連総会日本政府代表代理。国際大学女性連盟（IFUW）元会長。著書に『西部アメリカの素顔』（鷹書房、1975）、『アメリカの地域－USA Guide 2』（共著、弘文堂、1992）、訳著に『怒れる西部』（R.D.ラム著、共訳、玉川出版、2000）などがある。

私の中のアメリカ @us/nippon.com

2012年2月10日　初版第1刷印刷
2012年2月20日　初版第1刷発行

著　者　青木怜子
発行者　森下紀夫
発行所　論 創 社

東京都千代田区神田神保町2-23　北井ビル

tel. 03（3264）5254　fax. 03（3264）5232　web. http://www.ronso.co.jp/
振替口座　00160-1-155266

印刷・製本／中央精版印刷　装幀・組版／フレックスアート

ISBN978-4-8460-1123-9